التحيز ضد اليهودية

اليهودية

في كتابات المعاصرين

أ.د. تامر محمد محمود متولي

أستاذ العقيدة والأديان

كلية الشريعة والقانون

جامعة حائل

حقوق النشر

بيانات الكتاب

عنوان الكتاب: بالتحيز ضد اليهودية: العنوان الفرعي: في كتابات المعاصرين

المؤلف: أ.د. تامر محمد محمود متولي

اللغة العربية: الطبعة الأولى سنة النشر: ٢٠٢٦

ISBN: 978-1-972406-02-1

الفهرسة:

متولي، تامر محمد. التحيز ضد اليهودية في كتابات المعاصرين / تامر محمد متولي. الطبعة الأولى

الناشر:

Alsadiqin Press New York, USA

التحيز ضد اليهودية في كتابات المعاصرين

بسم الله الرحمن الرحيم

أَيُّهَا الَّذِينَ آمَنُوا كُونُوا قَوَّامِينَ
بِالْقِسْطِ ۖ وَلَا يَجْرِمَنَّكُمْ شَنَآ
لَا تَعْدِلُوا ۚ اعْدِلُوا هُوَ أَقْرَبُ لِلتَّ
وا اللَّهَ ۚ إِنَّ اللَّهَ خَبِيرٌ بِمَا تَعْمَلُ

[سورة المائدة: 8]

إهداء

والدي الكريم

بحق القرآن الذي كان أول ما سمعته في الدنيا صوتك يشدو به

والمعهد القدسي الذي صحبتك فيه صغيراً

وأحببته لكرامتك كبيراً

صاحب الفضيلة الشيخ

محمد متولي

مدير شئون القرآن الكريم بالأزهر الشريف

أسأل الله أن يجعل كل صواب في هذا العمل في ميزان حسانتك

المحتوى

شكر واعتراف بالجميل

لقد أمدتني المملكة العربية السعودية، ممثلة في وزارة التعليم العالي، الجامعة الإسلامية بالمدينة المنورة، بالفرصة الكبرى، وحققت حلمي الأكبر، لدراسة علوم الدين دراسة أكاديمية منظمة، هذا الكتاب وغيره إحدى ثمارها. لقد قامت كلية القرآن الكريم وعميدها العلامة عبد الله بن العلامة الشيخ محمد الأمين الشنقيطي؛ ثم كلية الدعوة وأصول الدين؛ وعميدها العلامة؛ عملاق البحث العلمي؛ الأستاذ الدكتور أحمد بن عطية الغامدي -رحمه الله- الذي علمني -مع منهج البحث العلمي -كيف أكون قوياً وصادقاً ورحيماً في آنٍ معاً، لثد قدموا بكل ما أحتاج إليه، بين عام إلتحاقي ١٩٩١ وحتى ٢٠٠٨، عام تخرجي من مرحلة الدكتوراه. ولابد أن أخص بالذكر والشكر والدعاء، أساتذة أجلاء، مهدوا لنا الطريق للوصول إلى المعرفة النافعة، منهم العالم العامل الأستاذ الدكتور محمد بن عبد الرحمن أبو سيف، والمحقق الأستاذ الدكتور سعود بن عبد العزيز الخلف، والشيخ الرئيس الأستاذ الدكتور صالح بن سعد السحيمي رئيس قسم العقيدة، الذي ساعدني ودعمني ومنحني فرصة وفرحة الالتحاق بقسم العقيدة، كلية الدعوة وأصول الدين، والعلامة الأستاذ الدكتور محمد باكريم با عبد الله؛ عميد الكلية، والذي تفضل بالإشراف عليّ في المرحلتين - الماجستير والدكتوراه. ثم أتقدم بالشكر لجامعة حائل، وعلى رأسها معالي الأستاذ الدكتور الإنساني والأكاديمي الفذ أحمد السيف؛ مدير الجامعة السابق، الذي أدين له بالكثير، ومنه أنه أتاح لي فرصة العمل مع أفذاذ علماء العالم الإسلامي، الذين استقدمهم بذكاء وخبرة لتصبح جامعة حائل صرحاً أكاديمياً عالمياً رائداً في سنوات معدودة. كما أشكر سعادة الأستاذ الدكتور زيد المهلهل؛ وكيل الجامعة، ورئيسها المكلف، على كل ما أسداه لي ولزملائي من دعم ومساعدة لنقوم بعملنا على أحسن وجه.

ترجمة تقييم مركز كيركس للمراجعة

"Kirkus reviews"

كتاب التحيز ضد اليهودية

التحيّز ضد اليهودية في كتابات المعاصرين

بقلم: تامر متولي

تاريخ الإصدار: ٣ أغسطس ٢٠٢٠

"يُعد هذا العمل دراسة علمية دقيقة ذات طابع لاهوتي متعمق، تتناول بالنقد والتحليل مظاهر التحيّز لدى بعض الكتاب المعاصرين ضد اليهودية. يشير المؤلف، وهو أستاذ مشارك في الدراسات الإسلامية والعربية، إلى أن هذا التحيّز واسع الانتشار إلى درجة تثير الدهشة، ويقوم بفحص جذوره التاريخية والثقافية، إضافة إلى افتقاره للأساس الفلسفي المشروع. يؤكد الباحث أن هذا العداء ليس فقط غير علمي ومنغلق، بل يقوم على سوء فهم لطبيعة اليهودية وعلاقتها بالإسلام. ومن خلال تحليل دقيق للنص القرآني، يوضح أن القرآن يعبّر عن احترام عميق لليهودية ومصادرها، وأن التصور التوحيدي للإله في الديانتين متطابق في جوهره. كما يبيّن أن النبوّة في القرآن تمثل امتدادًا للديانتين اليهودية والمسيحية، لا رفضًا لهما، حيث يقول: *"القرآن ليس كتابًا يلغي الكتب السماوية السابقة، بل هو كتاب من عند الله يصدقها"*. ويجادل المؤلف بأن الآيات التي تتضمن انتقادات لليهود ينبغي فهمها في سياقها، باعتبارها موجّهة إلى من قصّر في الالتزام الديني، لا إلى اليهود عامة. ورغم أن الكتاب موجز (١٦١ صفحة)، مما يجعل بعض الحجج غير مفصّلة بما يكفي، إلا أن الدراسة تتسم بصرامة علمية ملحوظة وخلوّها من التعصب، حتى أن المؤلف أدرج في الملحق انتقادات موجّهة لعمله. كما أن الأسلوب، بفضل الترجمة، جاء سلسًا ومتاحًا للقارئ الأكاديمي وغير المتخصص على حد سواء."

مقدمة الطبعة الثانية

لقد استقبلت الطبعة الأولى من كتابي؛ كما كنت متوقعاً، استقبالاً متفاوتاً، وتعرض العمل لعدة انتقادات من جهة، ونال استحسانات من جهات أخرى. ولا عجب في ذلك؛ فالناس تتنازعهم الميول والتوجهات، وتفرقهم الوقائع والتصورات؛ والاختلاف أمر فطري وحكم قدري. لقد دفعت بحثي للتحكيم، لكنه وقع في أيدي المتحيزين، الذين لم أكتب هذا الكتاب لهم أبداً، بل كتبته لكشفهم، لقد أثبت تقاريرهم (السرية) تحيزهم، وبدون أسمائهم، ولو شئت لسميتهم، ليس بطريق الكشف الصوفي طبعا، إذا ليس لدي هذه المهارة (أعترف) ولكني بمعرفتي بكل المتحيزين وأهدافهم وأساليبهم وحتى كلماتهم بل وعناوينهم. مهما يكن من شيء، لم تكن كل الانتقادات الموجهة خاطئة؛ لذلك قمت بإصلاح ما رأيته صحيحاً منها. من ذلك أني قسمت العمل لكتابين؛ بدلاً من كتاب واحد؛ وهكذا كان هو في الأصل. العمل الذي بين يديك الآن هو أصل الفكرة وأصل الكتاب؛ التحيز ضد اليهودية في كتابات المعاصرين. والثاني الذي فرقته؛ هو "الموقف من اليهودية بين الخلف والسلف" وصدر منفرداً ومزيداً ومحرراً؛ والحمد لله. كما قمت بعمل بعض الإصلاحات الضرورية، والتحريرات والتوضيحات النافعة للقارئ المثقف في عالمنا العربي. كل ما أرجوه أن أكون نجحت في تصوير فكرتي، وأن أكون نفعت بهذا العمل أمتي وملتي، وأرضيت ربي وضميري؛ وأيدت دعوة خاتم الأنبياء النبي العربي الأمي؛ الذي يجدونه مكتوباً عندهم في التوراة والإنجيل؛ صلى الله تعالى عليه وسلم. وكل ما أرجوه من القارئ أن يتناول عملي بضمير القاضي، كما كتبته أنا بهذه النية، وبنية أخرى؛ هي أكبر من أختها، وهي الانتصار لدين الله تعالى ضد من يريد أن يعيد

البشرية للوراء؛ إلى عبادة الأهواء والشهوات، أوالسجود للأحجار والأشجار والأوثان والإنسان وابن الإنسان.

يبقى السؤال: لماذا يدافع مسلم سني عربي مصري عن اليهودية؟ إن اليهودية والتوراة شهود ووثائق لدين الإسلام، شهود ووثيقة ودليل على وحدانية الله تعالى، ومسار الوحي عبر التاريخ، والشريعة التي تمثل العلاقة بين الله وبين الناس وبين الناس بعضهم ببعض. ولقرون متطاولة، قبل نزول القرآن، حفظت التوراة -وحدها- مفهوم التوحيد ودلائله ودحضت نصوص الشرك ووسائله، التي اجتاحت المجتمعات القديمة، حيث سادت عبادة الصور والتماثيل والأصنام والأحجار والأشجار والأوثان والإنسان وابن الإنسان. ولقرون متطاولة، مثلت التوراة -وحدها- ملة إبراهيم الحنيفية، وكانت في هذا السياق هي الشاهد الوحيد، الثبت و الثقة، على هذه الحقيقة الخالدة. وحافظت اليهودية ومصادرها على نقاء التصور الإلهي في زمنٍ الجاهلية الذي غابت فيه معالم الوحي. ولقرون متطاولة كانت التوراة ووثائقها فقط، مصدرًا لفهم مسار الوحي في سياقه التاريخي. وهي التي حفظت للبشرية مفهوم النبوة ومعالمها، وصور الوحي الإلهيز وبعد نزول القرآن الكريم صارت اليهودية ومصادرها شاهد لخاتم الأنبياء وكتابه ورسالته: ﴿وَيَقُولُ الَّذِينَ كَفَرُوا لَسْتَ مُرْسَلًا ۚ قُلْ كَفَىٰ بِاللَّهِ شَهِيدًا بَيْنِي وَبَيْنَكُمْ وَمَنْ عِندَهُ عِلْمُ الْكِتَابِ﴾[الرعد:٤٣]. إلى تفاصيل كثيرة يجدها قارئ هذا الكتاب.

مقدمة الطبعة الأول

رغم أن ثقافتنا العربية المعاصرة أدركت ظاهرة التحيز وعانت منها وواجهتها، إلا أننا لم نكن بريئين من التحيز، فكنا كمن يرى الشعرة في عيون الناس ولا يرى العود في عينيه. ظاهرة التحيز كانت ضد اليهودية، عند طائفة من الكتاب المعاصرين، لأسباب ليس من الصعب اكتشافها. إنّ أعدل نص قانوني وأخلاقي عرفه تاريخ الإنسانية هو قوله تعالى: ﴿ يَا أَيُّهَا الَّذِينَ آمَنُواْ كُونُواْ قَوَّامِينَ بِالْقِسْطِ شُهَدَاء لِلّهِ وَلَوْ عَلَى أَنفُسِكُمْ أَوِ الْوَالِدَيْنِ وَالأَقْرَبِينَ إِن يَكُنْ غَنِيًّا أَوْ فَقَيرًا فَاللّهُ أَوْلَى بِهِمَا فَلاَ تَتَّبِعُواْ الْهَوَى أَن تَعْدِلُواْ وَإِن تَلْوُواْ أَوْ تُعْرِضُواْ فَإِنَّ اللّهَ كَانَ بِمَا تَعْمَلُونَ خَبِيرًا ﴾ [النساء: ١٣٥] وهذه الآية مع قوله تعالى: ﴿ يَا أَيُّهَا الَّذِينَ آمَنُواْ كُونُواْ قَوَّامِينَ لِلّهِ شُهَدَاء بِالْقِسْطِ وَلاَ يَجْرِمَنَّكُمْ شَنَآنُ قَوْمٍ عَلَى أَلاَّ تَعْدِلُواْ اعْدِلُواْ هُوَ أَقْرَبُ لِلتَّقْوَى وَاتَّقُواْ اللّهَ إِنَّ اللّهَ خَبِيرٌ بِمَا تَعْمَلُونَ﴾ [المائدة ٨] أصل في العدل والموضوعية والحياد، هذه هي النظرية، والتطبيق العملي في القرآن أيضاً.

أهمية البحث:

أول مسألة في أهمية هذا العمل هي تطبيق مبدأ القرآن في العدال، ﴿وَإِذَا قُلْتُمْ فَاعْدِلُوا وَلَوْ كَانَ ذَا قُرْبَىٰ﴾ [الأنعام:١٥٢] وقوله تعالى: ﴿إِنَّ اللَّهَ يَأْمُرُ بِالْعَدْلِ وَالْإِحْسَانِ﴾[النحل:٩٠] ولو كان هذا الكتاب من عند غير الله لما كان هذا هو موقفه من خصومه.

الثاني: تحرير موقف القرآن والسنة من اليهودية ومصادرها، وبناءً عليه الموقف الذي يجب علينا اتخاذه منها. وفقاً لدلالة القرآن والسنة، تمثل اليهودية تمثل عند المسلمين رسالة صادقة من الله تعالى، أنزلها على نبي عظيم؛ هو موسى عليه الصلاة والسلام، وتمثل التوراة كتاباً

سماوياً يعطي صورة مطابقة للصورة الإسلامية الصحيحة عن الله تعالى وصفاته، وعن أنبيائه، وعن الإنسان وتاريخه على هذه الأرض، وعن شريعة إلهية هي الأساس لكل الشرائع التالية.

الهدف من الكتاب:

بعد صدور الطبعة الأولى تسائل كثيرون عن أهمية هذا البحث وضرورته، لاسيما في هذه الظروف التي نمر بها في الشرق الأوسط؟ وكان مما وجه له من نقد أن الباحث أدان أمتنا الإسلامية؛ سلفها وخلفها، ووصفها بالتحيز ضد اليهود! بينما هو يشير إلى عدد قليل من المؤلفين،

أولاً: على عكس الدعوى، أراد الباحث تبرئة أمتنا من هذه التهمة التي وقع فيها المعاصرون لأسباب تاريخية خاطئة، وسياسية ومذهبية غير مبررة.

ثانياً: : إذا كانت الأهمية –لأي ظاهرة–تدرس بطريقة عددية أو كمية، ببساطة عندئذ المعلومات التي جمعتها قد تبدو قليلة، لكن الأهمية لا يمكن أن تقاس بهذه الطريقة. على سبيل المثال؛ ليس لمجرم مدان أن يطالب بالبراءة لأنّه عاش خمسين أو ستين سنة ولم يسرق فقط إلا ثلاث مرات.

ثالثاً: فكرة هذا الكتاب ليست بنت اليوم، بل بدأت قبل سنوات، بعد ما أسند إلى تدريس طلاب الدراسات العليا مادة الأديان، ما دفعني إلى معاودة صياغة مادتي العلمية. بل بدأت فكرتي منذ فترة طويلة حيث لاحظت أثناء دراستي الجامعية بين عامي 2000 – 2010 بداية يدريس مادة الأديان، وجود ظاهرة التحيز عند العالم الموسوعي أحمد شلبي،

فكان هدفي فوراً طرح المسألة بعنون كتاب "التحيز ضد اليهودية عند أحمد شلبي"[١]. لكن اثناء إنجاز العمل رأيت أن التحيز لا يقتصر على أحمد شلبي –رحمه الله– بل امتد ليشمل كل المصريين ولا أستثني، حيث كتب المصريون عن اليهودية في زمن المعركة، ويومئذ كان "لا صوت يعلو فوق صوت الكعركة، طبعاً ولا صوت العلم. مهما يكن من شيء لقد أعدت قراءة كل ما كتب عن اليهودية؛ حتى مقالات الصحف والمجلات. والنتيجة المذهلة، كانت على خلاف وعكس ما قاله عبد الوهاب المسيري[٢] في موسوعة اليهود واليهودية والصهيونية، أن المفاهيم والمفردات المستخدمة لوصف العقيدة اليهودية والظاهرة الصهيونية متحيزة لليهودية، ولا تعبِّر عن التجربة العربية؛ أي أن التحيز كان في الاتجاه العكسي فقط، مع اليهودية ضد ثقافتنا العربية. وإذن كان يجب وفقا لمبدأ العدل أن العمل لابد أن يشمل كل هؤلاء وآخرين. وبناءً عليه فقد توسع الكتاب ليشمل المسيري وصابر طعيمة وأحمد حجزي السقا، وصار عنوانه "التحيز ضد اليهودية في كتابات المصريين". لكن بكل أسى

---

(١) ولد د. أحمد شلبي –رحمه الله– بإحدى قرى محافظة الشرقية (بمصر)، وتلقى تعليمه الأولى بكتاب القرية فحفظ القرآن الكريم، التحق بالمعاهد الأزهرية، وتخرج بدار العلوم (بالقاهرة) سنة ١٩٤٥، وحصل على دبلوم في التربية وعلم النفس، كما حصل على درجة الماجستير من " جامعة لندن "، ودكتوراه من "جامعة كمبردج " بإنجلترا. عمل مدرسا بدار العلوم (جامعة القاهرة)، ومديرا للمركز الثقافي المصري بإندونيسيا سنة ١٩٥٥ (ست سنوات)، وأستاذا مساعدا بدار العلوم سنة ١٩٥٦، فأستاذا ورئيسا لقسم التاريخ الإسلامي والحضارة الإسلامية بدار العلوم سنة ١٩٦١. تُوفى –رحمه الله– في شهر أغسطس من عام ٢٠٠٠.

(٢) الأستاذ الدكتور عبد الوهاب المسيري، مفكر عربي إسلامي وأستاذ غير متفرغ بكلية البنات جامعة عين شمس. وُلد في دمنهور ١٩٣٨ وتلقى تعليمه الابتدائي ثم الثانوي ثم التحق عام ١٩٥٥ بقسم اللغة الإنجليزية بكلية الآداب جامعة الإسكندرية وعُين معيدًا فيها عند تخرجه، وسافر إلى الولايات المتحدة عام ١٩٦٣ حيث حصل على درجة الماجستير عام ١٩٦٤ (من جامعة كولومبيا) ثم على درجة الدكتوراه عام ١٩٦٩ من جامعة رَتْجَرز Rutgers (مرحلة الجذور). قام بالتدريس في جامعة عين شمس وفي عدة جامعات عربية من أهمها جامعة الملك سعود (١٩٨٣ – ١٩٨٨)، كما عمل أستاذا زائرًا في أكاديمية ناصر العسكرية، وجامعة ماليزيا الإسلامية.

وجدت أن صوت المعركة وصل لجميع أنحاء العالم الإسلامي، ورأيت أخيراً أنه من الظلم قصر التحيز على المصريين؛ وإن كانوا رأس حربته، فتوسع العمل ليكون "التحيز ضد اليهودية في كتابات المعاصرين". ورغم فهمي التام لأسباب ظاهرة التحيز ضد اليهودية إلا أنني بقيت متعجبا من حجمها. لم يقتصر التحيز على مؤرخي ومقارني الأديان وعلماء الدين، ولكنه شمل الصحفيين والأدباء والمفكرين والمثقفين؛ طبعاً والسياسيين. ولم يقتصر على بلد دون بلد، بل وقع فيه المصريون وغيرهم، ولا مذهب دون مذهب، بل شمل المتدينين والعلمانيين، واليساريين واليمينين، والقوميين والوطنيين.

أما إدانة أمتي: وهي المسألة الثانية في النقد لعملي: وأقول في الجواب: ولو كان في هذا العمل إدانة، فقد أدان القرآن من هم خير منا عندما أرادوا إلصاق تهمة بيهودي هو بريء منها: ﴿ إِنَّا أَنْزَلْنَا إِلَيْكَ الْكِتَابَ بِالْحَقِّ لِتَحْكُمَ بَيْنَ النَّاسِ بِمَا أَرَاكَ اللَّهُ وَلَا تَكُنْ لِلْخَائِنِينَ خَصِيمًا ۝ وَاسْتَغْفِرِ اللَّهَ إِنَّ اللَّهَ كَانَ غَفُورًا رَحِيمًا ۝ وَلَا تُجَادِلْ عَنِ الَّذِينَ يَخْتَانُونَ أَنْفُسَهُمْ إِنَّ اللَّهَ لَا يُحِبُّ مَنْ كَانَ خَوَّانًا أَثِيمًا ۝ يَسْتَخْفُونَ مِنَ النَّاسِ وَلَا يَسْتَخْفُونَ مِنَ اللَّهِ وَهُوَ مَعَهُمْ إِذْ يُبَيِّتُونَ مَا لَا يَرْضَى مِنَ الْقَوْلِ وَكَانَ اللَّهُ بِمَا يَعْمَلُونَ مُحِيطًا ۝ هَا أَنْتُمْ هَؤُلَاءِ جَادَلْتُمْ عَنْهُمْ فِي الْحَيَاةِ الدُّنْيَا فَمَنْ يُجَادِلُ اللَّهَ عَنْهُمْ يَوْمَ الْقِيَامَةِ أَمْ مَنْ يَكُونُ عَلَيْهِمْ وَكِيلًا ﴾[النساء: ١٠٥ - ١٠٩] وها أنذا واحد من هذه الأمة دفعه القرآن والإيمان إلى كتابة هذه الفصول. وفي الواقع هذا العمل هو إدانة للفلاسفةوالمتكلمين الذين حالوا بين الناس وبين الإيمان الذي جاء به خاتم الأنبياء ﷺ حتى يقول الطالب ويسأل السائل: هل بين الرسول أصول الدين"؟!!!

خطة العمل:

سار الباحث في خطة هذ العمل على ترتيب منطقي، في الفصل الأول تناول فيه اليهودية من وجهة النظر الإسلامية، ثم في الفصل الثاني ثم تعريف اليهودية ومصادره، ثم ناقش ظاهرة التحيز من وجهة نظر علمية وموضوعية، في الفصل التالي أعطى تفسيراً وأمثلة؛ فقط مجرد أمثلة، الأمثلة ليست شاملة، ولكنها _أرجو أن تكون معبرة، على ظاهرة التحيز ضد اليهودية لأسباب تاريخية وسياسية ومذهبية.

الدراسات السابقة:

المؤلفات السابقة عن التحيز فقد كانت كلها في الاتجاه الآخر؛ أي التحيز ضدنا، أما هذا الاتجاه فلم يكتب فيه أحد. فقد عُقد في القاهرة عام ١٩٩٢ في نقابة المهندسين، مؤتمر عن التحيز وصدر عنه كتاب من مجلدين ضخمين صدر في القاهرة عام ١٩٩٣ (في طبعة محدودة) ثم في واشنطن (الطبعة العالمية) عام ١٩٩٦. ثم صدرت طبعة ثالثة (الطبعة الشعبية) في القاهرة عام ١٩٩٨ في سبع مجلدات، كل مجلد مخصَّص لفرع مستقل من فروع المعرفة.

مؤتمر " إشكالية التحيز":

أهم الأعمال السابقة عن التحيز كانت مخرجات مؤتمر عُقد في القاهرة عام ١٩٩٢ في نقابة المهندسين، مؤتمر عن " إشكالية التحيز: رؤية معرفية ودعوة للاجتهاد". بدأت فكرة هذا الكتاب أثناء كتابة الدكتور عبد الوهاب المسيري للموسوعة الشهيرة "اليهود واليهودية والصهيونية"، إذ اكتشف المسيري أن المفاهيم والمفردات المستخدمة لوصف العقيدة اليهودية والظاهرة الصهيونية متحيزة، طبعاً في صالح اليهود واليهودية؛ أي ضدنا، ولا تعبِّر عن التجربة العربية من قريب أو بعيد. فجاءت فكرة عقد مؤتمر يصدر عنه كتاب عن التحيز. ويعد هذا

المؤتمر محاولة جادة ومنظمة في هذا الصدد تسعى لاسترجاع البعد الاجتهادي والإبداعي للمعرفة، وهو ليس مجرد كتاب يضم بين دفتيه أبحاثاً علمية بل هو أقرب للمشروع الضخم حيث تبلورت كثير من الدراسات والأبحاث به عبر سنوات طويلة من اهتمام أصحابها بتلك الإشكالية، كما تداعت الأفكار والدراسات. ولذا دعا مجموعةً من الكُتَّاب العرب وغير العرب، ليكتب كلٌّ منهم دراسة في حقل تخصصه عن التحيزات التي وجدها أثناء بحثه، وإمكانية تجاوز هذا التحيز. وكانت الثمرة مؤتمراً عُقد في القاهرة عام ١٩٩٢ في نقابة المهندسين، وكتاباً من مجلدين ضخمين صدر في القاهرة عام ١٩٩٣ (في طبعة محدودة) ثم في واشنطن (الطبعة العالمية) عام ١٩٩٦. ثم صدرت طبعة ثالثة (الطبعة الشعبية) في القاهرة عام ١٩٩٨ في سبعة مجلدات، كل مجلد مخصَّص لفرع مستقل من فروع المعرفة. يضم المجلد الأول ' فقه التحيز 'وهو المقدمة الطويلة التي كتبها الدكتور المسيري لهذا العمل، وبيَّن فيها أسباب التحيز وأشكاله وكيفية تجاوزه، دون إلغائه. كما ضمت بقية المجلدات دراساتٍ أخرى.

وصدر عن المؤتمر كتاب من مجلدين ضخمين نشر عدة مرات: في القاهرة عام ١٩٩٣ (في طبعة محدودة) ثم في واشنطن (الطبعة العالمية) عام ١٩٩٦. ثم صدرت طبعة ثالثة (الطبعة الشعبية) في القاهرة عام ١٩٩٨ في سبع مجلدات، كل مجلد مخصَّص لفرع مستقل من فروع المعرفة: إشكالية التحيز رؤية معرفية ودعوة للاجتهاد تحرير: عبد الوهاب المسيري؛ إبراهيم بيومي غانم... [وآخرون] - ط. ٣ - المعهد العالمي للفكر الإسلامي هيرندن ١٩٩٨ ١٩٩٨ - سلسلة المنهجية الإسلامية. الجزء الأول: إشكالية التحيز (الموجزة) - رؤية معرفية ودعوة للاجتهاد- الجزء الأول- تحرير الدكتور عبد الوهاب المسيري- المعهد العالمي للفكر الإسلامي.

الجزء الثاني: إشكالية التحيز (الموجزة)- رؤية معرفية ودعوة للاجتهاد- الجزء الثاني- تحرير الدكتور عبد الوهاب المسيري- المعهد العالمي للفكر الإسلامي.

وبشكل عام ناقش المؤتمر من خلال أطروحات المؤتمرين لمحاور المؤتمر ما يلي:

كلمة في التحيز. د. على جمعة

دراسة في التحيز د. عبد الوهاب المسيري وعلاقة الدال بالمدلول - النظريات اللغوية المعاصرة وموقفها من العربية د. عبده الراجحي.

أشكال مقاومة التحيز في أدب العالم الثالث..د. فريال جبوري غزول.

إشكالية التحيز محور في الفن والعمارة.

إشكالية التحيز في تاريخ العلم والتقنية. د. أحمد فؤاد باشا

الانحياز الحضاري الغربي في النماذج الرياضية.. د. ممدوح عبد الحميد فهمي

حكماء لا أطباء: عن التحيز في المفاهيم الطبية. أسامة القفاش. د. صالح الشهابي

لعلوم الطبية والتحيز للنموذج الأوربي الغربي. محمد عماد فضلي.

إشكالية التحيز محور العلوم الاجتماعية:

ملامح التحيز والموضوعية في الفكر الاجتماعي الإنساني الغربي والخلدوني د. محمود الذوادي.

التحيز في المدارس الاجتماعية الغربية: تراثنا هو المنطلق للتنمية...أ. عادل حسين.

- التحيز في كتابة التاريخ أ. طارق البشري

مقدمات أساسية حول التحيز في التحليل السياسي: منظور معرفي وتطبيقي د. سيف الدين عبد الفتاح.

ملامح التحيز في التعامل مع مفهوم الحاكمية أ. هشام جعفر

إشكالية التحيز محور علم النفس والتعليم والاتصال الجماهيري.

واشتمل على الأبحاث التالية:

قضية التحيز في علم النفس: ملامح من سيرة ذاتية. د. قدري حنفي.

إشكالية التحيز في التعليم. د سعيد إسماعيل على.

التحيز في الكتابات الدراسية – د. هدى عبد السميع حجازي.

التحيز في الأنظمة الغربية لتصنيف المكتبات. د هانى محى الدين عطية.

دراسة في التحيز المعلوماتي د عبد الوهاب المسيري.

لموضوعية والتحيز في قياسات الرأي العام د. محمد شومان

التحيز في الاتصال الجماهيري والخروج من الدائرة.. أ. حسام الدين السيد

المحور السابع: إشكالية التحيز: ادراك التحيز في الفكر الغربي الحديث:

طبعاً كل هذ التحيز كان في الاتجاه الأول، التحيز ضد ثقافتنا العربية والإسلامية، بينما الاتجاه الثاني طبعا لم يكتب فبه أحد لأسباب يأتي ذكرها. وها أنا ذا أقوم بالمهمة نيابة عن أهلي وقومي وأمتي. نعم إن ثقافتنا العربية المعاصرة أدركت عانت من التحيز، إلا أننا لم نكن بريئين من التحيز، وحتى لا نكون كمن يرى الشعرة في عيون الناس ولا يرى العود في عينيه، كنبت هذا البحث.

الفصل الأول

التعريف باليهودية

تعريف اليهود لليهودية:

اليهودية، وفق التصور اليهودي، هي عقيدة تقوم على التوراة باعتبارها القانون والشريعة الإلهية، وهذا يشمل الدين كله، عقيدة وشريعة. ظهر مصطلح 'اليهودية' لأول مرة في العصر الهيليني لتمييز عقائد اليهود عن الممارسات الدينية الأخرى في الشرق الأدنى، وأول من استخدمه المؤرخ اليهودي يوسيفوس فلافيوس في مقابل 'الهيللينية'. ولا يشير هذا المصطلح إلى النسق الديني للعبرانيين قبل تدوين العهد القديم الذي بدأ بعد السبي البابلي عام ٥٧٨ ق.م واستمر حتى القرن الثاني قبل الميلاد، حين أصبحت العبرية لغة طقسية فقط وحلّت الآرامية محلها كلغة اليهود. لذا، يمكن الحديث عن 'عبادة يسرائيل' قبل بناء الهيكل والمملكة العبرانية المتحدة (١٠٢٠ ق.م)، وعن 'اليهودية' بعد هدم الهيكل عام ٧٠م".[١]

تطوّر مصطلح «اليهودية» في التقليد اليهودي:

إن تتبع تطوّر مصطلح «اليهودية» في التقليد اليهودي يكشف عن تطوره من دلالة على الانتماء القبلي إلى الدلالة الدينية اعتمادًا على النصوص التوراتية والتلمودية. فبينما يشيع في الخطاب الديني المقارن افتراضٌ مفاده أن «اليهودية» اسمٌ أصيلٌ للدين الذي جاء به موسى عليه السلام، غير أن العودة إلى المصادر اليهودية نفسها تكشف أن هذا الاسم لم يكن هو العنوانالأصلي لهذا الدين، بل هو توصيفٌ تاريخي متأخر ارتبط بظروف سياسية وجماعية محددة، بينما ظل الاسم المعتمد دينيًا وتشريعيًا عند الإشارة لهذا الدين هو دين الإسرائيليين «بنو إسرائيل» وإلى مصدره «توراة موسى».

(١) انظر: فؤاد حسنين علي، "التوراة..." ص ٤ و٥٧-٥٨.

أولًا: مصطلح «يهودي» في الكتاب العبري وسياقه التاريخي

تشير المصادر العبرية إلى أن لفظ «يهودي» مشتق أصلاً من سبط يهوذا، ثم من مملكة يهوذا الجنوبية التي بقيت بعد انقسام المملكة الإسرائيلية.

وبعد السبي الآشوري للأسباط الشمالية، ثم السبي البابلي اللاحق لسبطي يهوذا وبنيامين، صار لفظ «يهودي» يُطلق على الجماعة العائدة من السبي بوصفها جماعةً تاريخية–سياسية متميزة.

ويُلاحظ أن أقدم استعمال نصي واضح للفظ «يهودي» بهذا المعنى الواسع يَرِد في سفر أستير [٢: ٥] حيث يوصف مردخاي بأنه «رجل يهودي» مع أنه بنص السفر نفسه من سبط بنيامين وهذا التناقض الظاهري كان مدخلًا لتفسيرات لاحقة داخل الأدبيات الربانية.

تطور التسمية:

لاحقاً تطور التفسير التلمودي للمصطلح «يهودي» من نسب قبلي إلى توصيف ديني، حيث تتناول المدراشيم والتلمود هذا الإشكال صراحة. ففي التلمود البابلي، [مِجِلَّة ١٣أ][1] يُطرح السؤال: كيف يُسمّى مردخاي «يهوديًا» وهو من بنيامين؟[2] ويأتي الجواب المحوري على

---

[1] انظر: التلمود البابلي، رسالة مِجِلَّة، الورقة ١٣ – الوجه الأول. (مِجِلَّة (Megillah / מגילה) هي اسم رسالة (مسختا) من رسائل التلمود. وكلمة "مِجِلَّة" تعني ورقة في مخطوط او «لفيفة». هذه الرسالة رسالة مِجِلَّة، الورقة ١٣ تتناول: لفيفة سفر إستير وأحكام عيد الفوريم وقصصًا وتفاسير تاريخية وأخلاقية مرتبطة بها.) والتلمود هو أحد أهم الكتب في التراث اليهودي، ويتكوّن من: ١–المِشْناه :مجموعة القوانين والتعاليم الأساسية. ٢–الغمّارا :شروح ومناقشات الحاخامات على المِشناه. وسيأتي التعريف بالتلمود تفصيلاً في مبحث المصادر.

[2] هذه القصة في سفر استير ضمن قصص أخرى فيها نسب هامان ونسب مردخاي وفقاً للتلمود: هامان هو: «هامان بن همداثا الأجاجي» من نسل أجاج ملك عماليق، العدو القديم لبني إسرائيل في عهد موسى، ويقابل ذلك: مردخاي من نسل: شاول الملك (من سبط بنيامين) أي يشير التلمود إلى أن الصراع بين: هامان ↔ مردخاي هو امتداد تاريخي قديم: أجاج ↔ شاول لكن: شاول في التوراة لم يُنهِ نسل عماليق بالكامل فجاء هامان كثمرة لذلك التقصير.

لسان ربي يوحنان: «كلّ من ينكر عبادة الأصنام يُسمّى يهودي Yehudi»(שֶׁכָּל הַכּוֹפֵר בַּעֲבוֹדָה זָרָה נִקְרָא יְהוּדִי بهذا التفسير، ينتقل المصطلح من كونه توصيفًا نسبيًا إلى وصف عقدي أخلاقي، يدل على التمسك بالتوحيد ورفض الوثنية، بغضّ النظر عن الانتماء القبلي. ويُعضَّد هذا الفهم بالاستشهاد التلمودي بسفر دانيال (٣: ١٢)، حيث وُصف حننيا وميشائيل وعزريا بأنهم «يهود» رغم أنهم ليسوا جميعًا من سبط يهوذا، وإنما لوصف موقفهم العقدي الرافض لعبادة الأصنام.

وتُلاحظ التعميم في الصيغة في العبارة التلمودية «كلّ من ينكر...»، وهي صيغة تدل على معيار فكري—ديني لا إثني.

التسمية في الأدبيات اليهودية:

على الرغم من شيوع لفظ «يهودي» في الخطاب التاريخي والاجتماعي، فإن الأدبيات الدينية والفقهية اليهودية لا تعتمد هذا اللفظ عنوانًا للدين. فالاسم المعتمد هو «بنو إسرائيل»، والمرجعية الدينية تُنسب إلى «توراة الرب» أو «توراة موسى».

يؤكد النص الكتابي هذا الاستعمال بجلاء، كما في سفر يشوع (سِفر يشوع : ٨ : ٣١): «كما هو مكتوب في سفر توراة موسى» وكما في المزامير (مزمور ١: ٢): «في توراة الرب مسرّته».

أما لفظ «توراة» نفسه، فدلالته اللغوية في العبرية لا تعني «القانون» بالمعنى الجاف، بل «التعليم» و«الهداية» و«الإرشاد»، وهو مشتق من الجذر י־ר־ה الذي يدل على الإرشاد

وهذا تفسير ديني-تاريخي، لا تقريرًا تاريخيًا بالمعنى الحديث. يفسر سبب عداوة هامان لمردخاي. والشاهد جواب على تساؤل: لماذا رفض مردخاي السجود لهامان؟ ويقدّم أكثر من تفسير، منها: أن هامان كان يتباهى بنَسَبه أو كان يحمل صورةً أو رمزًا وثنيًا أو أن مردخاي رفض السجود لأنه يراه شركًا.

والتوجيه. وهذا المعنى معترف به صراحة في الموسوعات اليهودية والدراسات اللغوية الحديثة. وبذلك فإن الانتماء الديني في اليهودية يُعرّف من خلال العلاقة بالتوراة، لا من خلال اسم «اليهودية» كعنوان عقدي.

تكشف هذه المعطيات أن «اليهودية» ليست اسمًا تعبديًا أصيلًا للدين الذي جاء به موسى، بل هي تسمية تاريخية تحوّلت لاحقًا إلى هوية دينية–اجتماعية بفعل السياق السياسي والنزوح والاصطدام بالحضارات الوثنية. أما المرجعية الدينية نفسها فبقيت تُحيل إلى «توراة الله» و«توراة موسى» وإلى جماعة «بني إسرائيل».

وتبيّن هذه الدراسة أن التمييز بين اسم الدين واسم الجماعة والهوية التاريخية أمرٌ أصيل في اليهودية نفسها، لا وافد عليها من خارجها.

بهذا يتبين: معنى مصطلح اليهودية من داخل مصادرها وأن التسمية الدينية ليست أصلية بل تاريخية، ويفتح باب المقارنة العلمية مع المنظور القرآني دون إسقاط، ويُسهم في تحرير مفاهيم «الدين» و«الرسالة» و«الهوية» في الدراسات المقارنة.

التعريف من وجهة نظر المسيحية:

لا تقدم المسيحية تعريفًا اصطلاحيًا لليهودية، لكنها، حسب الوثيقة الصادرة عن مجمع الفاتيكان الثاني، وتحديدًا إعلان "Nostra Aetate" الفصل الرابع (رقم ٤، ص. ٥٣)، توضح مفهومها لليهودية في سياق الإيمان المسيحي وتُبيّن الكنيسة المسيحية الرسمية فهمها لا تعريفهل، لليهودية والتوراة:

وفقًا لوثيقة مجمع الفاتيكان الثاني (1965-1962)، فوفق تعريف المجمع لليهودية (كما يُفهم من النصوص) يمكننا أن نفهم أن اليهودية هي ديانة العهد القديم التي نشأت من الوحي الإلهي لشعب إسرائيل، وتشمل أسفار التوراة والأنبياء، وهي الجذور التاريخية والروحية

التي انبثق منها الإيمان المسيحي. هكذا، لا يقدم مجمع الفاتيكان الثاني (1962-1965) تعريفًا اصطلاحيًا لليهودية بحد ذاتها، لكنه يوضح مفهومها في سياق الإيمان المسيحي. في ضوء ذلك نفهم أن:

اليهودية بالنسبة للمسيحيين ليست مجرد ثقافة أو قومية، بل هي منظومة دينية قائمة على الإيمان بإله واحد، والالتزام بالشريعة (التوراة) التي تُعتبر تعليمًا إلهيًا.

- المجمع ينظر إليها باعتبارها مرحلة أساسية في تاريخ الخلاص وفق المفهوم المسيحي، حيث أُعطي الوحي الإلهي أولًا لشعب إسرائيل، ثم اكتمل في المسيح بحسب الإيمان المسيحي.

هذا الفهم يجعل اليهودية ديانة ذات مكانة خاصة في الفكر المسيحي، لأنها ليست ديانة غريبة، بل مرتبطة بجذور الإيمان المسيحي.

تعريف اليهودية في ضوء القرآن الكريم:

المصطلحات الدينية في القرآن والسنة ليست جامدة، بل تتسم بالتوسع الاصطلاحي، حيث يُطلق اللفظ أحيانًا على جزء أو على معنى عام قبل أن يختص بمعنى محدد لاحقًا. هذا يظهر بوضوح عند الإشارة إلى الكتب السابقة مثل التوراة، الإنجيل، الزبور.

وفقا لدلالة نصوص القرآن والسنة، لا يوجد دين اسمه اليهودية، ولا يوجد أديان سماوية أصلاً، ولم يستعمل القرآن هذه الجمع في الإشارة إلى الأنبياء الذين أرسلهم، صلى الله تعالى عليهم. في ضوء القرآن هناك اسم واحد لدين واحد سماوي اسمه الإسلام؛ وإن الرسالات السماوية كثيرة منها الثلاث: الإسلام والمسيحية واليهودية، فكل أنبياء الله ورسله أتوا بدين واحد سماوي:قال تعالى:﴿شَرَعَ لَكُم مِنَ الدِّيْنِ مَا وَصَّى بِه نُوْحًا وَالَّذِيْ أَوْحَيْنَا إِلَيْكَ وَمَا وَصَّيْنَا بِه إبرَاهِيْمَ وَمُوْسٰى وَعِيْسٰى أَنْ أَقِيْمُوا الدِّينَ وَلاَ تَتَفَرَّقُوْا فِيْهِ، كَبُرَ عَلَى المشْرِكِيْنَ مَا

تَدْعُوْهُمْ إِلَيْهِ، اللهُ يَجْتَبِيْ إِلَيْهِ مَنْ يَشَاءُ وَيَهْدِيْ إِلَيْهِ مَنْ يُنِيْبُ[الشورى:١٣] فلا يوجد إلا دين واحد سماوي، هو دين الإسلام: قال تعالى: ﴿إِنَّ الدِّيْنَ عِنْدَ اللهِ الإسلامُ [آل عمران:١٩] وقال تعالى: ﴿وَمَنْ يَبْتَغِ غَيْرَ الإِسْلاَمِ دِيْنًا فَلَنْ يُقْبَلَ مِنْهُ [آل عمران:٨٥] [١] من اتبع هذا الدين وآمن به، وأخذ به فهو المسلم في كل زمان، قال تعالى: ﴿هُوَ اجْتَبٰكُمْ وَمَا جَعَلَ عَلَيْكُمْ فِي الدِّيْنِ مِنْ حَرَجٍ، مِلَّةَ أَبِيْكُمْ إِبْرَاهِيْم، هُوَ سَمّٰكُمُ الْمُسْلِمِيْنَ مِنْ قَبْلُ وَفِيْ هَذَا لِيَكُوْنَ الرَّسُوْلُ شَهِيْدًا عَلَيْكُمْ وَتَكُوْنُوْا شُهَدَاءَ عَلَى النَّاسِ[الحج:٧٨] والتعدد في الرسالة وليس في الدين: وفقاً للقرآن توجد رسالات متعددة: ﴿ وَلَقَدْ بَعَثْنَا فِي كُلِّ أُمَّةٍ رَّسُولًا أَنِ اعْبُدُوا اللَّهَ وَاجْتَنِبُوا الطَّاغُوتَ فَمِنْهُم مَّنْ هَدَى اللَّهُ وَمِنْهُم مَّنْ حَقَّتْ عَلَيْهِ الضَّلَالَةُ فَسِيرُوا فِي الْأَرْضِ فَانظُرُوا كَيْفَ كَانَ عَاقِبَةُ الْمُكَذِّبِينَ[النحل:٣٦] وأما اليهود والنصارى فاستعملها القرآن الكريم في الإشارة إلى أتباع هاتين الرسالتين؛ أي إلى الشعب أو الناس؛ لا إلى الدين. من ذلك نفهم أن الرسالات الثلاث لها اسم واحد هو الإسلام، ولا اسم آخر لها، لكننا مضطرون لتتميز بين الرسالات؛ أي بين من رسالة موسى دون غيره، ورسالة عيسى دون غيره؛ وبين رسالة خاتم الأنبياء.

التسمية بين ابن تيمية والسيوطي:

ناقش السيوطي رحمه الله مسألة التسمية في رسالة كبيرة. [٢] حيث يرى السيوطي نفسه جواز اطلاق اسم اليهودية على أتباع رسالة موسى. ومع ذلك أورد السيوطي في رسالته الجامعة

---

(١) انظر: ابن كثير التفسير، ٥٢/٢.

٢ انظر: السيوطي: إِتْمَامُ النِّعْمَةِ فِي اخْتِصَاصِ الْإِسْلَامِ بِهَذِهِ الْأُمَّةِ ضمن الحاوي للفتاوي المؤلف: عبد الرحمن بن أبي بكر، جلال الدين السيوطي (ت ٩١١هـ) الناشر: دار الفكر للطباعة والنشر، بيروت-لبنان عام النشر: ١٤٢٤ هـ - ٢٠٠٤ م، ص ٢/ ١٣٨ وما بعدها.

قولين لعلماء المسلمين في مسألة اسم اليهودية أو جواز اطلاق اسم الإسلام على كل دين حق. مع إيراد أدلة كل فريق، مع بيان الدليل، ومحل الشاهد، ووجه الدلالة كما يفهمه السيوطي نفسه، مع التنبيه إلى أن السيوطي لا يكتفي بسرد الأدلة، بل يقدّم تفاسير وتأويلات دافعة لأدلة الفريق الآخر.

أولًا: أدلة القائلين بعمومية إطلاق الإسلام على كل دين حق

وهو القول الذي حكاه السيوطي عن طائفة من العلماء، منهم ابن الصلاح، ويعتمد على الدلالة القرآنية الظاهرة:

الدليل الأول: قوله تعالى

﴿مَا كَانَ إِبْرَاهِيمُ يَهُودِيًّا وَلَا نَصْرَانِيًّا وَلَكِن كَانَ حَنِيفًا مُسْلِمًا﴾ \[آل عمران: ٦٧]

محل الشاهد في قوله: «ولكن كان حنيفًا مسلمًا».

وجه الدلالة عندهم أن الآية تصرّح بإطلاق وصف الإسلام على إبراهيم عليه السلام قبل وجود اليهودية والنصرانية، فيدلّ ذلك على أن الإسلام اسمٌ لدين التوحيد الذي جاءت به الرسالات السابقة.

الدليل الثاني: قوله تعالى

﴿رَبَّنَا وَاجْعَلْنَا مُسْلِمَيْنِ لَكَ وَمِنْ ذُرِّيَّتِنَا أُمَّةً مُسْلِمَةً لَكَ﴾ \[البقرة: ١٢٨]

محل الشاهد في قوله: «مسلمين» و «أمة مسلمة».

وجه الدلالة أن إبراهيم وإسماعيل سمّيا نفسيهما مسلمين، ودعوا لذريتهما أن تكون أمة مسلمة، وهذا سابق زمنيًا لبعثة النبي ﷺ، مما يدل على أن الإسلام وصفٌ ديني عام.

الدليل الثالث: قوله تعالى

﴿فَأَخْرَجْنَا مَن كَانَ فِيهَا مِنَ الْمُؤْمِنِينَ ۞ فَمَا وَجَدْنَا فِيهَا غَيْرَ بَيْتٍ مِنَ الْمُسْلِمِينَ﴾ [الذاريات: ٣٥-٣٦]

محل الشاهد في وصف آل لوط بأنهم «مسلمون».

وجه الدلالة أن القرآن وصف أهل بيت لوط بالإسلام، فيدلّ على إطلاقه على أتباع نبي سابق.

الدليل الرابع: قوله تعالى

﴿وَقَالَ مُوسَىٰ يَا قَوْمِ إِنْ كُنتُمْ آمَنتُمْ بِاللَّهِ فَعَلَيْهِ تَوَكَّلُوا إِن كُنتُم مُّسْلِمِينَ﴾ [يونس: ٨٤]

محل الشاهد في قوله: «إن كنتم مسلمين».

وجه الدلالة أن موسى خاطب قومه بوصف الإسلام، مما يدل على أن الإسلام لم يكن خاصًا بالأمة المحمدية.

الدليل الخامس: قوله تعالى

﴿إِنَّا كُنَّا مِن قَبْلِهِ مُسْلِمِينَ﴾ [القصص: ٥٣]

محل الشاهد في قول أهل الكتاب: «كنا من قبله مسلمين».

وجه الدلالة الظاهرة أن أهل الكتاب وصفوا أنفسهم بالإسلام قبل نزول القرآن.

ثانيًا: أدلة القائلين باختصاص اسم الإسلام بالأمة المحمدية:

القول الثاني وهو القول الذي رجحه السيوطي، حيث يرى السيوطي أن هذه الأدلة أقوى نقلًا وترجيحًا، وأنها محكمة إذا ضُبطت بمباحث الأصول واللغة والسنة.

الدليل الأول: قوله تعالى

﴿هُوَ سَمَّاكُمُ الْمُسْلِمِينَ مِن قَبْلُ﴾ [الحج: ٧٨]

محل الشاهد في تخصيص التسمية: «سماكم المسلمين».

وجه الدلالة أن الآية جاءت في سياق الامتنان والاختصاص، ولو كانت التسمية عامة لما كان للتخصيص معنى، كما فهم ذلك ابن زيد من السلف.

الدليل الثاني: حديث تعريف الإسلام

«الإسلام أن تشهد أن لا إله إلا الله وأن محمدًا رسول الله...» (حديث جبريل)[1]

محل الشاهد في ربط الإسلام بالإقرار برسالة محمد ﷺ وبالشرائع العملية المخصوصة.

وجه الدلالة أن هذا الحدّ للاسلام لا ينطبق على الأمم السابقة؛ إذ لم تُفرض عليهم هذه العبادات بصورها.

الدليل الثالث: رفع الإصر وخصوصية الشريعة

﴿وَمَا جَعَلَ عَلَيْكُمْ فِي الدِّينِ مِنْ حَرَجٍ﴾[الحج: ٧٨]

محل الشاهد في تفسير ابن عباس أن المقصود رفع الإصر الذي كان على بني إسرائيل.

وجه الدلالة أن الإسلام هو اسمٌ لهذه الشريعة السهلة، بخلاف اليهودية والنصرانية.

الدليل الرابع: حديث عمر مع التوراة

«لو أصبح فيكم موسى فاتبعتموه لضللتم...»

محل الشاهد قول عمر: «رضينا بالله ربًا وبالإسلام دينًا».

وجه الدلالة أن الإسلام هو البديل الشرعي عن شريعة موسى بعد البعثة، مما يدل على أنه اسم خاص بالشريعة الخاتمة.

---

[1] أخرجه مسلم في صحيحه: كتاب الإيمان باب بيان الإيمان والإسلام والإحسان برقم (٨) بحسب ترقيم النووي وأخرجه البخاري في صحيحه (مختصرًا): كتاب الإيمان باب سؤال جبريل النبي ﷺ عن الإيمان والإسلام والإحسان رقم (٥٠) وأخرجه أيضًا:أبو داود (رقم ٤٦٩٥) الترمذي (رقم ٢٦١٠) وقال: حديث حسن صحيح، النسائي في السنن الكبرى ابن ماجه (رقم ٦٣) أحمد في المسند (٢٧/١ وغيره).

الدليل الخامس: الاستعمال النبوي والاصطلاحي

حديث: «لا يسمع بي أحد من هذه الأمة ولا يهودي ولا نصراني...»

محل الشاهد أن النبي ﷺ لم يسمِّ أهل الكتاب مسلمين بعد بعثته.

وجه الدلالة أن الاسم استقر اصطلاحًا على الأمة المحمدية وحدها.

الدليل السادس: الإجماع والاستعمال التاريخي

إطباق الصحابة والتابعين والفقهاء على تخصيص وصف "المسلمين" بهذه الأمة.

محل الشاهد في الاستعمال اللغوي والفقهي العام.

وجه الدلالة أن الاستعمال الاصطلاحي حجة معتبرة في الألفاظ الشرعية.

ويجيب السيوطي عن أدلة القول الآخر. من المؤكد أن السيوطي لا ينكر النصوص، بل يؤوّلها بأدوات أصولية، ومن ذلك:

حمل وصف الإسلام في حق الأمم السابقة على الأنبياء فقط، أو على التغليب والتبعية.

تفسير بعض الألفاظ على الاستقبال لا على الحال، كما في آية القصص: «كنا من قبله مسلمين». اعتبار أن النزاع لفظي اصطلاحي لا عقدي، وأن وحدة الدين لا تعني وحدة التسمية.يمكن القول إن السيوطي عرض المسألة بأمانة علمية، فأثبت وجود الرأيين، وحرر أدلة كل فريق، ثم رجّح القول بالاختصاص لا إنكارًا للدلالة القرآنية الأصلية، بل مراعاةً للاصطلاح الشرعي بعد اكتمال الرسالة.

رأي ابن تيمية:

يُعَدّ ابن تيمية من أكثر العلماء تحريرًا لمحلّ النزاع في هذه المسألة، وكيف استطاع الجمع بين القولين دون تناقض ولا تكلّف.

قال شيخ الإسلام ابن تيمية رحمه الله" :وقد تنازع الناس فيمن تقدم من أمة موسى وعيسى هل هم مسلمون أم لا؟ وهو نزاع لفظي، فإن الإسلام الخاص الذي بعث الله به محمدًا – صلى الله عليه وسلم – المتضمن لشريعة القرآن – ليس عليه إلا أمة محمد – صلى الله عليه وسلم – والإسلام اليوم عند الإطلاق يتناول هذا وأما الإسلام العام، المتناول لكل شريعة بعث الله بها نبيًا من الأنبياء – فإنه يتناول إسلام كل أمة متبعة لنبي من الأنبياء".[١]

وفقاً للنقل السابق فنقطة الانطلاق عند ابن تيمية تختلف عنها عن السيوطي. فعند تحرير محل النزاع لا يبدأ ابن تيمية النقاش من سؤال: «هل الإسلام خاص بهذه الأمة أو عام؟»

وإنما يبدأ بسؤال أعمق هو:

عمّ نتكلم عندما نقول: الإسلام؟

هل نتكلم عن:

- أصل الدين عند الله؟
- أم عن الشريعة الناسخة بعد بعثة محمد ﷺ؟
- أم عن الاسم الاصطلاحي المستقر في خطاب الشريعة والفقه؟

بسبب الخلط بين هذه المستويات نشأ الخلاف في الأصل، وابن تيمية يعالج هذا الخلط لا بنقض أحد القولين، بل بإثبات صحة كل واحد منهما في موضعه. فالإسلام عند ابن تيمية

---

[١] انظر : التدمرية: تحقيق الإثبات للأسماء والصفات وحقيقة الجمع بين القدر والشرع ، تقي الدين أبو العباس أحمد بن عبد الحليم بن عبد السلام بن عبد الله بن أبي القاسم بن محمد ابن تيمية الحراني الحنبلي الدمشقي (ت ٧٢٨ هـ) ،تحقيق: د. محمد بن عودة السعوي، الناشر: مكتبة العبيكان – الرياض، الطبعة: السادسة ١٤٢١ هـ – ٢٠٠٠ م ص ١٧٢، ١٧٣. وانظر: مجموع الفتاوى ، المؤلف:شيخ الإسلام أحمد بن تيمية، جمع وترتيب: عبد الرحمن بن محمد بن قاسم رحمه الله، وساعده: ابنه محمد وفقه الله، (ط:مجمع الملك فهد لطباعة المصحف الشريف – المدينة المنورة – السعودية عام النشر: ١٤٢٥ هـ – ٢٠٠٤ م) ص: ٣/ ٩٤ .

له مستويان حقيقيان لا مجازيان. هكذا يقر ابن تيمية في مواضع متعددة من مجموع الفتاوى والجواب الصحيح – أن لفظ الإسلام يُستعمل على معنيين معتبرين:

١. الإسلام بمعناه العام:

وهو عنده: الاستسلام لله وحده، والانقياد لأمره، واتباع رسوله في كل زمان. وهذا هو أصل الدين الذي اشترك فيه جميع الأنبياء، ومن أطاع نبيّه في وقته فهو مسلم بهذا الاعتبار. ولهذا يقول ابن تيمية – بنص واضح المعنى – أن: إبراهيم كان مسلمًا، وموسى وأتباعه مسلمون، وعيسى والحواريون مسلمون، وكل من آمن بالله واتبع الرسول الذي أُرسل إليه فهو مسلم. و لا يعد هذا عنده توسعًا بل هو مدلول القرآن نفسه، وهو ما يوافق القول الأول الذي حكاه السيوطي عن ابن الصلاح وغيره.

٢. الإسلام بمعناه الخاص:

ثم يقرر ابن تيمية أن هذا المعنى انقلب بعد بعثة محمد ﷺ إلى معنى أخصّ من جهة الحكم والقبول. فبعد البعثة: لم يعد الاستسلام لله يُتصوَّر إلا من خلال متابعة محمد ﷺ تحديدًا، لأن شريعته ناسخة لما قبلها. بناءً على ذلك: من بقي على شريعة موسى أو عيسى بعد بعثة محمد ﷺ، لا يُسمّى مسلمًا شرعًا من جهة القبول عند الله، وإن كان أصل الدين واحدًا. وهنا يقول ابن تيمية عبارته الجامعة المشهورة بالمعنى (وإن اختلفت ألفاظ النقل): «فكل من لم يؤمن بمحمد ﷺ بعد بعثته فليس بمسلم، وإن كان دين الأنبياء كلهم هو الإسلام». وهذا يعني أن ابن تيمية لا يقول إن الإسلام تغيّر جوهره،

بل يقول إن طريقه الملزِم تغيّر بالنسخ. لقد جمع بين النصوص التي ظاهرها التعارض:

١. آيات تصف الأنبياء وأتباعهم بـ«مسلمين»

كقوله تعالى عن إبراهيم، أو موسى، أو أهل بيت لوط.

ابن تيمية يحملها على الإسلام العام، أي: وصف ديني صحيح في زمنه، لأن الطاعة كانت لطريق مشروع.

إذن: إطلاق الإسلام عليهم إطلاق حقيقي في زمانهم.

٢. آيات وقعت بعد البعثة تحصر القبول في الإسلام

مثل: ﴿ومن يبتغ غير الإسلام دينًا فلن يقبل منه﴾

يقرر ابن تيمية أن هذه الآية محكمة في مرحلة ما بعد البعثة، وأن الإسلام المذكور فيها هو الإسلام الخاص الذي لا يتحقق إلا بالإيمان بمحمد ﷺ. فالجمع ليس بتأويل الآيات السابقة، بل بربط كل آية بزمنها التشريعي.

وخلاصة موقف ابن تيمية من اصطلاح «اليهودي» و«النصراني» بعد البعثة يشير إلى أن ابن تيمية يقرر أن: اليهودية والنصرانية بعد البعثة المحمدية ليستا شرائع مشروعة، بل أوصاف طائفية لمن لم يدخل في الإسلام الناسخ. ولذلك: سمّى النبي ﷺ من لم يؤمن به «يهوديًا أو نصرانيًا» ولم يسمّه مسلمًا، لا لأن أصل دينهم مختلف، بل لأن الحكم الشرعي تبدّل بالنسخ. وهذا عين التفريق بين: الدلالة العقدية الأصلية والوضع الشرعي بعد اكتمال الرسالة. ويمكن تلخيص جمع ابن تيمية بين القولين في هذه العبارة الدقيقة:

الإسلام اسم لدين واحد في أصله، واسم لشريعة مخصوصة في حكمها بعد اكتمالها.

فمن حيث:

- الحقيقة الدينية = الإسلام واحد منذ نوح إلى محمد
- الحكم الشرعي بعد البعثة = لا إسلام إلا باتباع محمد ﷺ
- الاصطلاح الفقهي والتشريعي = الإسلام عَلَم على هذه الأمة

وبذلك: صحّ إطلاق الإسلام على الأمم السابقة من جهة الحقيقة

وصحّ نفيه عنهم بعد البعثة من جهة الحكم والقبول

وسقط التعارض من أصله. ونلاحظ من كل ما سبق أن ابن تيمية لم يُلغِ النصوص ولم يؤوّلها قسرًا ولم يجعل الخلاف عقديًا بل جعله دلاليًا-زمانيًا-تشريعيًا.

حين فرّق بين: الدلالة القرآنية العامة والاصطلاح الشرعي الخاص وسياق المخاطَبين في القرآن. يتّضح من تتبّع معالجة السيوطي وابن تيمية لمسألة إطلاق اسم الإسلام على الأمم السابقة أنّ كليهما ينطلق من أرضية مشتركة تقرّ بوحدة أصل الدين الإلهي، غير أنّ اختلافهما يظهر في كيفية التعامل مع الدلالة الاصطلاحية للاسم بعد اكتمال الرسالة المحمدية. فالسيوطي، في كتابه إتمام النعمة في اختصاص الإسلام بهذه الأمة، يحرّر النزاع باعتباره نزاعًا لفظيًا—اصطلاحيًا، ثمّ يرجّح أن اسم "الإسلام" قد صار عَلَمًا خاصًا على الشريعة الخاتمة والأمة المحمدية، مع إقراره بأنّ الأنبياء عليهم السلام كانوا موصوفين بالإسلام من حيث الأصل. غير أنّه يضيّق أفق الإطلاق، فيجعل وصف "المسلمين" مختصًا بهذه الأمة، ويؤول الآيات التي ظاهرها إطلاق الإسلام على غيرها إمّا بحملها على الأنبياء دون أممهم، أو على التبعية والتغليب، أو على إرادة الاستقبال لا الماضي، وهو في ذلك يقدّم أولويةً واضحة للاستعمال الاصطلاحي بعد البعثة وللدلالة التشريعية المستقرة في خطاب الفقه والحديث.

أما ابن تيمية، فيتجاوز ثنائية الترجيح إلى منهج الجمع والتحرير الدقيق لمستويات الدلالة، فيقرر أن لفظ الإسلام مستعمل استعمالًا حقيقيًا في معنيين متمايزين باختلاف الزمن والحكم، لا على سبيل المجاز أو الاشتراك اللفظي. فالإسلام عنده، من حيث الأصل، هو الاستسلام لله والانقياد له باتباع الرسول في كل زمان، وبهذا الاعتبار كان دين الأنبياء جميعًا وأتباعهم، وهو ما يوافق القول الذي حكاه السيوطي عن ابن الصلاح. لكنه في الوقت نفسه

يقرر أن هذا الإسلام العام قد تعيّن بعد بعثة محمد ﷺ في صورة خاصة ناسخة، بحيث لا يكون الاستسلام لله بعد ذلك إلا باتباعه دون غيره، ومن هنا يصحّ نفي اسم الإسلام عمّن بقي على الشرائع السابقة من حيث القبول والحكم، لا من حيث أصل الدين. وبهذا الجمع يفسّر ابن تيمية الآيات التي تثبت إسلام الأنبياء وأممهم في أزمانهم، كما يفسّر في الوقت نفسه الآيات والأحاديث التي تحصر القبول بعد البعثة في الإسلام المحمدي، دون حاجة إلى تأويل قَسري أو ردٍّ لظاهر النص.

وعليه، فإن الفرق الجوهري بين السيوطي وابن تيمية لا يكمن في أصل الإقرار بوحدة الدين، بل في المنهج المعتمد في فهم تطوّر الدلالة؛ فالسيوطي ينتهي إلى ترجيح أحد القولين باعتباره الأوفق بالاصطلاح الشرعي اللاحق، بينما يقدّم ابن تيمية نموذجًا تأصيليًا يجمع بين القولين بردّ كلٍّ منهما إلى سياقه الزمني وحكمه التشريعي. ومن ثمّ، يمكن القول إن معالجة ابن تيمية تمثل مرحلة أعمق في تحرير محل النزاع، لأنها تحافظ على الدلالة القرآنية العامة للإسلام دون إبطال، وفي الوقت نفسه تحفظ خصوصية الإسلام المحمدي بوصفه الشريعة الناسخة والملزمة بعد اكتمالها.

تعريف اليهودية عند علماء الأديان المسلمين:

طبعاً كل من كتب عن اليهودية من المسلمين قام بتقديم تعريف لها حسب رؤيته العقائدية أو ميوله الثقافية. وقد عرفها د. صابر طعيمة [1] ثلاث تعاريف في سياق واحد:

[1] هو صابر عبد الرحمن بن محمد طعيمة، تاريخ الميلاد/ ١٤/٩/ ١٩٣٧م، عضو هيئة التدريس بكلية أصول الدين. جامعة الأزهر من عام/١٩٧٨. ١٩٨١م أستاذ مشارك بجامعة الإمام محمد بن سعود الإسلامية. كلية أصول الدين بالرياض من عام /١٤٠٩ . ١٤٢٠هـ، أستاذ بجامعة الملك عبد العزيز. كلية التربية بالمدينة المنورة من ١٨/٥/١٤٢٠هـ ، ويعمل حاليا أستاذا بجامعة طيبة بالمدينة المنورة في كلية التربية والمعهد العالي للأئمة والخطباء.

عرفها أولاً بأنها "أول دين سماوي مكتوب أنزله الله تعالى وحياً على نبيه موسى ليعبده بنو إسرائيل ولا يشرك به شيئاً"

أو: "أنها دين سماوي يقوم على توحيد الواحد القهار"

أو: " الدين الذي أنزله الله على قلب عبده موسى ينادي بوحدانية الله رب العالمين"(١)

وهذه التعاريف الثلاثة متقاربة.

تعريف المؤلف لليهودية:

وفق معطياتي وأبحاثي وفهمي وإيماني أعرف اليهودية بالتعريف التالي:

"اليهودية هي رسالة سماوية أنزلها الله تعالى على نبيه موسى عليه السلام، تقوم على توحيد الله، وتمثل مرحلة من مراحل الدين الإلهي الواحد الذي هو الإسلام، وتستند إلى نصوص مقدسة، كتبها الله تعالى بيده، ومنها التوراة باعتبارها المصدر التشريعي الأساسي لهذه الرسالة". كما يمكنني أن أعرفها بتعريف أطول بعض الشيء فأقول:

"اليهودية هي: هي لبنة من لبنات الإسلام، ورسالة صادقة من الله تعالى، أنزلها على نبي عظيم؛ هو موسى عليه الصلاة والسلام، وتمثل الوصايا العشر، التي كتبت بإصبع الله تعالى، والتوراة، أسفار موسى الخمسة، المصدر الأساس لهذه الرسالة، وهي كتاب إلهي يعطي صورة صحيحة ومطابقة للصورة الإسلامية عن الله تعالى، وعن أنبيائه، وتعطي صورة واضحة عن شريعة إلهية صحيحة، وعن الإنسان وتاريخه على هذه الأرض. " (٢)

---

(١) التراث الإسرائيلي، ص ٣٥٣، وساق الدكتور صابر هذه التعاريف الثلاثة في نسق واحد، المصدر السابق نفسه.

(٢) ولا تختلف وجهة النظر المسيحية فيما يتعلق بالتوراة واليهودية عن وجهة النظر هذه على الأقل بحسب الوثيقة الصادرة عن مجمع الفاتيكان الثاني (من ١٩٦٢-١٩٦٥) الفصل الرابع منها ص ٥٣.

حدود الدعوة اليهودية:

تُعد مسألة "خصوصية التوراة" لبني إسرائيل من الركائز الأساسية في الفكر اليهودي التقليدي، حيث يُنظر إليها كعهد خاص وميثاق غليظ يربط بين الخالق وشعب إسرائيل دون غيرهم من الأمم.

أولاً: النصوص:

تعتمد الأدبيات اليهودية على نصوص توراتية وتلمودية تؤكد هذا الاختصاص، منها:

١-سفر التثنية (٣٣: ٤): "بِتَوْرَاةٍ أَمَرَنَا مُوسَى مِيرَاثاً لِجَمَاعَةِ يَعْقُوبَ". كلمة "ميراث" מוֹרָשָׁה (Morasha) تُستخدم هنا للدلالة على أن التوراة ملكية خاصة وحق حصري لنسل يعقوب.

٢-سفر المزامير (١٤٧: ١٩-٢٠): "يُخْبِرُ يَعْقُوبَ بِكَلاَمِهِ، وَإِسْرَائِيلَ بِفَرَائِضِهِ وَأَحْكَامِهِ. لَمْ يَفْعَلْ هكَذَا بِأَيَّةِ أُمَّةٍ، وَأَحْكَامُهُ لَمْ يَعْرِفُوهَا". هذا النص صريح في نفي مشاركة الأمم الأخرى في هذه الأحكام.

٣-سفر الخروج (٣١: ١٧): في سياق الحديث عن السبت كجزء من التوراة: "بَيْنِي وَبَيْنَ بَنِي إِسْرَائِيلَ هِيَ عَلاَمَةٌ إِلَى الأَبَدِ."

ثانياً: موقف الشراح:

يُعد الرابي سليمان بن يتسحاق (راشي) المفسر الأكثر تأثيراً، ومنهجه يميل إلى ترسيخ التمايز بين إسرائيل والأمم من خلال النص:

التوراة كقوشان ملكية: يبدأ راشي تفسيره لسفر التكوين بتساؤل: "لماذا بدأت التوراة بالخلق ولم تبدأ بالوصايا (التي هي جوهر اختصاص إسرائيل)؟". ويجيب بأن التوراة ذُكرت لتعلم العالم أن الله هو الخالق، وأنه اختص بني إسرائيل بأرض كنعان بموجب مشيئته، مما يجعل التوراة صك ملكية وتفويض خاص لهم.

دعوى "عرض التوراة على الأمم:"

يتبنى راشي التفسير "الميدراشي" الذي يقول إن الله عرض التوراة على كافة الأمم (أدوم، إسماعيل، وغيرهم) فرفضوها لأنها تتعارض مع طبائعهم (مثل القتل أو السرقة)، بينما قبلها بنو إسرائيل قائلين "نفعل ونسمع". وبذلك يرى راشي أن الاختصاص جاء نتيجة اختيار إلهي واستعداد شعبي غاب عن الآخرين.

تحريم تعليم التوراة لغير اليهود: انطلاقاً من الآية "ميراثاً لجماعة يعقوب"، يرى الشراح (بمن فيهم راشي في تعليقاته التلمودية) أن انشغال غير اليهودي بدراسة تفاصيل التوراة (التي تخص الشرائع اليهودية) يُعد تعدياً على "ميراث" خاص، مستخدمين عبارات حادة لتأكيد هذا الانفصال.

ثالثاً: موقف الشراح الآخرين:

ابن عزرا وموسى بن ميمون: اتفقوا على أن التوراة هي "دستور وطني" لإسرائيل، لكن ابن ميمون (الرامبام) أشار إلى أن الهدف النهائي هو معرفة الله، وهو متاح للبشرية عبر "وصايا نوح السبع"، بينما تظل التوراة بتفاصيلها الـ ٦١٣ ميثاقاً خاصاً باليهود فقط.

ويرى الفكر التقليدي الذي يمثله راشي أن العلاقة بين إسرائيل والتوراة هي علاقة "وجودية"؛ فالتوراة لم تنزل لتكون ديناً عالمياً تبشيرياً، بل لتكون نظاماً حياتياً يحفظ تميز هذا الشعب واختصاصه بالخدمة الإلهية، معتبرين أن للأمم الأخرى طريقاً آخراً للتقرب من الله لا يمر عبر الالتزام بالتوراة الموسوية.

شرائع نوح السبع:

وصايا نوح السبعة هي كما كما عرضها التلمود البابلي) سنهدرين ٥٦ ( )(a–bهي سبع وصايا عامة:

١. وجوب القضاء (الديون).

٢. النهي عن التجديف،

٣. وعبادة الأوثان،

٤. والفواحش،

٥. وسفك الدماء،

٦. والسرقة،

٧. وأكل عضو من حيّ؛

وقد يتوسع بعض التقاليد الحاخامية، فيضيف لها حواشي كتحريم الدم من الحيّ والسحر والخصاء، توضع في ذات السياق.

الأهمية:

تُعد "وصايا بني نوح السبعSheva Mitzvot B'nei Noach) "שבע מצוות בני נח(حجر الزاوية في الرؤية اليهودية لعلاقة الله بالبشرية جمعاء، وهي المفهوم الذي يحل إشكالية "عالمية الإله" مقابل "خصوصية الشريعة" (التوراة) التي خص بها إسرائيل.

أولاً: المفهوم الفلسفي واللاهوتي

تعتمد اليهودية مبدأ "التعددية الشرعية"؛ فبينما يلتزم اليهودي بـ ٦١٣ وصية (الميثاق الخاص)، يُطالب بقية البشر ("أبناء نوح") بـ ٧ وصايا فقط (الميثاق العام).

- الهدف: ليس تحويل العالم إلى اليهودية، بل ضمان حد أدنى من الأخلاق والتوحيد ليعمّ النظام في الأرض.

• اللقب الشرعي: يُسمى غير اليهودي الذي يلتزم بهذه الوصايا إيماناً بمصدرها الإلهي بـ "الصالح من بين الأمم"، ويكون له نصيب في "العالم الآتي" حسب الرؤية التلمودية.

ثانياً: تحليل الوصايا السبع:

(حسب التلمود - سنهدرين ٥٦) تتوزع هذه الوصايا بين الجانب اللاهوتي، والأخلاقي، والمدني:

١. إقامة نظام قضائي (Dinim): فرض العدل وتأسيس محاكم، وهي الوصية "الإيجابية" الوحيدة (أمر فعل)، بينما البقية سلبية (لا تفعل) أو نواهٍ.

٢. النهي عن : (اسم لما يعد كفراً بالله مثل سب الذات الإلهية)، ويشمل الاعتراف بواحدانية الخالق.

٣. النهي عن عبادة الأوثان رفض الشرك والتوجه بالعبادة لغير الله.

٤. النهي عن الفواحش : ويشمل المحارم والزنا.

٥. النهي عن سفك الدماء: تحريم القتل العمد.

٦. النهي عن السرقة : حماية الملكية الفردية.

٧. النهي عن أكل عضو من حي: وهي وصية تهدف لغرس الرحمة بالحيوان والسمو بالنفس البشرية عن التوحش.

ثالثاً: الحواشي الحاخامية:

كما ذكرت في مسودتك، هناك نقاشات تلمودية (خاصة في رسالة "خولين" و"سنهدرين") تضيف تفاصيل أخرى تعتبرها ضمن "الفطرة" البشرية أو ملحقة بالوصايا السبع، مثل:

- تحريم السحر والشعوذة: إلحاقاً بعبادة الأوثان.
- تحريم الخصاء والتهجين: حفاظاً على نظام الخِلقة.
- العدل الاجتماعي: ويرى بعض الشراح أن وصية "القضاء" تشمل كل ما ينظم حياة المجتمع من عقود ومعاملات.

يتلخص مما سبق:

١ -التوراة للمختارين والنوحية للعالمين: وضح أن وجود "وصايا نوح" هو الدليل الأكبر على أن التوراة (بشرائعها الـ ٦١٣) ليست رسالة تبشيرية لكل البشر، بل هي "رتبة كهنوتية" خاصة بشعب إسرائيل لخدمة الرب، بينما "النوحية" هي الدين الطبيعي للبشرية.

٣ -فالعلاقة بين الـ ٦١٣ وصية والـ ٧ وصايا ليست علاقة "كمية" فحسب، بل هي علاقة "نوعية" و"ميثاقية" تفرق بين مستويين من التكليف الإلهي:

الـ ٦١٣ وصية) :تاريج ميتسفوت:(Taryag Mitzvot -

تمثل هذه الوصايا هي "الميثاق الخاص" (ميثاق سيناء)، وهي تمثل مجموع الأوامر والنواهي التي وردت في أسفار التوراة الخمسة والموجهة حصراً لبني إسرائيل.

مصدرها: استخلصها الحاخامات من نص التوراة (مثل قائمة موسى بن ميمون الشهيرة).

طبيعتها: تشمل عبادات (صلاة، صوم، أعياد)، تشريعات مدنية (زواج، طلاق، ميراث)، وشرائع طقسية (طهارة، طعام كوشر).

الهدف منها: جعل شعب إسرائيل "مملكة كهنة وأمة مقدسة". الالتزام بها هو شرط بقاء العهد بين الله وهذا الشعب.

٢ .وصايا نوح السبع (شيفا ميتسفوت بني نوح)

هذه الوصايا هي "الميثاق العام" (ميثاق الطبيعة أو البشرية)، وهي تمثل الحد الأدنى الأخلاقي والتوحيدي الذي يطالب الله به كل إنسان على وجه الأرض بصفته من "ذرية نوح."

وصايا السبع النوحية (مثل تحريم القتل والسرقة وعبادة الأوثان) موجودة ضمن الـ ٦١٣ وصية الخاصة باليهود، لكنها "مستقطعة" منها لتعمم على البشرية.

الفلسفة منها: كما يرى الفكر الحاخامي أن الله لا يطالب الصيني أو الهندي أو العربي بأن يكون يهودياً (يلتزم بالـ ٦١٣)، بل يطالبهم فقط بأن يكونوا "آدميين صالحين" عبر الالتزام بالـ ٧ وصايا.

٢ -رؤية موسى بن ميمون (الرامبام): يُعد ابن ميمون أهم من قنّن هذه الوصايا في كتابه "مشناه توراه" (فصل شرائع الملوك)، حيث أكد أن الأمم يجب أن تقبل هذه الوصايا لأن "الله أمر بها في التوراة وأخبرنا بها عن طريق موسى"، وليس فقط لأن العقل يقتضيها .

وعلى الرغم من الطابع الحصري الذي وسمت به التوراة علاقتها بالشعب الإسرائيلي، إلا أن الفكر الحاخامي لم يقف موقفاً إقصائياً تاماً تجاه الحضارات الدينية الكبرى. فقد برزت اجتهادات لاهوتية لافتة، لعل أبرزها ما قدمه الحاخام يعقوب إمدين (Jacob Emden) في القرن الثامن عشر، والذي نظر إلى المسيحية والإسلام ليس باعتبارهما مجرد أديان منافسة، بل كأدوات إلهية (أو 'وسائط') تهدف إلى نشر مبادئ 'الوصايا النوحية السبع' وترسيخ التوحيد بين الأمم.

ووفقاً لهذا الطرح، تُعد هذه الديانات 'قنطرة' أخلاقية نقلت الشعوب من وثنيتها القديمة إلى رحاب الإيمان بالخالق، مما يجعل من التوراة الموسوية 'الأصل الجذري' الذي تفرعت عنه الأخلاق العالمية. وبذلك، تتحول خصوصية التوراة من انعزال الهوية إلى دور مركزي؛ حيث

تظل هي 'المعيار المرجعي' الذي يغذي المنظومات القيمية العالمية، مع احتفاظها بخصوصية التشريع الكامل (الـ ٦١٣ وصية) لجماعة يعقوب وحدها.

وصايا موسى ونوح: مقارنة:

السؤال الجوهري لضبط المفاهيم هو عن العلاقة بين وصايا موسى الـ 613 وصايا نوح السبعة. هذه العلاقة ليست علاقة "كمية" فحسب، بل هي علاقة "نوعية" و"ميثاقية" تفرق بين مستويين من التكليف الإلهي:

وصايا موسى:

هذه الوصايا هي "الميثاق الخاص "(ميثاق سيناء)، وهي تمثل مجموع الأوامر والنواهي التي وردت في أسفار التوراة الخمسة والموجهة حصراً لبني إسرائيل.

- مصدرها :استخلصها الحاخامات من نص التوراة (مثل قائمة موسى بن ميمون الشهيرة).
- طبيعتها :تشمل عبادات (صلاة، صوم، أعياد)، تشريعات مدنية (زواج، طلاق، ميراث)، وشرائع طقسية (طهارة، طعام كوشر).
- الهدف منها :جعل شعب إسرائيل "مملكة كهنة وأمة مقدسة". الالتزام بها هو شرط بقاء العهد بين الله وهذا الشعب.

وصايا نوح (بني نوح)

هذه الوصايا هي "الميثاق العام "(ميثاق الطبيعة أو البشرية)، وهي تمثل الحد الأدنى الأخلاقي والتوحيدي الذي يطالب الله به كل إنسان على وجه الأرض بصفته من "ذرية نوح."

الوصايا السبع النوحية (مثل تحريم القتل والسرقة وعبادة الأوثان) موجودة ضمن الـ ٦١٣ وصية الخاصة باليهود، لكنها "مستقطعة" منها لتعمم على البشرية.

والفلسفة منها :يرى الفكر الحاخامي أن الله لا يطالب الصيني أو الهندي أو العربي بأن يكون يهودياً (يلتزم بالـ ٦١٣)، بل يطالبهم فقط بأن يكونوا "آدميين صالحين "عبر الالتزام بالـ ٧ وصايا. **يتلخص الفرق الجوهري كما في الجدول:**

وجه المقارنة	وصايا بني نوح السبعة	وصايا موسى بني إسرائيل
المستهدف	البشرية جمعاء (الأغيار)	اليهود فقط
المسمى	"صالحو الأمم"	مقدسون" أو "كهنة العالم"
الدور	عمارة الأرض بالعدل والتوحيد	عبادة الله والتزام الشرائع كلها
الخلاص	ينالون الثواب في القيامة بالالتزام بالحد الأدنى للشرائع السبعة	ينالون الثواب بالالتزام بالعهد الكامل للشريعة (٦١٣).

في الفكر اليهودي تمثل وصايا موسى "قانون الشعوب ." فاليهودية لا تنظر لنفسها كدين "تبشيري" يريد فرض الـ ٦١٣ وصية على العالم، بل تنظر لنفسها ك "صاحبة الرسالة الأصلية" التي يجب أن تُذكر العالم بالوصايا السبع النوحية. بمعنى أدق: اليهودية تقول للعالم" :*احتفظوا بقومياتكم ولغاتكم، لا تصبحوا يهوداً، فقط كونوا نوحيين (موحدين وأخلاقيين)، ونحن سنتحمل عبء الـ ٦١٣ وصية كجزء من دورنا التاريخي*" .

هذا المفهوم يعزز فكرة "اختصاص التوراة "التي تكتب عنها؛ فالتوراة بصيغتها الكاملة (٦١٣) هي "ميراث" خاص، بينما روحها الأخلاقية (٧) هي "أمانة" للبشرية.

الموقف الإسلامي من التوراة

أولاً: موقف القرآن من التوراة:

مشكلة المصطلحات:

المصطلحات الدينية في القرآن والسنة ليست جامدة، بل تتسم بالتوسع الاصطلاحي، حيث يُطلق اللفظ أحيانًا على جزء أو على معنى عام قبل أن يختص بمعنى محدد لاحقًا. هذا يظهر بوضوح عند الإشارة إلى الكتب السابقة مثل التوراة، الإنجيل، الزبور.

أولاً: التوسع الإصطلاحي في القرآن الكريم

في اصطلاح القرآن، مصطلح التوراة يشير إلى الوحي المنزل على موسى عليه السلام، ويشمل الشرائع والألواح. كما في قوله تعالى: "إنا أنزلنا التوراة فيها هدى ونور" (المائدة:٤٤) يدل على عموم الوحي، وليس فقط الأسفار الخمسة .

أما الألواح فيشير إليها قوله تعالى: "وكتبنا له في الألواح من كل شيء موعظة وتفصيلاً لكل شيء" (الأعراف:١٤٥)فهذا النص يشير إلى أن الألواح كانت تحتوي على أصول الشرائع، وهي الوصايا العشر.

وأطلق القرآن لقب الصحف على ما أنزله على موسى وإبراهيم: كما في قوله تعالى: "إن هذا لفي الصحف الأولى صحف إبراهيم وموسى" (الأعلى:١٨-١٩) فأطلق لفظ الصحف على كتب سابقة.

ثانياً: التوسع الاصطلاحي في السنة النبوية:

أطلقت روايات السنة اسم التوراة على ما كتبه الله تعالى بيده إلى وهي الوصايا العشر. وهي ما كتب لله تعالى بيده المباركة على الألواح لموسى عليه السلام . كما رواه أبو هريرة رضي الله عنه أن النبي صلى الله عليه وسلم قال : (احْتَجَّ آدَمُ وَمُوسَى ، فَقَالَ مُوسَى : يَا آدَمُ ! أَنْتَ أَبُونَا ، خَيَّبْتَنَا وَأَخْرَجْتَنَا مِنْ الْجَنَّةِ. فَقَالَ لَهُ آدَمُ : أَنْتَ مُوسَى ، اصْطَفَاكَ اللَّهُ بِكَلَامِهِ ، وَخَطَّ لَكَ بِيَدِهِ ، أَتَلُومُنِي عَلَى أَمْرٍ قَدَّرَهُ اللَّهُ عَلَيَّ قَبْلَ أَنْ يَخْلُقَنِي بِأَرْبَعِينَ سَنَةً. فَقَالَ النَّبِيُّ صَلَّى اللَّهُ عَلَيْهِ وَسَلَّمَ : فَحَجَّ آدَمُ مُوسَى ، فَحَجَّ آدَمُ مُوسَى. وَفِي حَدِيثِ ابْنِ أَبِي عُمَرَ وَابْنِ عَبْدَةَ قَالَ أَحَدُهُمَا : خَطَّ ، وقَالَ الْآخَرُ : كَتَبَ لَكَ التَّوْرَاةَ بِيَدِهِ).[1]

وأطلقت السنة على مزامير داوود اسم لقرآن: كما في حديث النبي ﷺ: "خفف على داود القرآن، فكان يقرؤه في ساعة من الليل".[2] هنا أطلق لفظ "القرآن" على الزبور (المزامير)، مما يدل على أن المصطلح كان يُستخدم بمعناه اللغوي الأصلي (المقروء)، قبل أن يختص بالوحي المنزل على محمد ﷺ. تعني أن الله بارك له في وقته وسرّع له قراءة كتابه المنزل عليه، **الزبور**، فكان ينهي قراءته كاملة قبل أن تُسرّج دوابّه، وذلك لشدة بركة الوقت الذي أعطاه الله إياه، مع التأكيد على أنه كان يأكل من كسب يده (صناعة الدروع). وهذا هو المقصود بالتوسع الاصطلاحي وهو يعكس: الاشتراك اللفظي السياقي: حيث يُستخدم اللفظ في معناه

[1] رواه مسلم برقم (٢٦٥٢).

[2] أخرجه البخاري (٣٤١٧)

الأصلي ثم يختص لاحقًا. وأيضاً يشير إلى التطور التاريخي للمصطلحات: مثل إطلاق "الكتاب" على التوراة والإنجيل والقرآن.

في اليهودية أيضًا نجد توسعًا مشابهًا: فمصطلح "توراة" قد تعني الأسفار الخمسة، وفي سياق آخر قد تستعمل في كل الكتاب المقدس، أو كل الأومر الإلهية، بما فيه المشناه، (التوراة الشفوية).

هذا التوسع الاصطلاحي في القرآن والسنة عند الإشارة لمصادر الكتب السابقة يعكس مرونة اللغة الدينية، ويؤكد أن المصطلحات تتطور بحسب السياق التاريخي واللغوي، مما يفتح آفاقًا لفهم أعمق للنصوص الشرعية ومقارنتها بالمفاهيم الدينية الأخرى.

ومن خلال تتبع نصوص القرآن الكريم يمكنني أن ألخص موقف القرآن الكريم من التوراة (سأبقى مستعملاً هذا الإسم؛ باعتباره اسماً علماً على الدين، رغم عدم صحته في وجهة نظري، حتى لا يحدث إرباك لدى القراء) في النقاط التالية: الاعتراف والتصديق والشهادة:

أ- الاعتراف:

يعترف القرآن بالكتب السماوية مثل التوراة والزابور (المزامير لداوود) والصحف التي أنزلت على إبراهيم وموسى. ويؤكد القرآن أن التوراة كتاب منزل من الله مثل القرآن الكريم. قال تعالى: ﴿نَزَّلَ عَلَيْكَ الْكِتَابَ بِالْحَقِّ مُصَدِّقًا لِّمَا بَيْنَ يَدَيْهِ، وَأَنزَلَ التَّوْرَاةَ وَالإِنجِيلَ مِن قَبْلُ هُدًى لِّلنَّاسِ﴾ [أل عمران: ٣و٤]. ويقول أيضًا: ﴿وَقَفَّيْنَا عَلَى آثَارِهِم بِعِيسَى ابْنِ مَرْيَمَ مُصَدِّقًا لِّمَا بَيْنَ يَدَيْهِ مِنَ التَّوْرَاةِ وَآتَيْنَاهُ الإِنجِيلَ فِيهِ هُدًى وَنُورٌ، وَمُصَدِّقًا لِّمَا بَيْنَ يَدَيْهِ مِنَ التَّوْرَاةِ وَهُدًى وَمَوْعِظَةً لِّلْمُتَّقِينَ. وَلْيَحْكُمْ أَهْلُ الإِنجِيلِ بِمَا أَنزَلَ اللَّهُ فِيهِ، وَمَن لَّمْ يَحْكُم بِمَا أَنزَلَ اللَّهُ فَأُولَئِكَ

هُمُ الْفَاسِقُونَ. وَأَنزَلْنَا إِلَيْكَ الْكِتَابَ بِالْحَقِّ مُصَدِّقًا لِّمَا بَيْنَ يَدَيْهِ مِنَ الْكِتَابِ وَمُهَيْمِنًا عَلَيْهِ [المائدة: ٤٦-٤٨] وما أكثر الآيات القرآنية التي تسجل أن القرآن نزل مصدقًا لما بين يديه من الكتاب، يطول بنا الوقت أن نحاول أن نحصيها. وما أكثر الآيات القرآنية التي تدعو إلى الإيمان بالإنجيل و التوراة ، نذكر منها غير ما سبق ﴿يَا أَيُّهَا الَّذِينَ آمَنُواْ آمِنُواْ بِاللّهِ وَرَسُولِهِ وَالْكِتَابِ الَّذِي نَزَّلَ عَلَى رَسُولِهِ وَالْكِتَابِ الَّذِيَ أَنزَلَ مِن قَبْلُ وَمَن يَكْفُرْ بِاللّهِ وَمَلاَئِكَتِهِ وَكُتُبِهِ وَرُسُلِهِ وَالْيَوْمِ الآخِرِ فَقَدْ ضَلَّ ضَلاَلاً بَعِيدًا [النساء: ١٣٦].

ب- التصديق:

صرح القرآن الكريم بالعلاقة بينه وبين التوراة: فقال ﴿يَا بَنِي إِسْرَائِيلَ اذْكُرُواْ نِعْمَتِيَ الَّتِي أَنْعَمْتُ عَلَيْكُمْ وَأَوْفُواْ بِعَهْدِي أُوفِ بِعَهْدِكُمْ وَإِيَّايَ فَارْهَبُونِ {٤٠} وَآمِنُواْ بِمَا أَنزَلْتُ مُصَدِّقاً لِّمَا مَعَكُمْ وَلاَ تَكُونُواْ أَوَّلَ كَافِرٍ بِهِ وَلاَ تَشْتَرُواْ بِآيَاتِي ثَمَناً قَلِيلاً وَإِيَّايَ فَاتَّقُونِ {٤١} وقال ﴿ اللّهُ لا إِلَـهَ إِلاَّ هُوَ الْحَيُّ الْقَيُّومُ {٢} نَزَّلَ عَلَيْكَ الْكِتَابَ بِالْحَقِّ مُصَدِّقاً لِّمَا بَيْنَ يَدَيْهِ وَأَنزَلَ التَّوْرَاةَ {٣} [آل عمران:٢-٣] وقال: ﴿ وَأَنزَلْنَا إِلَيْكَ الْكِتَابَ بِالْحَقِّ مُصَدِّقًا لِّمَا بَيْنَ يَدَيْهِ مِنَ الْكِتَابِ وَمُهَيْمِنًا عَلَيْه ﴾[المائدة:٤٨] والمعنى: أنزلنا عليك القرآن مصدّقًا للكتب قبله، وشهيدًا عليها أنها حق من عند الله، أمينًا عليها، حافظا لها.[١] وقرن الله تعالى بين الكتابين؛ العربي والعبري، القرآن والتوراة، في غير موضع :قال تعالى: ﴿قُلْ فَأْتُوا بِكِتَابٍ مِّنْ عِندِ اللَّهِ هُوَ أَهْدَى مِنْهُمَا أَتَّبِعْهُ إِن كُنتُمْ صَادِقِينَ فَإِن لَّمْ يَسْتَجِيبُوا لَكَ فَاعْلَمْ أَنَّمَا يَتَّبِعُونَ أَهْوَاءَهُمْ وَمَنْ أَضَلُّ مِمَّنِ اتَّبَعَ هَوَاهُ بِغَيْرِ هُدًى مِّنَ اللَّهِ إِنَّ اللَّهَ لَا يَهْدِي الْقَوْمَ الظَّالِمِينَ﴾ [القصص: ٤٩-

---

[١] الطبري، التفسير، مرجع سابق، ١٠/٤٩، وتفسير المنار، رشيد رضا، الهيئة المصرية للكتاب بدون سنة النشر ورقم الطبعة، ٦/٣٣٩

٥٠] ويعلق ابن تيمية قائلاً: ".. وهذا من أعظم الحجج على صدق الرسولين العظيمين وصدق الكتابين الكريمين اللذين لم يأت من عند الله كتاب أهدى منهما. لأنه إذا أخبر هذا بمثل ما أخبر به هذا من غير تواطؤ في العادة كان هذا مما يدل على صدق كل من الرسولين في أصل الرسالة وعلى صدق خبر كل من الرسولين فيما أخبر به صفات ربه إذا كان كل منهما أخبر بمثل ما أخبر به الآخر...".(١)

إن تعبير ﴿مصدقاً [البقرة: ٤١ و٩١ و٩٧ / آل عمران: ٣ /النساء: ٤٧ /المائدة: ٤٨ / فاطر: ٣١ / الأحقاف: ٣٠] يعني: أنزلنا عليك القرآن مصدّقًا للكتب قبله، وشهيدًا عليها أنها حق من عند الله، أمينًا عليها، حافظا لها.(٢) وأجمع المفسرون المتقدمون والمتأخرون على أن "مصدقاً" تعني: أنزلناه بتصديق ما قبله من كتب الله التي أنزلها إلى أنبيائه. (٣)

"ومهيمنا عليه " أي: أنزلنا الكتاب الذي أنزلناه إليك مصدقا للكتب قبله، وشهيدا عليها أنها حق من عند الله، أمينا عليها، حافظا لها. واختلفت عباراتهم فقال بعضهم: معناه: شهيدا. وقال بعضهم: أمين عليه، أو مؤتمنا عليه. (٤)

ج- الشهود:

وضع القرآن أهل الكتاب موضع الشهادة، قال تعالى: ﴿قُلْ أَرَأَيْتُمْ إِن كَانَ مِنْ عِندِ اللَّهِ وَكَفَرْتُم بِهِ وَشَهِدَ شَاهِدٌ مِّن بَنِي إِسْرَائِيلَ عَلَىٰ مِثْلِهِ فَآمَنَ وَاسْتَكْبَرْتُمْ ۖ إِنَّ اللَّهَ لَا يَهْدِي الْقَوْمَ

---

(١) ا بن تيمية، درء تعارض العقل والنقل، مرجع سابق، ص ٢/ ٣٥٥.

(٢) الطبري، التفسير، ٤٩/١٠، وتفسير المنار، رشيد رضا، = تفسير القرآن الحكيم، الشهير بتفسير المنار، الهيئة المصرية للكتاب، بدون سنة النشر ورقم الطبعة؛ الهيئة المصرية للكتاب، ص ٣٣٩/٦

(٣) الطبري، جامع البيان، ص ١٠/ ٣٧٧.

(٤) المصدر السابق نفسه. وانظر أيضاً: البغوي، معالم التنزيل، ط دار طيبة، بدون سنة النشر ورقم الطبعة، ص ٤٦/٣. ورشيد رضا، تفسير المنار، ص ٣٣٩/٦.

الظَّالِمِينَ [الأحقاف: ١٠] قال الطبري: " اختلف أهل التأويل في تأويل ذلك، فقال بعضهم: معناه: وشهد شاهد من بني إسرائيل، وهو موسى بن عمران عليه السلام على مثله، يعني على مثل القرآن، قالوا: ومثل القرآن الذي شهد عليه موسى بالتصديق التوراة".[١] وتعني أن الكتب المقدسة السابقة شهود لنا، شهود لعقيدتنا وشهود للتوحيد وشهود للنبوة وشهود للشريعة: ﴿فَإِنْ كُنْتَ فِي شَكٍ مِمَّا أَنْزَلْنا إِلَيْكَ فَاسْأَلِ الَّذِينَ يَقْرَأُونَ الْكِتابَ مِنْ قَبْلِكَ﴾ [يونس: ٩٤.] وقال: ﴿وَما أرسَلْنا قَبْلَكَ إلا رِجالاً نُوْحي إِلَيْهِمْ فَاسْألوا أَهْلَ الذِّكْرِ إِنْ كُنْتُمْ لا تَعْلَمون [الأنبياء: ٧] وقال تعالى: ﴿قُلْ أَرَأَيْتُمْ إِن كَانَ مِنْ عِندِ اللَّهِ وَكَفَرْتُم بِهِ وَشَهِدَ شَاهِدٌ مِّن بَنِي إِسْرَائِيلَ عَلَىٰ مِثْلِهِ فَآمَنَ وَاسْتَكْبَرْتُمْ إِنَّ اللَّهَ لَا يَهْدِي الْقَوْمَ الظَّالِمِينَ [الأحقاف: ١٠] وقال تعالى: ﴿الَّذِينَ آتَيْنَاهُمُ الْكِتَابَ يَعْرِفُونَهُ كَمَا يَعْرِفُونَ أَبْنَاءَهُمْ وَإِنَّ فَرِيقًا مِّنْهُمْ لَيَكْتُمُونَ الْحَقَّ وَهُمْ يَعْلَمُونَ[البقرة: ١٤٦] وأختم هذا المبحث بقوله تعالى: ﴿وَيَقُولُ الَّذِينَ كَفَرُوا لَسْتَ مُرْسَلًا قُلْ كَفَىٰ بِاللَّهِ شَهِيدًا بَيْنِي وَبَيْنَكُمْ وَمَنْ عِندَهُ عِلْمُ الْكِتَابِ[الرعد: ٤٣] قال قتادة في قوله تعالى: ﴿ومن عنده علم الكتاب قال سلمان وابن سلام وتميم الداري.[٢]

---

(١) الطبري، محمد بن جرير الطبري، التفسير= جامع البيان عن تأويل آي القرآن، ط: دار المعارف بدون سنة النشر مصر. ص (١٢٤/٢١)

(٢) ابن جرير: التفسير (١٧٧/١٣).

ثانيا: موقف النبي ﷺ

كان النبي الخاتم صلى الله عليه وسلم يرى أنه امتداداً لسلسلة الأنبياء المباركة واللبنة الأخيرة في هذا البناء الكريم المبارك. قال تعالى:

﴿ إِنَّا أَوْحَيْنَا إِلَيْكَ كَمَا أَوْحَيْنَا إِلَىٰ نُوحٍ وَالنَّبِيِّينَ مِن بَعْدِهِ ۚ وَأَوْحَيْنَا إِلَىٰ إِبْرَاهِيمَ وَإِسْمَاعِيلَ وَإِسْحَاقَ وَيَعْقُوبَ وَالْأَسْبَاطِ وَعِيسَىٰ وَأَيُّوبَ وَيُونُسَ وَهَارُونَ وَسُلَيْمَانَ ۚ وَآتَيْنَا دَاوُودَ زَبُورًا (١٦٣) وَرُسُلًا قَدْ قَصَصْنَاهُمْ عَلَيْكَ مِن قَبْلُ وَرُسُلًا لَّمْ نَقْصُصْهُمْ عَلَيْكَ ۚ وَكَلَّمَ اللَّهُ مُوسَىٰ تَكْلِيمًا (١٦٤) رُّسُلًا مُّبَشِّرِينَ وَمُنذِرِينَ لِئَلَّا يَكُونَ لِلنَّاسِ عَلَى اللَّهِ حُجَّةٌ بَعْدَ الرُّسُلِ ۚ وَكَانَ اللَّهُ عَزِيزًا حَكِيمًا (١٦٥) لَّٰكِنِ اللَّهُ يَشْهَدُ بِمَا أَنزَلَ إِلَيْكَ ۖ أَنزَلَهُ بِعِلْمِهِ ۖ وَالْمَلَائِكَةُ يَشْهَدُونَ ۚ وَكَفَىٰ بِاللَّهِ شَهِيدًا﴾ تشير الآيات إلى أن الله تعالى أرسل خاتم الأنبياء وأوحى إليه كما أوحى بالنبوة إلى نوح، وإلى سائر الأنبياء الذين سَمَّاهم له من بعده، والذين لم يسمِّهم له.[1] وقال تعالى:

﴿ثُمَّ أَوْحَيْنَا إِلَيْكَ أَنِ اتَّبِعْ مِلَّةَ إِبْرَاهِيمَ حَنِيفًا ۖ وَمَا كَانَ مِنَ الْمُشْرِكِينَ﴾ [النحل:(123)]

والمعنى: أنا أوحينا إليك - يا خاتم الرسل وسيد الأنبياء أن اتبع ملة إبراهيم حنيفا وما كان من المشركين، كما قال : في " الأنعام " : (قل إنني هداني ربي إلى صراط مستقيم دينا قيما ملة إبراهيم حنيفا وما كان من المشركين) [الأنعام : ١٦١][2]

ومن ذلك الإشارة المتكررة إلى كونه صلى الله عليه وسلم ليس بدعاً من الرسل وإنما هو خاتم الأنبياء والمرسلين، وأنه وكتابه الذي أنزل عليه مصدق لمن سبقه من الرسل والكتب.

[1] انظر: الطبري، محمد بن جرير، التفسير، جامع البيان في تأويل القرآن، تحقيق أحمد ومحمود شاكر، الطبعة: الأولى، ١٤٢٠ هـ - ٢٠٠٠ م، دار المعارف مصر، ص ٩/ ٣٩٩.

[2] الطبري، مرجع سابق، ص ٣١٩/١٧.

موقف النبي –صلى الله عليه وسلم–من التوراة:

لم يختلف موقف النبي صلى الله عليه سلم عن موقف القرآن، فقد استشهد بها واعترف بها وقص عن موسى وعن قومه. وامتثالاً لقوله تعالى: ﴿لقد كان في قصصهم عبرة لأولي الألباب ما كان حديثاً يفترى، ولكن تصديق الذي بين يديه وتفصيل كل شيء وهدى ورحمة لقوم يؤمنون﴾[يوسف:١١١]. وبوحي من الله الذي لا يعلم الغيب سواه فقد روى النبي صلى الله عليه وسلم عن أهل الكتاب وقصصهم الديني، وفي صحيح البخاري لدينا "كتاب أحاديث الأنبياء" وفيه باب "ما ذكر عن بني إسرائيل". [١]

وسأعرض ذلك المعنى في مسألتين: الموقف العملي والموقف النظري:

أ– الموقف العملي:

كان الموقف العملي امتثالاً لقوله تعالى: ﴿لقد كان في قصصهم عبرة لأولي الألباب ما كان حديثاً يفترى ولكن تصديق الذي بين يديه وتفصيل كل شيء وهدى ورحمة لقوم يؤمنون﴾[يوسف:١١١]. وبوحي من الله الذي لا يعلم الغيب سواه فقد روى النبي صلى الله عليه وسلم عن أهل الكتاب وقصصهم الديني، وفي صحيح البخاري لدينا "كتاب أحاديث الأنبياء" وفيه باب "ما ذكر عن بني إسرائيل". [٢] فكان صلى اله عليه وسلم يحتج بالتوراة ويستشهد بها ويروي عن أهلها المواعظ والحكم، ويعجبه أن يأتي أحدهم بشيء منها مصدق لما جاء به: فعن عبد الله بن عمر، أن اليهود جاءوا إلى رسول الله فذكروا له أن رجلاً وامرأة

---

(١) كتاب أحادي الأنبياء باب ما ذكر عن بني إسرائيل البخاري مع الفتح، ط الريان(مصورة عن الطبعة السلفية) بترقيم عبد الباقي وتحقيق الخطيب. : ١٤٠٧هـ / ١٩٨٦م وانظر : البخاري، الصحيح، كتاب الكفالة، وسنن الدارمي : ((١/٤٨.

(٢) كتاب أحادي الأنبياء باب ما ذكر عن بني إسرائيل البخاري مع الفتح ، ط الريان(مصورة عن الطبعة السلفية) بترقيم عبد الباقي وتحقيق الخطيب. : ١٤٠٧هـ / ١٩٨٦م وانظر : البخاري، الصحيح، كتاب الكفالة، وسنن الدارمي : ((١/٤٨.))

زنيا، فقال لهم رسول الله ما تجدون في التوراة في شأن الرجم؟ قالوا: نفضحهم ويُجلَدون. قال عبد الله بن سلام: كذبتم، فإن فيها الرجم، فأتوا بالتوراة فنشروها. فوضع أحدهم يده على آية الرجم فقرأ ما قبلها وما بعدها. فقال عبد الله بن سلام: ارفع يدك. فرفع، فإذا آية الرجم. فقالوا: صدق النبي صلى الله عليه وسلم، فيها آية الرجم. فأمر بهما النبي صلى الله عليه وسلم فرُجما"[١]

لقد طلب النبي صلى الله عليه وسلم التوراة فجيء بها، وسمع ما حكمت به، ثم قضى بحسب حكمها. ولم يقل أحد إن التوراة محرفة ولا منسوخة. وهذه حادثة يشير القرآن فيها إلى أن اليهود أخفوا الألفاظ، وذلك في قراءتها دون أن يغيّروا نصَّها.

وكان يعجبه أن يستمع إلى علمائهم يخبرون بما يوافق ما جاء به. منها روايات الحديث التي فيها (تَصديقًا لقولِ الحَبرِ) فقد جاء حَبرٌ منَ الأحبارِ إلى رسولِ اللهِ صلَّى اللهُ عليه وسلَّم فقال : يا محمدُ ، إنا نَجِدُ : أنَّ اللهَ يَجعَلُ السماواتِ على إصبَعٍ والأرَضينَ على إصبَعٍ ، والشجرَ على إصبَعٍ ، والماءَ والثَّرى على إصبَعٍ ، وسائرَ الخلائقِ على إصبَعٍ ، فيقولُ أنا الملِكُ ، فضحِكَ النبيُّ صلَّى اللهُ عليه وسلَّم حتى بدَتْ نواجِذُه تَصديقًا لقولِ الحَبرِ ، ثم قرَأ رسولُ اللهِ صلَّى اللهُ عليه وسلَّم : ﴿وَمَا قَدَرُوا اللهَ حَقَّ قَدْرِهِ وَالْأَرْضُ جَمِيعًا قَبْضَتُهُ يَوْمَ الْقِيَامَةِ وَالسَّمَاوَاتُ مَطْوِيَّاتٌ بِيَمِينِهِ سُبْحَانَهُ وَتَعَالَى عَمَّا يُشْرِكُونَ﴾[الزمر:٦٧] [٢] وعن سلمان، قال: قرأت في التوراة أن بركة الطعام الوضوء بعده، فذكرتُ ذلك للنبي، فقال: بركة الطعام الوضوء

[١] (المشكاة المصابيح حديث رقم ٣٥٥٩ ورواه البخاري ومسلم).

(٢) رواه أحمد في المسند عن عبد الله بن مسعود وقال أحمد شاكر: اسناده صحيح. ورواه أحمد أيضاً 6/170، والبخاري في الصحيح برقم ٤٨١١ .وبرقم ٧٤١٤

قبله والوضوء بعده [١] والنبي صلى الله عليه وسلم هنا لا يمنع قراءة التوراة ولا ينكر وجودها ولا يرد الخبر لأنها محرفة كما يفعل المتأخرون، وسكوته ورضاه برهان على وجودها وصحتها. وعن زياد بن لبيد، قال: ذكر النبي صلى الله عليه وسلم شيئاً فقال: ذاك أوان ذهاب العلم. قلت: يا رسول الله، وكيف يذهب العلم ونحن نقرأ القرآن ونعلّمه أبناءنا ويقرأه أبناؤهم، ويعلّمونه أبناءهم إلى يوم القيامة؟ فقال: ثكلتك أمك يا زياد! إن كنت لأراك من أفقه رجل بالمدينة. أوَليس هذه اليهود والنصارى يقرأون التوراة لا يعملون بشيء مما فيهما؟ [٢] وهذا كسابقه في الدلالة على اعترافه صلى الله عليه وسلم بأن التوراة المتداولة في وقته هي هي كتاب الله الذي أنزله على موسى. وعن ابن صخر العقيلي، قال: حدثني رجل من الأعراب قال: جلبت جلوبة إلى المدينة في حياة رسول الله، فلما فرغت قلت لألقَينَّ هذا الرجل فلأسمعَن منه. قال: فتلقّاني الرسول وأبو بكر وعمر يمشون فتبعتهم حتى أتوا على رجل من اليهود ناشر التوراة يقرأها، يعزي بها نفسه عن ابن له في الموت كأحسن الفتيان وأجملهم. فقال له رسول الله: أنشدك بالذي أنزل التوراة، هل تجدني في كتابك ذا صفتي ومخرجي؟ فقال برأسه هكذا -أي لا. فقال ابنه: إي والذي أنزل التوراة إنّا لنجدك في كتابنا صفتك ومخرجك. أشهد أن لا إله إلا الله وأنك رسول الله. فقال رسول الله: أقيموا اليهودي عن أخيكم. ثم ولي كفنه والصلاة عليه [٣]

---

(١) رواه الترمذي، السنن، كتاب الأطعمة، باب ما جاء في الوضوء قبل الطعام وبعده، برقم (١٨٤٦ وأبو داود (٣٧٦١)، قال أبو داود: ليس هذا بالقوي وهو ضعيف. وقال الترمذي: لا نعرف هذا الحديث إلا من حديث قيس بن الربيع، وقيس بن الربيع يضعف في الحديث.

(٢) رواه ابن ماجه، السنن "كتاب الفتن» باب ذهاب القرآن والعلم، برقم ٤٠٤٨.

(٣) أخرجه أحمد، المسند، ط: دار إحياء التراث العربي، ١٤١٤هـ / ١٩٩٣م ونظر: السيرة النبوية لابن كثير ٢٣٢/١:

في هذه الرواية اختلف الفتى مع أبيه في تفسير التوراة، ولكن لم يقل أحد، لا النبي ولا أصحابه؛ إن التوراة محرّفة فلا يستشهد بها!

كان النبي صلى الله عليه وسلم يحترم التوراة ويحتج بها، وهو ما توضحه الروايات التالية:

١ - عن عبد الله بن عمر، أن اليهود جاءوا إلى رسول الله فذكروا له أن رجلاً وامرأة زنيا، فقال لهم رسول الله ما تجدون في التوراة في شأن الرجم؟ قالوا: نفضحهم ويُجلَدون. قال عبد الله بن سلام: كذبتم، فإن فيها الرجم، فأتوا بالتوراة فنشروها. فوضع أحدهم يده على آية الرجم فقرأ ما قبلها وما بعدها. فقال عبد الله بن سلام: ارفع يدك. فرفع، فإذا آية الرجم. فقالوا: صدق النبي صلى الله عليه وسلم، فيها آية الرجم. فأمر بهما النبي صلى الله عليه وسلم فرُجما"(١)

لقد طلب النبي صلى الله عليه وسلم التوراة فجيء بها، وسمع ما حكمت به، ثم قضى بحسب حكمها. ولم يقل أحد إن التوراة محرفة ولا منسوخة. وهذه حادثة يشير القرآن فيها إلى أن اليهود أخفوا الألفاظ، وذلك في قراءتها دون أن يغيّروا نصَّها.

٢ - وكان يعجبه أن يستمع إلى علمائهم يخبرون بما يوافق ما جاء به. منها روايات الحديث التي فيها (تَصديقًا لقولِ الحَبرِ) فقد جاء حَبرٌ منَ الأحبارِ إلى رسولِ اللهِ صلَّى اللهُ عليه وسلَّم فقال : يا محمدُ ، إنا نَجِدُ : أنَّ اللهَ يَجعَلُ السماواتِ على إصبَعٍ والأرَضينَ على إصبَعٍ ، والشجرَ على إصبَعٍ ، والماءَ والثَّرى على إصبَعٍ ، وسائرَ الخلائقِ على إصبَعٍ ، فيقولُ أنا الملِكُ ، فضحِكَ النبيُّ صلَّى اللهُ عليه وسلَّم حتى بدَتْ نَواجِذُه تَصديقًا لقولِ الحَبرِ ، ثم قرَأ

---

[١] (المشكاة المصابيح حديث رقم ٣٥٥٩ ورواه البخاري ومسلم).

رسولُ اللهِ صلَّى اللهُ عليه وسلَّم : ﴿وَمَا قَدَرُوا اللهَ حَقَّ قَدْرِهِ وَالْأَرْضُ جَمِيعًا قَبْضَتُهُ يَوْمَ الْقِيَامَةِ وَالسَّمَاوَاتُ مَطْوِيَّاتٌ بِيَمِينِهِ سُبْحَانَهُ وَتَعَالَى عَمَّا يُشْرِكُونَ﴾[الزمر:٦٧] (١)

٣- وعن سلمان، قال: قرأت في التوراة أن بركة الطعام الوضوء بعده، فذكرتُ ذلك للنبي، فقال: بركة الطعام الوضوء قبله والوضوء بعده (٢)

والنبي صلى الله عليه وسلم هنا لا يمنع قراءة التوراة ولا ينكر وجودها. وسكوته برهان على وجودها.

٤- وعن زياد بن لبيد، قال: ذكر النبي صلى الله عليه وسلم شيئاً فقال: ذاك أوان ذهاب العلم. قلت: يا رسول الله، وكيف يذهب العلم ونحن نقرأ القرآن ونعلّمه أبناءنا ويقرأه أبناؤهم، ويعلّمونه أبناءهم إلى يوم القيامة؟ فقال: ثكلتك أمك يا زياد! إن كنت لأراك من أفقه رجل بالمدينة. أوَليس هذه اليهود والنصارى يقرأون التوراة لا يعملون بشيء مما فيهما؟ (٣)

٥- وعن ابن صخر العقيلي، قال: حدثني رجل من الأعراب قال: جلبت جلوبة إلى المدينة في حياة رسول الله، فلما فرغت قلت لألقَينَّ هذا الرجل فلأسمعَن منه. قال: فتلقّاني الرسول وأبو بكر وعمر يمشون فتبعتهم حتى أتوا على رجل من اليهود ناشر التوراة يقرأها، يعزي بها نفسه عن ابن له في الموت كأحسن الفتيان وأجملهم. فقال له رسول الله: أنشدك بالذي أنزل التوراة، هل تجدني في كتابك ذا صفتي ومخرجي؟ فقال برأسه هكذا -أي لا. فقال

---

(١) رواه أحمد في المسند عن عبد الله بن مسعود وقال أحمد شاكر: اسناده صحيح. ورواه أحمد أيضاً 6/170، والبخاري في الصحيح برقم ٤٨١١.وبرقم ٧٤١٤

(٢) رواه الترمذي، السنن، كتاب الأطعمة، باب ما جاء في الوضوء قبل الطعام وبعده، برقم (١٨٤٦ وأبو داود (٣٧٦١)، قال أبو داود: ليس هذا بالقوي وهو ضعيف. وقال الترمذي: لا نعرف هذا الحديث إلا من حديث قيس بن الربيع، وقيس بن الربيع يضعف في الحديث.

(٣) رواه ابن ماجه، السنن "كتاب الفتن» باب ذهاب القرآن والعلم، برقم ٤٠٤٨.

ابنه: إي والذي أنزل التوراة إنّا لنجدك في كتابنا صفتك ومخرجك. أشهد أن لا إله إلا الله وأنك رسول الله. فقال رسول الله: أقيموا اليهودي عن أخيكم. ثم ولي كفنه والصلاة عليه (١)

في هذه الرواية اختلف الفتى مع أبيه في تفسير التوراة، ولكن لم يقل أحد إن التوراة محرّفة ولا منسوخة!

ب- الموقف النظري: الرواية عن بني إسرائيل:

المراد بالإسرائيليات ومدى الصلة بينها وبين القرآن: لفظ الإسرائيليات وإن كان يدل بظاهره على مصادر ومعارف وعلوم اليهود، وما كان للثقافة اليهودية من أثر، إلا أنَّه قد يراد به ما هو أوسع من ذلك وأشمل، فيشار به إلى ما يعم ذلك ، وما تأثر به المسلمون من الثقافتين اليهودية والنصرانية.

وإنما أطلق على جميع ذلك لفظ "الإسرائيليات"، من باب التغليب للجانب اليهودي على الجانب النصراني، فإن الجانب اليهودي هو الذي اشتهر أمره فكثر النقل عنه، وذلك لكثرة أهله، وظهور أمرهم، وشدة اختلاطهم بالمسلمين من مبدأ ظهور الإسلام إلى أن بسط رواقه على كثير من بلاد العالم ودخل الناس في دين الله أفواجاً.

(١) أخرجه أحمد، المسند، ط: دار إحياء التراث العربي، ١٤١٤هـ / ١٩٩٣م وانظر: السيرة النبوية لابن كثير ٢٣٢/١.

رواية الإسرائيليات:

الإسرائيليات هي مجموعة من القصص والتفسيرات لقصص وأحكام القرآن الكريم , وأبطالها شخصيات من العهد القديم ورد ذكرهم في القرآن.[1]

لقد روى القرآن الكريم قصص بني إسرائيل وسميت أكبر سورة في القرآن باسم إحدى هذه القصص "سورة البقرة". ويروي القرآن الكريم الكثيرمن قصصه عن بني إسرائيل، فالقرآن الكريم تناول" بني إسرائيل " في آيات كثيرة، حتى قيل: إن أحدًا لم يُذكَر في كتاب الله لا مِن الأنبياء ولا مِن المرسَلين ولا من الملائكة المقرَّبين، كما ذُكر موسى - عليه السلام - في كتاب الله، فقد ذُكر نحو مائة وثلاثين مرةً، كما أن قصة بني إسرائيل تكرَّرت في القرآن الكريم كما لم تتكرَّر قصة أخرى عن الأمم الأولى، عن الأقوام الذين تلقَّوا الوحْي واستمَعوا إليه، إما استماع طاعة أو استِماع مَعصِيَة، لا بدَّ أن يكون لهذا التَّكرارِ سببٌ، ولا بدَّ أن يكون لهذا التناوُل المستمِر مِن حِكمَة قصَد إليها الشارِعُ الحكيم. وأما السنة فلدينا مثال واضح ففي صحيح البخاري أصح الكتب بعد القرآن الكريم، خصص في كتابه العظيم كتاب خاصاً "بأحاديث الأنبياء؛ طبعا السابقين على نبينا، ومنه باب برأسه عنوانه " باب ما ذكر عن بني إسرائيل "[2] وبناءً عليه جوّز سلف هذه الأمة رواية الإسرائيليات، ومن المؤكد أنهم كانوا يعرفون حكم روايتها ومنزلتها في التفسير، وكانوا يميّزون هذه الإسرائيليات التي استطاع المتأخرون تمييزها؟! ومع ذلك شن بعض المعاصرين غارة على الصحابة بسبب رواياتهم عن بني إسرائيل، ووجود مرويات بني إسرائيل في تفسير الصحابة، وعدّ ذلك من عيوب تفسيرهم.

[1] الذهبي، التفسير والمفسرون، ج ١: ١٦٥.

[2] سبق تخريجه.

الإذن في الرواية:

إنَ حديث "حدّثوا عن بني إسرائيل ...."[١] يمثل الموقف النظري للنبي صلى الله عليه وسلم —مع الموقف العملي—من التوراة. إنَّ أقدم مصدر روى هذا الحديث هو رسالة الشَّافعي (ت ٢٠٤هـ) [٢] كما جاء هذا الحديث في جامع معمر بن رشيد (ت ١٥٤هـ) ومصنف عبد الرزاق، عن عبد الله بن عمرو بن العاص قال: " قال رسول الله صلى الله عليه وسلم بلغوا عني ولو آية وحدثوا عن بني إسرائيل ولا حرج فمن كذب على كذبة فليتبوأ مقعده من النَّار "[٣] وهذا الحديث" حدّثوا عن بني إسرائيل "هو جزء من حديث مركّب "بلّغوا عني ولو آية وحدثوا عن بني إسرائيل ولا حرج" وفي حديث آخر "حدّثوا عن بني إسرائيل فإنّه كان فيهم أعاجيب" [٤] ويروي الخطيب البغدادي نفس الحديث في سياق آخر في قوله من كتاب "تقييد العلم" ((لا تكتبوا عنّي ومن كتب عني غير القرآن فليمحه)) قال: ((ومن كذب عليَّ متعمدا فليتبوأ مقعده من النَّار وحدثوا عن بني إسرائيل ولا حرج)) [٥]

---

(١) صحيح البخاري -أحاديث الأنبياء (٣٢٧٤)، والترمذي السنن – كتاب العلم باب ما جاء في الحديث عن بني إسرائيل ٢٦٦٩ (٢٦٦٩) وأحمد: (٢/١٥٨) و (٢/١٥٩) و(٢/١٧١) و(٢/٢٠٢) و(٢/٢١٤) والدارمي السنن – المقدمة (٥٤٢).

(٢) انظر: الرسالة الشافعي، محمد بن إدريس (توفى: ٢٠٤هـ) تحقيق: أحمد شاكر، ط مكتبه الحلبي، مصر الأولى، ١٣٥٨هـ/١٩٤٠م، ص ٣٩٠ وقال العلامة أحمد شاكر:" روي عن عدد من الصحابة بأسانيد صحاح رواه أحمد عن أبي هريرة ١١١٠٨ ومواضع أخرى" والحديث في المسند ط. أحمد محمود شاكر (ط دار المعارف–القاهرة: ١٩٥٣) ج ١١، ١٢٧ رقم ٦٨٨٨ والبيهقي، معرفة السنن والآثار تحقيق أحمد صقر (القاهرة، ١٣٨٩/ ١٩٦٨) ج ١ ص ٤٨-٥١.

(٣) رواه الطبراني في المعجم الصغير، تحقيق عبد الرحمان محمّد عثمان (القاهرة، ١٣٨٨/ ١٩٦٨) ج١ص١٦٦

(٤) كشف الأستار عن زوائد البزار، الهيثمي (توفى: ٨٠٧هـ) تحقيق: حبيب الرحمن الأعظمي ط مؤسسة الرسالة، بيروت، الأولى، ١٣٩٩ هـ -١٩٧٩ م ص ١/١٠٨.

(٥) ص ٣٠-٣١.

إلاَّ أنّنا نجد رواية أخرى ربما تبدو معارضة بعض الشّيء يرويها زيد بن أسلم وجاءت في جامع معمر بن رشيد وفيها أنَّ الرّسول قال'' بلغني أنَّ رسول الله صلى الله عليه وسلم قال لا تسألوا أهل الكتاب عن شيء فإنّهم لن يهدوكم وقد أضلوا أنفسهم قال قلنا يا رسول الله أفنحدث عن بني إسرائيل قال حدّثوا ولا حرج)) [١] لكن في هذا الحديث يبدو أنَّ زمن الرواية وسياقها يختلفان فالأمر واضح هنا في الفصل بين أمر الرُّجوع إلى أهل الكتاب في مسائل الدّين وبين أمر الرواية عنهم فيما اتّصل بمسائل تاريخهم ففي الأولى يحرم ذلك إذ كيف يطلب منهم الهدي وقد ظلّوا أمّا في الثّانية فلا بأس.

وقد شرح ابن الأثير[٢] في النّهاية في غريب الحديث الحرج؛ إنّه'' في الأصل الضيّق ويقع على الإثم والحرام وقيل الحرج أضيق الضّيق وقد تكرّر في الحديث كثيرا '' ويشير إلى أن معناه في'' حدّثوا عن بني إسرائيل ولاحرج أي لا بأس ولا إثم عليكم أن تُحدّثوا عنهم ما سمعتم ''[٣] وقوله يشير صراحة إلى أن لا شيء يمنع من رواية الاخبار المتّصلة بالمعجزات الّتي حصلت مع بني إسرائيل حتَّى'' وإن استحال أن يكون في هذه الأمّة مثل ما روى أن ثيابهم كانت تطول وأنّ النّار كانت تنزل من السّماء فتأكل القربان وغير ذلك لا أن يحدث عنهم بالكذب. وهناك بعض التّأويلات تنحو منحى وضع حد لهذه الرُّخصة بل ووضع حدّ نهائي لها بل وفهموا'' لا حرج ''على أنّها'' لا حرج في أن لا تُحدّثوا ''. (٤)

(١) رواه: أبو يعلى (واللفظ له)، وأحمد، والبزار؛ كلهم من طريق مجالد بن سعيد، وقد ضُعِّف. انظر: ((مسند أبي يعلى)) (١٠٢/٤) وقال المحقق: إسناده ضعيف.

(٢) النهاية ج ١ ص ٣٦١.

(٣) انظر الراغب الاصفهاني: المفردات في غريب القرآن (القاهرة، ١٣٢٤)، ص ١١١

(٤) ابن الأثير المصدر المذكور، ج ١، ص ٣٦١

غير أنَّ هذه التَّأويلات الفريدة والخاصَّة لم تكن هي الراجحة ولم تكن مؤثّرة، بل أنَّ ما رجحه السلف هو التأويل الصحيح الأخرى لحديث" حدّثوا عن بني إسرائيل ولا حرج " فاشتهر أمرها بين مسلمي النّصف الأوّل من القرن الثّاني بكيفيَّة فتحت الباب على مصرعيْه أمام علماء المسلمين لينهلوا من الروايات والأخبار والمعارف اليهوديَّة. لم يختلف موقف النبي صلى الله عليه سلم عن موقف القرآن، فهو صلى الله عليه وسلم كان القرآن يمشي على رجلين. فقد استشهد بها واعترف بها وقص عن موسى وعن قومه. وسأعرض ذلك في مسألتين: الموقف العملي والموقف النظري:

موقف الصحابة والتابعين:

لقد خص الله تعالى الصحابة بالعلم بسبب صحبة نبيه صلى الله عليه وسلم، والصحابة رضي الله عنهم كانوا أعلم الناس بأمور دينهم، وقد خصهم الله بالعلم والفهم، والورع والتقى، وسبق لهم من الفضل على لسان نبيهم ما ليس لأحدٍ بعدهم، ومن شكَّ في ذلك فعليه أن يراجع دينه وإيمانه. وقد ثبت أن بعض الصحابة كأبي هريرة وابن عباس وغيرهما أنهم كانوا يروون عن أهل الكتاب، وقد كانوا يفعلون ذلك مقتدين بالنبي نفسه كما سبق، وفي دائرة الجواز التي حدّها لهم رسول الله صلى الله عليه وسلم وأذن لهم فيها بقوله: (بلغوا عني ولو آية، وحدِّثوا عن بني إسرائيل ولا حرج، ومن كذب عليّ متعمداً فليتبوأ مقعده من النار) [1] وفي الوقت نفسه لم يخالفوا النهي الوارد في قوله صلى الله عليه وسلم: (لا تصدقوا أهل الكتاب ولا تكذبوهم، وقولوا آمنا بالله وما أنزل إلينا... الآية) [2] ولا تعارض بين هذين الحديثين. فإن

---

(١) سبق تخريجه.

(٢) رواه البخاري. كتاب الاعتصام بالكتاب والسنة» باب قول النبي صلى الله عليه وسلم لا تسألوا أهل الكتاب عن شيء، برقم 6928.

الأول أباح لهم أن يحدِّثوا عما وقع لبني إسرائيل من الأعاجيب لما في أخبارهم من العبرة والعظة، بشرط أن يعلموا أنه ليس مكذوباً، لأنه -صلى الله عليه وسلم -لا يجيز التحدث بالكذب. وأما الحديث الثاني فالمراد منه التوقف فيما يحدّث به أهل الكتاب إذا كان محتملاً للصدق والكذب، لأنه ربما كان صدْقاً في واقع الأمر فيكذبونه، أو كذباً فيصدقونه فيقعون بذلك في الحرج. فهذا النوع من الأخبار المحتملة للصدق والكذب هو الذي نهينا عن تصديقه أو تكذيبه، وليس المراد منه ما جاء شرعنا بموافقته أو مخالفته، فإن الموقف منه واضح ومعروف. ومن هنا يتبين لنا أنه لا تعارض بين إذنه -صلى الله عليه وسلم -بالتحديث عن بني إسرائيل، وبين نهيه عن تصديقهم أو تكذيبهم، كما يتبين لنا القدر الذي أباحه الشارع من الرواية عن أهل الكتاب.

فكان لدى الصحابة رضي الله عنهم منهج سديد، ومعيار دقيق في قبول ما يلقى إليهم من الإسرائيليات، فما وافق شرعنا قبلوه، وما خالفه كذبوه، وما كان مسكوتاً عنه توقفوا فيه. أما إنكار الرسول صلى الله عليه وسلم كما في حديث جابر أن عمر بن الخطاب أتى النبي صلى الله عليه وسلم بكتاب أصابه من بعض أهل الكتب فقرأه النبي صلى الله عليه وسلم فغضب وقال: (أمتهوكون فيها يابن الخطاب، والذي نفسي بيده لقد جئتكم بها بيضاء نقية، لا تسألوهم عن شيء فيخبروكم بحق فتكذبوا به، أو بباطل فتصدقوا به، والذي نفسي بيده لو أن موسى صلى الله عليه وسلم كان حياً ما وسعه إلا أن يتبعني).(١)

وإنكار بعض الصحابة -كابن عباس نفسه -على من كانوا يرجعون إلى أهل الكتاب بقوله كما في البخاري: "يا معشر المسلمين كيف تسألون أهل الكتاب وكتابكم الذي أنزل

---

(١) قال الحافظ ابن حجر رحمه الله تعالى بعد أن ذكر أسانيد هذا الحديث: " وهذه جميع طرق هذا الحديث، وهي وإن لم يكن فيها ما يحتج به، لكن مجموعها يقتضي أن لها أصلاً " انتهى من " فتح الباري " (١٣/٥٢٥).

على نبيه صلى الله عليه وسلم أحدث الأخبار بالله، تقرؤونه لم يشب، وقد حدثكم الله أن أهل الكتاب بدلوا ما كتب الله، وغيروا بأيديهم الكتاب، فقالوا هو من عند الله ليشتروا به ثمنا قليلا، أفلا ينهاكم ما جاءكم من العلم عن مساءلتهم، ولا والله ما رأينا منهم رجلاً قط يسألكم عن الذي أنزل عليكم". (١)

لكن هذا الإنكار لا يعارض الجواز والإذن الثابت في نصوص أخرى، لأنه كان في مبدأ الإسلام، وقبل استقرار الأحكام، وأما الإباحة فجاءت بعد أن عرفت الأحكام واستقرت، وذهب خوف الاختلاط والتشويش، قال الحافظ ابن حجر رحمه الله: "وكأن النهي وقع قبل استقرار الأحكام الإسلامية، والقواعد الدينية، خشية الفتنة، ثم لما زال المحذور وقع الإذن في ذلك، لما في سماع الأخبار التي كانت في زمانهم من الاعتبار"(٢)

وفي هذا دليل على خطأ من هاجم الصحابة لأنهم رووا عن بني إسرائيل، فهل القرآن أخطأ في لرواية عنهم؟ وهل النبي ﷺ أخطأ عندما روى عن قصص بني إسرائيل، وما يسميه المتأخرون "إسرائيليات"؟[٣] والذي يجب التنبّه له أن رفض الحديث عن الإسرائيليات يقدح في سلف الأمة من المفسرين: صحابةً، وتابعين، ومؤلفين بمن فيهم البخاري ومسلم. ولقد كان هؤلاء أعلم الناس بالتفسير، وأعظم الذائدين عن الدين كل تحريف وبطلان، وهو بالفعل ما فتح باب الطعن عليهم.[٤] ألم يقل الله تعالى لنبيه: ﴿فَإِن كُنتَ فِي شَكٍّ مِّمَّآ أَنزَلْنَآ إِلَيْكَ فَسْأَلِ

---

(١) البخاري (مع الفتح): كتاب الشهادات باب لا يسأل أهل الشرك عن الشهادة (٥\٢٩١)

(٢) فتح الباري شرح صحيح البخاري، لابن حجر العسقلاني ط دار المعرفة – بيروت، (٦/٤٩٨).

٣ للوقوف على التفاصيل، انظر: محمد حسين الذهبي، الإسرائيليات في التفسير والحديث، القاهرة، مكتبة وهبة، بدون بيانات.

٤ انظر: محمد أبو رية، أضواء على السنة، مصر، دار المعارف، بدون بيانات، انظر على سبيل المثال: (ص: ١٦٤، ١٧٤. ١٧٦ و ١٨١).

الَّـذِينَ يَقْـرَءُونَ الْكِتَـابَ مِـن قَبْلِـكَ ۚ لَقَـدْ جَـاءَكَ الْحَـقُّ مِـن رَّبِّـكَ فَـلَا تَكُـونَنَّ مِـنَ الْمُمْتَرِينَ﴾[يونس:٩٤] وقال للامة كلها: ﴿ وَمَا أَرْسَلْنَا مِن قَبْلِكَ إِلَّا رِجَالًا نُّوحِي إِلَيْهِمْ ۚ فَاسْأَلُوا أَهْلَ الذِّكْرِ إِن كُنتُمْ لَا تَعْلَمُونَ﴾ [النحل:٤٣]

ومثلاً نجد القرآن الكريم قد اشتمل على موضوعات وردت في الإنجيل، فمن ذلك قصة عيسى ومريم، ومعجزات عيسى عليه السلام، كل ذلك جاء به القرآن في أسلوب موجز، يقتصر على موضع العظة، ومكان العبرة، فلم يتعرَّض القرآن لنسب عيسى مفصَّلاً، ولا لكيفية ولادته، ولا للمكان الذي وُلِدَ فيه، ولا لذكر الشخص الذي قُذِفت به مريم، كما لم يتعرض لنوع الطعام الذي نزلت به مائدة السماء، ولا لحوادث جزئية من إبراء عيسى للأكمة والأبرص وإحياء الموتى..فهل يجد المسلمون هذا الإيجاز في كتابهم، ويجدون بجانب ذلك تفصيلاً لهذا الإيجاز في كتب الديانات الأخرى، ثم لا يقتبسون منها بقدر ما يرون أنه شارح لهذا الإيجاز وموضِّح لما فيه من غموض.

رواية الإسرائيليات في السنة:

أما السنة فلدينا ما يمثل الموقف النظري للنبي صلى الله عليه وسلم –مع الموقف العملي التالي له–من التوراة، وهو حديث «حدّثوا عن بني إسرائيل ....[١] إنَّ أقدم مصدر روى هذا الحديث هو رسالة الشّافعي (ت ٢٠٤هـ) [٢] كما جاء هذا الحديث في جامع معمر بن

(١) صحيح البخاري -أحاديث الأنبياء (٣٢٧٤)، والترمذي السنن – كتاب العلم باب ما جاء في الحديث عن بني إسرائيل ٢٦٦٩ (٢٦٦٩) وأحمد: (٢/١٥٨) و (٢/١٥٩) و(٢/١٧١) و(٢/٢٠٢) و(٢/٢١٤) والدارمي السنن – المقدمة (٥٤٢).

(٢) انظر: الرسالة الشافعي، محمد بن إدريس (توفى: ٢٠٤هـ) تحقيق: أحمد شاكر، ط مكتبه الحلبي، مصر الأولى، ١٣٥٨هـ/١٩٤٠م، ص ٣٩٠ وقال العلامة أحمد شاكر:" روي عن عدد من الصحابة بأسانيد صحاح رواه أحمد عن أبي

رشيد (ت ١٥٤هـ) (٤) ومصنف عبد الرزاق، عن عبد الله بن عمرو بن العاص قال: " قال رسول الله صلى الله عليه وسلم بلغوا عني ولو آية وحدثوا عن بني إسرائيل ولا حرج فمن كذب على كذبة فليتبوأ مقعده من النَّار "[١]

وهذا الحديث" حدّثوا عن بني إسرائيل "هو جزء من حديث مركّب "بلّغوا عني ولو آية وحدثوا عن بني إسرائيل ولا حرج" وفي حديث آخر "حدّثوا عن بني إسرائيل فإنّه كان فيهم أعاجيب" [٢]

ويروي الخطيب البغدادي نفس الحديث في سياق آخر في قوله من كتاب "تقييد العلم" ((لا تكتبوا عنّي ومن كتب عني غير القرآن فليمحه)) قال: ((ومن كذب عليَّ متعمدا فليتبوأ مقعده من النَّار وحدثوا عن بني إسرائيل ولا حرج)) [٣]

إلاَّ أنّنا نجد رواية أخرى معارضة بعض الشَّيء يرويها زيد بن أسلم وجاءت في جامع معمر بن رشيد وفيها أنَّ الرّسول قال" بلغني أنَّ رسول الله صلى الله عليه وسلم قال لا تسألوا أهل الكتاب عن شيء فإنّهم لن يهدوكم وقد أضلوا أنفسهم قال قلنا يا رسول الله أفنحدث عن بني إسرائيل قال حدّثوا ولا حرج)) [٤]

هريرة ١١١٠٨ ومواضع أخرى" والحديث في المسند ط. أحمد محمود شاكر (ط دار المعارف-القاهرة: ١٩٥٣) ج ١١، ١٢٧ رقم ٦٨٨٨ والبيهقي، معرفة السنن والآثار تحقيق أحمد صقر (القاهرة، ١٣٨٩/ ١٩٦٨) ج ١ ص ٤٨-٥١.

[١] رواه الطبراني في المعجم الصغير، تحقيق عبد الرحمان محمّد عثمان (القاهرة، ١٣٨٨/ ١٩٦٨) ج١ص١٦٦

[٢] كشف الأستار عن زوائد البزار، الهيثمي (توفي: ٨٠٧هـ) تحقيق: حبيب الرحمن الأعظمي
ط مؤسسة الرسالة، بيروت، الأولى، ١٣٩٩ هـ -١٩٧٩ م ص ١/١٠٨.

[٣] ص ٣٠-٣١.

[٤] رواه: أبو يعلى (واللفظ له)، وأحمد، والبزار؛ كلهم من طريق مجالد بن سعيد، وقد ضُعِّف. انظر: ((مسند أبي يعلى)) (١٠٢/٤) وقال المحقق: إسناده ضعيف.

وفي هذا الحديث يبدو أنَّ زمن الرواية وسياقها يختلفان فالأمر واضح هنا في الفصل بين أمر الرُّجوع إلى أهل الكتاب في مسائل الدّين وبين أمر الرواية عنهم فيما اتّصل بمسائل تاريخهم ففي الأولى يحرم ذلك إذ كيف يطلب منهم الهدي وقد ظلّوا أمّا في الثّانية فلا بأس.

وقد أشار ابن الأثير[1] في النّهاية في غريب الحديث والأثر إلى الكثير من التّأويلات السَّابقة الّتي تعج بمسائل المعجزات ثمّ أضاف بعضا من ملاحظاته ومنها قوله عن الحرج إنّه" في الأصل الضيّق [2] ويقع على الإثم والحرام وقيل الحرج أضيق الضّيق وقد تكرّر في الحديث كثيرا " ويشير إلى أن معناه في" حدّثوا عن بني إسرائيل ولاحرج أي لا بأس ولا إثم عليكم أن تُحدّثوا عنهم ما سمعتم " وقوله يشير صراحة إلى أن لا شيء يمنع من رواية الاخبار المتّصلة بالمعجزات الّتي حصلت مع بني إسرائيل حتّى" وإن استحال أن يكون في هذه الأمّة مثل ماروى أن ثيابهم كانت تطول وأنّ النّار كانت تنزل من السّماء فتأكل القربان وغير ذلك لا أن يحدث عنهم بالكذب."

وقد تلقي كثيرون هذه الرواية بالقبول وعبّر عنها بشكل أكثر صراحة من غيرهم حين تعرَّض لحديث" حدّثوا عن بني إسرائيل "في قوله" بلّغوا عنهم القصص والمواعظ "وفسَّر" لا حرج "بأنَّه إجازة لرواية هذه القصص دون إسناد" ويكفي غلبة الظَّن بأنّه عنهم "وأردف هذا الحديث بحديث آخر فيه" حدّثوا عني بما تسمعون ولا تقولوا إلاّ حقّا ومن كذب عليّ بني له بيت في جهنم يرتع فيه".وهناك بعض التّأويلات تنحو منحى وضع حد لهذه الرُّخصة

---

(١) النهاية ج ١ ص ٣٦١.

(٢) انظر الراغب الاصفهاني: المفردات في غريب القرآن (القاهرة، ١٣٢٤)، ص ١١١

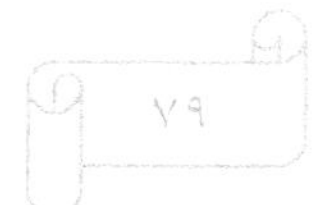

بل ووضع حدّ نهائي لها بل وفهموا" لا حرج "على أنّها" لا حرج في أن لا تُحدّثوا "كما ذهب إلى ذلك بن الأثير . (١)

غير أنَّ هذه التَّأويلات الفريدة والخاصَّة لم تكن تأويلات حقيقية ولا مؤثّرة بل أنَّ ما انتشر هو كل تلك التَّأويلات الأخرى لحديث" حدّثوا عن بني إسرائيل ولا حرج " فاشتهر أمرها بين مسلمي النّصف الأوّل من القرن الثَّاني بكيفيَّة فتحت الباب على مصرعيْه أمام علماء المسلمين لينهلوا من الروايات والأخبار والمعارف اليهوديَّة.

كما يجب أن نلتفت إلى الموقف العملي، الذي كثيراً ما يهمل، وقد يفسر ذلك ويوه الأمر في موذوع هذا المبحث:

روايات الصحابة:

نستطيع أن نقول: إن دخول الإسرائيليات في الروايات، أمر يرجع إلى عهد الصحابة رضى الله عنهم، وذلك نظراً لاتفاق القرآن مع التوراة والإنجيل في ذكر بعض المسائل كما تقدَّم، مع فارق واحد، هو الإيجاز في القرآن، والبسط والإطناب في التوراة والإنجيل. وسبق لنا القول بأن الرجوع إلى أهل الكتاب، كان مصدراً من مصادر التفسير عند الصحابة، فكان الصحابى إذا مَرَّ على قصة من قصص القرآن يجد من نفسه ميلاً إلى أن يسأل عن بعض ما طواه القرآن منها ولم يتعرض له، فلا يجد مَن يجيبه على سؤاله سوى هؤلاء النفر الذين دخلوا في الإسلام، وحملوا إلى أهله ما معهم من ثقافة دينية، فألقوا إليهم ما ألقوا من الأخبار والقصص الدينى.

(١) ابن الأثير المصدر المذكور، ج ١، ص ٣٦١

غير أن الصحابة - رضوان الله عليهم أجمعين - لم يسألوا أهل الكتاب عن كل شيء، ولم يقبلوا منهم كل شيء، بل كانوا يسألون عن أشياء لا تعدو أن تكون توضيحاً للقصة وبياناً لما أجمله القرآن منها، مع توقفهم فيما يُلقى إليهم، فلا يحكمون عليه بصدق أو بكذب ما دام يحتمل كلا الأمرين، امتثالاً لقول الرسول صلى الله عليه وسلم: "لا تُصَدِّقوا أهل الكتاب ولا تُكَذِّبوهم، وقولوا: {آمَنَّا بِاللَّهِ وَمَآ أُنزِلَ إِلَيْنَا}.. الآية.

كما أنهم لم يسألوهم عن شئ مما يتعلق بالعقيدة أو يتصل بالأحكام، اللّهم إلا إذا كان على جهة الاستشهاد والتقوية لما جاء به القرآن. كذلك كانوا لا يعدلون عما ثبت عن الرسول صلى الله عليه وسلم من ذلك إلى سؤال أهل الكتاب، لأنه إذا ثبت الشيء عن الرسول صلى الله عليه وسلم فليس لهم أن يعدلوا عنه إلى غيره، كما كانوا لا يسألون عن الأشياء التي يُشبه أن يكون السؤال عنها نوعاً من اللهو والعبث، كالسؤال عن لون كلب أهل الكهف، والبعض الذي ضُرِب به القتيل من البقرة، ومقدار سفينة نوح، ونوع خشبها، واسم الغلام الذي قتله الخضر.. وغير ذلك، ولهذا قال الدهلوى بعد أن بيّن أن السؤال عن مثل هذا تكلف ما لا يعنى: "وكانت الصحابة رضى الله عنهم يعدون مثل ذلك قبيحاً من قبيل تضييع الأوقات".

ومع ذلك فإن بعض المعاصرين قد شنّ غارة على الصحابة بسبب رواياتهم عن بني إسرائيل، ووجود مرويات بني إسرائيل في تفسير الصحابة، وعدّ ذلك من عيوب تفسيرهم. والذي يجب التنبّه له أن الحديث عن الإسرائيليات يَطَال سلف الأمة من المفسرين: صحابةً، وتابعين، ولقد كان هؤلاء أعلم الناس بالتفسير، وأعظم الذائدين عن الدين كل تحريف وبطلان. لقد تجوّز سلف هذه الأمة في رواية الإسرائيليات، أفلم يكونوا يعرفون حكم روايتها ومنزلتها في التفسير؟ ألم يكونوا يميّزون هذه الإسرائيليات التي استطاع المتأخرون تمييزها؟! وإذا

كان ذلك كذلك؟ فما الضرر من روايتها؟ ألا يكفي المفسر بأن يحكم على الخبر بأنه إسرائيلي، مما يجعله يتوقف في قبول الخبر؟ إن بحث (الإسرائيليات) يحتاج إلى إعادة نظر فيما يتعلق بمنهج سلف الأمة في روايتهم لها.

وقد خص الله تعالى الصحابة بالعلم بسبب صحبة نبيه صلى الله عليه وسلم، والصحابة رضي الله عنهم كانوا أعلم الناس بأمور دينهم، وقد خصهم الله بالعلم والفهم، والورع والتقى، وسبق لهم من الفضل على لسان نبيهم ما ليس لأحدٍ بعدهم، ومن شكَّ في ذلك فعليه أن يراجع دينه وإيمانه، قال الإمام الشافعي في الرسالة القديمة بعد أن ذكرهم وذكر من تعظيمهم وفضلهم: "وهم فوقنا في كل علم واجتهاد، وورع وعقل، وأمرٍ استُدْرِك به عليهم، وآراؤهم لنا أحمد وأولى بنا من آرائنا عندنا لأنفسنا".

وقد ثبت أن بعض الصحابة كأبي هريرة وابن عباس وغيرهما أنهم كانوا يروون عن أهل الكتاب، وقد كانوا يفعلون ذلك مقتدين بالقرآن وبالنبي نفسه -صلى الله عليه وسلم، كما سبق، وفي دائرة الجواز التي حدّها لهم رسول الله صلى الله عليه وسلم وأذن لهم فيها بقوله: (بلغوا عني ولو آية، وحدِّثوا عن بني إسرائيل ولا حرج، ومن كذب عليّ متعمداً فليتبوأ مقعده من النار) [1] وفي الوقت نفسه لم يخالفوا النهي الوارد في قوله صلى الله عليه وسلم: (لا تصدقوا أهل الكتاب ولا تكذبوهم، وقولوا آمنا بالله وما أنزل إلينا... الآية) [2]

---

(١) سبق تخريجه.

(٢) رواه البخاري. كتاب الاعتصام بالكتاب والسنة» باب قول النبي صلى الله عليه وسلم لا تسألوا أهل الكتاب عن شيء، برقم 6928.

ولا تعارض بين هذين الحديثين، فإن الأول أباح لهم أن يحدِّثوا عما وقع لبني إسرائيل من الأعاجيب لما في أخبارهم من العبرة والعظة، بشرط أن يعلموا أنه ليس مكذوباً، لأنه -صلى الله عليه وسلم -لا يجيز التحدث بالكذب.

وأما الحديث الثاني فالمراد منه التوقف فيما يحدّث به أهل الكتاب إذا كان محتملاً للصدق والكذب، لأنه ربما كان صدْقاً في واقع الأمر فيكذبونه، أو كذباً فيصدقونه فيقعون بذلك في الحرج. فهذا النوع من الأخبار المحتملة للصدق والكذب هو الذي نهينا عن تصديقه أو تكذيبه، وليس المراد منه ما جاء شرعنا بموافقته أو مخالفته، فإن الموقف منه واضح ومعروف.

ومن هنا يتبين لنا أنه لا تعارض بين إذنه -صلى الله عليه وسلم -بالتحديث عن بني إسرائيل، وبين نهيه عن تصديقهم أو تكذيبهم، كما يتبين لنا القدر الذي أباحه الشارع من الرواية عن أهل الكتاب.

فكان لدى الصحابة رضي الله عنهم منهج سديد، ومعيار دقيق في قبول ما يلقى إليهم من الإسرائيليات، فما وافق شرعنا قبلوه، وما خالفه كذبوه، وما كان مسكوتاً عنه توقفوا فيه.

أما إنكار الرسول صلى الله عليه وسلم كما في حديث جابر أن عمر بن الخطاب أتى النبي صلى الله عليه وسلم بكتاب أصابه من بعض أهل الكتب فقرأه النبي صلى الله عليه وسلم فغضب وقال: (أمتهوكون فيها يابن الخطاب، والذي نفسي بيده لقد جئتكم بها بيضاء نقية، لا تسألوهم عن شيء فيخبروكم بحق فتكذبوا به، أو بباطل فتصدقوا به، والذي نفسي بيده لو أن موسى صلى الله عليه وسلم كان حياً ما وسعه إلا أن يتبعني).[1]

---

(١) قال الحافظ ابن حجر رحمه الله تعالى بعد أن ذكر أسانيد هذا الحديث: " وهذه جميع طرق هذا الحديث، وهي وإن لم يكن فيها ما يحتج به، لكن مجموعها يقتضي أن لها أصلا " انتهى من " فتح الباري " (١٣/٥٢٥).

وإنكار بعض الصحابة -كابن عباس نفسه -على من كانوا يرجعون إلى أهل الكتاب بقوله كما في البخاري: "يا معشر المسلمين كيف تسألون أهل الكتاب وكتابكم الذي أنزل على نبيه صلى الله عليه وسلم أحدث الأخبار بالله، تقرؤونه لم يشب، وقد حدثكم الله أن أهل الكتاب بدلوا ما كتب الله، وغيروا بأيديهم الكتاب، فقالوا هو من عند الله ليشتروا به ثمنا قليلا، أفلا ينهاكم ما جاءكم من العلم عن مساءلتهم، ولا والله ما رأينا منهم رجلاً قط يسألكم عن الذي أنزل عليكم". [١]

هذا الإنكار لا يعارض الجواز والإذن الثابت في نصوص أخرى، لأنه كان في مبدأ الإسلام، وقبل استقرار الأحكام، وأما الإباحة فجاءت بعد أن عرفت الأحكام واستقرت، وذهب خوف الاختلاط والتشويش، قال الحافظ ابن حجر رحمه الله: "وكأن النهي وقع قبل استقرار الأحكام الإسلامية، والقواعد الدينية، خشية الفتنة، ثم لما زال المحذور وقع الإذن في ذلك، لما في سماع الأخبار التي كانت في زمانهم من الاعتبار"[٢]

الصحابة يتعلمون اللغة العبرية:

بحسب الروايات فإن التوراة لم تكن قد ترجمت إلى العربية في القرن الأول الإسلامي – وباتفاق النقاد لم تكن هناك نسخة مترجمة من الكتاب المقدس في زمن النبي –صلى الله عليه وسلم–وعندما كانوا يضطرون إلى استخدام التوراة في أمر ما في عهد رسول الله صلى الله عليه وسلم كانوا يضطرون إلى الرجوع للنسخة العبرية–وكان المسلمون يستمعون للتوراة بعد أن يقرأها لهم اليهود–ويترجمونها الى العربية نظرا لعدم معرفتهم للعبرية.

---

(١) البخاري (مع الفتح): كتاب الشهادات باب لا يسأل أهل الشرك عن الشهادة (٥\٢٩١)

(٢) فتح الباري شرح صحيح البخاري، لابن حجر العسقلاني ط دار المعرفة – بيروت، (٦/٤٩٨).

وكَانَ اليهود يقرأون التَّوْرَاةَ بِالعِبْرَانِيَّةِ ويترجمونها بالعربية لِلمسلمين، ويبدو أن النبي صلى الله عليه وسلم لم يكن يثق بترجمتهم، فَقَالَ اللَّهِ صَلَّى اللهُ عَلَيْهِ وَسَلَّمَ: " لا تُصَدِّقُوا أَهْلَ الكِتَابِ وَلا تُكَذِّبُوهُمْ، وَقُولُوا: ﴿آمَنَّا بِاللَّهِ وَمَا أُنْزِلَ إِلَيْنَا﴾ [البقرة: ١٣٦] بعد ذلك أمر أَنْ يتَعَلّمَ بعض أصحابه لغة اليَهُودَ وَقالَ إِنِّي وَالله مَا آمَنُ يَهُودَ عَلَى كِتَابِي، قالَ فَمَا مَرّ به نِصْفُ شَهْرٍ حَتّى تَعَلّمْها.

١- زيد بن ثابت بن الضحاك

كان زيد بن ثابت بن الضحاك الأنصاري أبو خارجه هو الصحابي الذي أمره الرسول صلى الله عليه وسلم بتعلم السريانية حتى يقرأ له الكتب التي تأتيه بهذه اللغة. وقد تعلمها بالسرعة المناسبة وساعده على ذلك تقارب اللغتين حتى في الأسماء.

وزيد بن ثابت من الراسخين في العلم، وهو شيخ المقرئين والفرضيين ومفتي المدينة المنورة وكاتب الوحي رضي الله عنه.

٢- عبد الله بن سلام كان من خيار أصحاب رسول الله -صلى الله عليه وسلم -، ومن علماء أهل الكتاب الذين جمعوا علم التوراة وعلم الإنجيل، ولهذا اعتمده البخاري وغيره من أهل الحديث، مما يدل على مبلغ علمه وسلامة دينه. كيف وقد شهد له صلى الله عليه وسلم بالجنة كما في البخاري عن سعد بن أبي وقاص، قال: ما سمعت النبي صلى الله عليه وسلم يقول لأحد يمشي على الأرض: إنه من أهل الجنة إلا لعبد الله بن سلام، قال: وفيه نزلت هذه الآية: ﴿وشهد شاهد من بني إسرائيل على مثله﴾ [الأحقاف: ١٠].

٣-وورقة بن نوفل ففي حديث بدء الوحي فانطلقت به (بالنبي صلى الله عليه وسلم) خديجة حتى أتت به ورقة بن نوفل بن أسد بن عبد العزى، ابن عم خديجة، وكان امرأً تنصّر

في الجاهلية، وكان يكتب الكتاب العبراني فيكتب من الإنجيل بالعبرانية ما شاء الله أن يكتب، وكان شيخاً كبيراً قد عمي [١].

٤-ومنهم عمر بن الخطاب ففي حديث عبد الله بن ثابت؛ قال: جاء عمر إلى النبي صلى الله عليه وسلم، فقال: يا رسول الله! إني أمرت بأخ يهودي من بني قريظة، فكتب لي جوامع من التوراة، ألا أعرضها عليك؟ قال: فتغير وجه رسول الله صلى الله عليه وسلم. قال عبد الله بن ثابت: قلت له: ألا ترى ما وجه رسول الله صلى الله عليه وسلم؟ فقال عمر: رضيت بالله ربّاً، وبالإسلام ديناً، وبمحمد رسولاً. قال: فَسُرِّيَ عن النبي صلى الله عليه وسلم، وقال: ((والذي نفسي بيده؛ لو أصبح فيكم موسى عليه السلام، ثم اتبعتموه وتركتموني؛ لضللتم، إنكم حظي من الأمم، وأنا حظكم من النبيين)). [٢]

تدل هذه الروايات والقرائن على أن عمر رضي الله عنه قد تعلم اللغة العبرية بعد أن ذهب إلى المدينة المنورة. ومن هذا يفهم أن عمر رضي الله عنه كان قد تعلم اللغة العبرية بحيث يمكنه ان يقرأ من التوراة بنفسه. [٣]

٥- وكان سلمان الفارسي يلقب بـ "صاحب الكتابين" يعني الإنجيل والقرآن. [٤]

---

(١) انظر: صحيح البخاري، كتب بدء الوحي، باب كيف كان بدء الوحي إلى رسول الله. جزء ١ ص ٢.

(٢) رواه: أحمد، والطبراني؛ بإسناد فيه جابر الجُعفي، وهو ضعيف. وله شواهد عند: الدارمي، وابن أبي عاصم، وأحمد، والبزار، وابن أبي شيبة، وغيرهم. وقد جمع الألبانيُّ طرقه وألفاظه في ((الإرواء)) ، وحكم بتحسينه. انظر: ((غاية المقصد في زوائد المسند)) (رقم٢٠٦) ، ((مجمع الزوائد)) (١/١٧٣) ، ((إرواء الغليل)) (٦/٣٤) .

(٣) الفاروق، شبلي النعماني، ترجمه من الأردية إلى العربية: د. سمير عبد الحميد إبراهيم، أستاذ اللغة الأردية و آدابها بجامعة الإمام محمد بن سعود، ط دار السلام للنشر و التوزيع-الرياض ص ٤٣٩.

(٤) رواه الترمذي، السنن "كتاب المناقب» باب مناقب عبد الله بن مسعود رضي الله عنه وقال هذا حديث حسن صحيح غريب وقال قال هذا حديث حسن صحيح غريب، برقم ٣٨١١

٦- ومنهم تميم بن أوس بن خارجة الفلسطيني الداري، وقد حدث عنه النبي بقصة الجساسة في أمر الدجال، وله عدة أحاديث، وكان عابداً تلّاءً لكتاب الله. حدّث عنه ابن عباس وأنس بن مالك وآخرون، جمع القرآن على عهد النبي.(١)

وعن خيثمة بن أبي سبرة، قال: أتيت المدينة فسألت الله أن ييسّر لي جليساً صالحاً، فيسّر لي أبا هريرة، فجلست إليه فقلت: إني سألت الله أن ييسر لي جليساً صالحاً فوُفّقتَ لي. فقال لي: من أين أنت؟ قلت: من الكوفة، جئت ألتمس الخير وأطلبه. فقال: أليس فيكم سعد بن مالك مجاب الدعوة، وابن مسعود صاحب طهور رسول الله ونعليه، وحذيفة صاحب سر رسول الله، وعمار الذي أجاره الله من الشيطان على لسان نبيه، وسلمان صاحب الكتابين؟ يعني الإنجيل والقرآن. (٢)

٧-عبد الله بن عمرو بن العاصي:

كان عبد الله بن عمرو شاباً فيه قوة الشباب وهمتهم في العلم والعبادة، وقد كان يقرأ القرآن كله في ليلة، كثير الصلاة والعبادة. وكان شغوفاً بالكتابة والتأليف، وكان يكتب كل ما يتحدث به النبي صلى الله عليه وسلم.

وربما تعلم لغة الكتاب المقدي فقد روي أنه استطاع الحصول على كم كبير من كتب أهل الكتاب في معركة اليرموك سنة ١٣ هجرية، وبعد وفاة النبي صلى الله عليه وسلم، (٣) وكان يحدث عنها بحسب الإذن النبوي السابق.

---

(١) انظر الذهبي: السير (٢/ ٤٤٢) وما بعدها.

(٢) رواه الترمذي وسبق تخريجه.

(٣) المنتظم في تاريخ الملوك والأمم، أبو الفرج ابن الجوزي، ج٤، ص ١٢٣

فعن عطا بن يسار قال: لقيتُ عبد الله بن عمرو بن العاص فقلت: أخبرني عن صفات رسول الله في التوراة، فقال: أجَل والله، إنه لموصوف في التوراة بصفته في القرآن: ((يا أيها النبي إنّا أرسلناك شاهداً ومبشراً ونذيراً، وحرزاً للأميين. أنت عبدي ورسولي، سمّيتك المتوكل، لا فظ ولا غليظ القلب ولا صخّاب في الأسواق، ولا يدفع السيئة بالسيئة، ولكن يعفو ويغفر، ولن يأخذه الله حتى يقيم به الملة العوجاء بأن يقولوا لا إله إلا الله، يفتح بها أعيناً عمياً وآذاناً صُماً وقلوباً غُلفاً)) (١)

وقد جاءت هذه النبوة في سفر إشعيا بالتوراة، ويرجع تاريخها إلى ٧٠٠ سنة قبل المسيح، و ١٣٠٠ سنة قبل النبي صلى الله عليه وسلم، وهي مقبولة شرعاً من عطاء بن يسار، وتقول: هُوَذَا عَبْدِي الذِي أَعْضُدُهُ، مُخْتَارِي الذِي سُرَّتْ بِهِ نَفْسِي. وَضَعْتُ رُوحِي عَلَيْهِ فَيُخْرِجُ الحَقَّ لِلأُمَمِ. لَا يَصِيحُ وَلَا يَرْفَعُ وَلَا يُسْمِعُ فِي الشَّارِعِ صَوْتَهُ. قَصَبَةً مَرْضُوضَةً لَا يَقْصِفُ، وَفَتِيلَةً خَامِدَةً لَا يُطْفِئُ، أَنَا الرَّبَّ قَدْ دَعَوْتُكَ بِالبِرِّ، فَأُمْسِكُ بِيَدِكَ وَأَحْفَظُكَ وَأَجْعَلُكَ عَهْداً لِلشَّعْبِ وَنُوراً لِلأُمَمِ، لِتَفْتَحَ عُيُونَ العُمْيِ، لِتُخْرِجَ مِنَ الحَبْسِ المَأْسُورِينَ، مِنْ بَيْتِ السِّجْنِ الجَالِسِينَ فِي الظُّلْمَةِ (إشعيا ١:٤٢-٣ و٦ و٧).

(١) أخرجه البخاري في كتاب البيوع في الأسواق (٢١٢٥)، وفي التفسير (٤٨٣٨)، وأخرجه أيضًا في كتاب "الأدب المفرد" (٢٤٦) و(٢٤٧).

وأختم هذا المبحث بحسن ختام له وهي قوله تعالى: ﴿وَيَقُولُ الَّذِينَ كَفَرُوا لَسْتَ مُرْسَلًا ۚ قُلْ كَفَىٰ بِاللَّهِ شَهِيدًا بَيْنِي وَبَيْنَكُمْ وَمَنْ عِندَهُ عِلْمُ الْكِتَابِ﴾[الرعد:٤٣] قال قتادة في قوله تعالى: ﴿ومن عنده علم الكتاب﴾ قال سلمان وابن سلام وتميم الداري. (١)

التابعون والتوراة العبرية:

استمر التابعون على منهج النبي والصحابة في موقفهم من اليهودية، في احترامها وترجمتها والاستشهاد بها.

١-كعب الأحبار:

فمنهم كعب الأحبار فهو من التابعين الأخيار، وقد أخرج له البخاري ومسلم وغيرهما، وذكره ابن سعد في الطبقة الأولى من تابعي أهل الشام، واتفقت كلمة نقاد الحديث على توثيقه، فترجم له النووي في تهذيبه بقوله: "اتفقوا على كثرة علمه وتوثيقه "(٢)

والمتتبع لحياة كعب في الإسلام، ومقالات أعلام الصحابة فيه، ومن تحمل منهم عنه وروى له، ومن أخرج له من شيوخ الحديث في مصنفاتهم، يجد ما يدحض هذه الفرية ويرد هذه التهمة، ويشهد للرجل بقوة دينه وصدق يقينه، وأنه طوى قلبه على الإسلام المحض والدين الخالص، لا على أنه دسيسة يهودية تستر بالإسلام - كما زعم الزاعمون.

٢-وهب بن منبه:

وأما وهب بن منبه فهو من خيار التابعين وثقاتهم، أخرج له البخاري ومسلم، ولا يُعلم أحد من أئمة هذا الشأن طعن فيه بأنه وضاع ودسَّاس، بل رأيناهم يوثقونه، فقد وثقه أبو

---

(١) ابن جرير: التفسير (١٣/١٧٧)،

(٢) تهذيب الأسماء واللغات، النووي ط دار الطباعة المنيرية، مصورة دار الكتب العلمية، بيروت – لبنان ص ٢/٦٨.

زرعة والنسائي والعجلي، وذكره ابن حبان في الثقات، وقال الذهبي: "كان ثقة صادقاً كثير النقل من كتب الإسرائيليات "[١]

ترجمة الزابور لوهب بن منبه:

تُنسَبُ إلى "وهب بن مُنبِّهٍ" ترجمة للزّبور. ربما يكون "ابنُ خير الإشبيليّ [ت ٥٧٥هـ] هو أقدم من أشار إلى هذه الترجمة. "كتاب الزبور، تَرْجَمَة وهب بن مُنَبّه» فقد أورد إسناده بالكتاب إلى مؤلفه. [٢].

ثم القرطبيُّ [ت: ٦٧١هـ] في مَعْرِضِ حديثه عن بشارات الزبورِ بمحمَّدٍ -: «وزبورُ وَهْب بن مُنَبّه، هذا الذي نَقَلْتُ منهُ، أصَحُّ ما يوجَدُ من كتابِ الزَّبور؛ فإنَّه أوثقُ وأعلمُ مِن كُلِّ ترجمةٍ في سالفِ الدهور، ولكنَّ النصارى مع ذلك يُكذِّبُون» [٣].

وهذا معناه أنَّ الزبورَ كان له أكثر من ترجمةٍ، وأنَّ هذه الترجمات كانت موجودةً ومتداوَلةً بين أيدي علماء المسلمين، وأنَّ أصحَّها ما يُسمَّى بـ"ترجمة وهب بن منبِّه".

يقول د. فؤاد سزكين وهو يُعدِّدُ آثارَ وهب -: «كتابُ زبور داود": هو من ترجمةِ وهب بنِ مُنبّه، قَرَأَهُ ابنُ خَيْر [٤]، وقد يكون هو الكتابُ الذي وصل إلينا باسمِ "كتاب المزامِير، ترجمة الزبور.» [٥].

---

(١) تهذيب الأسماء واللغات مرجع سابق، ص ١٤٩/٢

(٢) فهرسة ابن خير الإشبيلي. محمد بن خير الأموي، ص٢٦٢، رقم ٦٨٩، وضع حواشيه: محمد فؤاد منصور، دار الكتب العلمية، بيروت، لبنان، ط الأولى، ١٤١٩هـ.

(٣) الإعلام بما في دين النصارى من الفساد والأوهام: ٢٦٨/١.

(٤) هو أبو بَكْرٍ مُحَمَّدُ بنُ خَيْرِ بنِ عُمَرَ بنِ خَلِيْفَةَ اللَّمْتُوْنِيُّ، الإِشْبِيْلِيُّ، عَالِمُ الأَنْدَلُسِ (٥٠٢ – ٥٧٥هـ)، قَالَ الأَبَّار: كَانَ مُكْثِراً إِلَى الغَايَة، وَسَمِعَ مِنْ أَكْثَر مِنْ مائَة نَفْس، وَلاَ نَعلم أَحَداً مِنْ طَبَقَتِهِ مِثْله، تَصدّر بِإِشبيليَة لِلإِقْرَاءِ وَالإِسْمَاع، وَكَانَ مُقْرِئاً مُجَوِّداً، وَمُحَدِّثاً مُتْقِناً، أَديباً، لُغوياً، وَاسِع المعْرِفَة، رِضَىً، مَأْمُوْناً، وَلَمَّا مَات، بِيْعَتْ كتبه بِأَغلَى ثمن لصحتهَا، وَلَمْ يَكُنْ لَهُ نَظير

موقف الفقهاء من اليهودية: شرع من قبلنا:

لقد أمر النبي أن يتبع شرع الأنبياء قبله؛ لأنه في الواقع امتداد لهم ولبنة في بنائهم، أو حلقة أخيرة في سلسلتهم الشريفة، ﴿ إنا أَوْحَيْنَا إِلَيْكَ كَمَا أَوْحَيْنَا إِلَىٰ نُوحٍ وَالنَّبِيِّينَ مِن بَعْدِهِ ۚ وَأَوْحَيْنَا إِلَىٰ إِبْرَاهِيمَ وَإِسْمَاعِيلَ وَإِسْحَاقَ وَيَعْقُوبَ وَالْأَسْبَاطِ وَعِيسَىٰ وَأَيُّوبَ وَيُونُسَ وَهَارُونَ وَسُلَيْمَانَ ۚ وَآتَيْنَا دَاوُودَ زَبُورًا ﴾[النساء: (163)] وقال تعالى: ﴿ قُلْ مَا كُنتُ بِدْعًا مِّنَ الرُّسُلِ ﴾[الأحقاف:(9)] وأمر بشكل خاص باتباع ملة أبي الأنبياء ، إبراهيم، وهذا هو الواجب على خاتم الأنبياء، فكان عليه؛ مثل جميع الأنبياء، اتباع ملة إبراهيم؛ قال تعالى: ﴿ثُمَّ أَوْحَيْنَا إِلَيْكَ أَنِ اتَّبِعْ مِلَّةَ إِبْرَاهِيمَ حَنِيفًا ۖ وَمَا كَانَ مِنَ الْمُشْرِكِينَ ﴾[(123)]، والمعنى: قلنا لك: اتبع ملة إبراهيم الحنيفية المسلمة، وكن حَنِيفًا مسلما على الدين الذي كان عليه إبراهيم، بريئًا من الأوثان والأنداد التي يعبدها قومك، كما كان إبراهيم بريئاً منها. [1]

إن أبا الأنبياء إبراهيم هو نفسه من أطلق على هذا الدين اسمه" الإسلام"، وهو؛ إبراهيم، من أطلق على هذه أهل هذا الدين اسمهم؛ المسلمين، ثم فقد الاسم مدة، وأصبح غير مستعمل، حتى أحياه آخر أبناء إبراهيم، خاتم الأنبياء. ﴿مِّلَّةَ أَبِيكُمْ إِبْرَاهِيمَ ۚ هُوَ سَمَّاكُمُ الْمُسْلِمِينَ مِن قَبْلُ وَفِي هَٰذَا لِيَكُونَ الرَّسُولُ شَهِيدًا عَلَيْكُمْ وَتَكُونُوا شُهَدَاءَ عَلَى النَّاسِ﴾

فِي هَذَا الشَّأْن، مَعَ الحظّ الأَوفر مِنْ علم اللِّسَان. سير أعلام النبلاء : ٢١/ ٨٥، ٨٦.

(٥) تاريخ التراث العربي. د/فؤاد سزكين. مج١، ج٢ ص١٢٥، نقله إلى العربية: د. محمود فهمي حجازي، وراجعه: د/عرفة مصطفى، د/سعيد عبد الرحيم، إدارة الثقافة والنشر، جامعة الإمام محمد بن سعود الإسلامية، ١٤١١هـ - ١٩٩١م.

[1] انظر: الطبري، جامع البيان، تحقيق أحمد ومحمد شاكر، ص

[الحج:٧٨] وإبراهيم هم الذي قال قبل خاتم الأنبياء بألاف السنين: ﴿وَاجْعَلْنَا مُسْلِمَيْنِ لَكَ وَمِنْ ذُرِّيَّتِنَا أُمَّةً مُسْلِمَةً لَكَ﴾ [البقرة:][1]

والأنبياء بعد إبراهيم هم كذلك، وشريعة موسى وعيسى عليهم السلام، فيما ما لم ينزل في شأنه وحي وأمر جديد، وما لم يؤمر بغيره، فملة إبراهيم، كما سماها الله تعالى، وبهذا الاسم سمى الإسلام؛ ملة إبراهيم، هي بوضوح ما أمر النبي صلى الله عليه وسلم باتباعه، ملة إبراهيم، وامتن على العرب بأنه أمرهم بملة أبيهم إبراهيم، السمحة دون حرج أو عنت، قال تعالى:

﴿قل صدق الله فاتبعوا ملة إبراهيم حنيفا وما كان من المشركين﴾ [آل عمران: ٩٥) وقال تعالى:

﴿من أحسن دينا ممن أسلم وجهه لله وهو محسن واتبع ملة إبراهيم حنيفا﴾ (النساء: ١٢٥) وقال تعالى:

﴿قل إنني هداني ربي إلى صراط مستقيم دينا قيما ملة إبراهيم حنيفا وما كان من المشركين قل إن صلاتي ونسكي ومحياي ومماتي لله رب العالمين لا شريك له وبذلك أمرت وأنا أول المسلمين﴾ [الأنعام: ١٦١ – ١٦٣] فهذا هو الإسلام، وهو بيان لملة إبراهيم، يؤيد ذلك قوله:

﴿إن إبراهيم كان أمة قانتا لله حنيفا ولم يك من المشركين شاكرا لأنعمه اجتباه وهداه إلى صراط مستقيم وآتيناه في الدنيا حسنة وإنه في الآخرة لمن الصالحين ثم أوحينا إليك أن اتبع ملة إبراهيم حنيفا وما كان من المشركين﴾ [النحل: ١٢٠ - ١٢٣]

---

[1] انظر : الطبري، المصدر السابق، ص

وملة إبراهيم هي الحنيفية السمحة التي كان عليها سائر الأنبياء من ذريته ومن قبله أيضا، كما قال تعالى:

﴿ ومن يرغب عن ملة إبراهيم إلا من سفه نفسه ولقد اصطفيناه في الدنيا وإنه في الآخرة لمن الصالحين إذ قال له ربه أسلم قال أسلمت لرب العالمين ووصى بها إبراهيم بنيه ويعقوب يا بني إن الله اصطفي لكم الدين فلا تموتن إلا وأنتم مسلمون أم كنتم شهداء إذ حضر يعقوب الموت إذ قال لبنيه ما تعبدون من بعدي قالوا نعبد إلهك وإله آبائك إبراهيم وإسماعيل وإسحاق إلها واحدا ونحن له مسلمون﴾ [البقرة: ١٣٠ – ١٣٣]

يؤيد هذا قوله تعالى حكاية عن يوسف:

﴿إني تركت ملة قوم لا يؤمنون بالله وهم بالآخرة هم كافرون واتبعت ملة آبائي إبراهيم وإسحاق ويعقوب ما كان لنا أن نشرك بالله من شيء ذلك من فضل الله علينا وعلى الناس ولكن أكثر الناس لا يشكرون﴾ (يوسف: ٣٧، ٣٨) فهذه الآيات يصدق بعضها بعضا ويؤيده، وكلها برهان على ما حققناه، وأما قوله تعالى في آخر سورة الحج:

﴿وجاهدوا في الله حق جهاده هو اجتباكم وما جعل عليكم في الدين من حرج ملة أبيكم إبراهيم هو سماكم المسلمين من قبل وفي هذا ليكون الرسول شهيدا عليكم وتكونوا شهداء على الناس فأقيموا الصلاة وآتوا الزكاة واعتصموا بالله هو مولاكم فنعم المولى ونعم النصير﴾ (الحج: ٧٨). والمعنى: الزموا ملة أبيكم إبراهيم، وهي التوحيد الخالص والإخلاص لله، الذي هو معنى الإسلام، وعلم منه أن لفظ الملة يراد به أصل الدين وجوهره، دون ما يتبع ذلك من الشرائع وتفاصيل الأحكام، فملة الأنبياء ملة واحدة، وأن شرائع الكفار مختلفة ومتعددة.[١]

---

[١] انظر: رشيد رضا: تفسير القرآن العظيم، الشهير بتفسير المنار، ص

وبناءً عليه أجمع الفقهاء؛ على تفصيل وخلاف يسير بينهم، أن من مصادر التلقي عند المسلمين، بعد المصادر الأساسية وهي الكتاب والسنة، شرع من قبلنا. وقد اختلف العلماء والفقهاء في هذا الأصل، هل يصح أن يكون شرع من قبلنا شرع لنا؟ أي أن تكون مصدراً من مصادر التشريع كالكتاب والسنة؛ فيستمد الفقيه منها الأحكام الشرعية؟

القول الأول: شرع من قبلنا من الأحكام التي أنزلها الله على الأمم السابقة هي شرع لنا مطلقاً. واستدلوا بالأدلة التالية:

الدليل الأول: قول الله تعالى: ﴿أُوْلَئِكَ الَّذِينَ هَدَى اللَّهُ فَبِهُدَاهُمُ اقْتَدِهِ﴾ [الأنعام:٩٠]، فهذا دليل واضح ناصع على أن الله تعالى أمر النبي عليه الصلاة والسلام أن يقتدي خاتم الأنبياء بمن ذكروا في هذه الآية من الأنبياء، ومنهم إبراهيم وموسى وعيسى صلى الله تعالى عليهم. ولأن الأصل أن ما أُمر به النبي – صلى الله عليه وسلم – فالأمة مأموره به أيضاً إلا بدليل يدل على الخصوصية.

كذلك قوله تعالى ﴿لَقَدْ كَانَ فِي قَصَصِهِمْ عِبْرَةٌ لِّأُوْلِي الأَلْبَابِ﴾ فالعمل هو هذا الأصل فثمرة الاعتبار وثمرة التذكر وثمرة التعقل {أَفَلاَ تَتَذَكَّرُونَ} {أَفَلاَ تَعْقِلُونَ} بعد ذكر القصص يدل على أنه هذه القصص التي ذكرت في القرآن عن أحوال الأمم السابقة ما ذُكرت إلا من أجل العمل والعمل فرع عن الاعتبار.

الدليل الثاني: قول الله تعالى: ﴿وَكَتَبْنَا عَلَيْهِمْ فِيهَا أَنَّ النَّفْسَ بِالنَّفْسِ وَالْعَيْنَ بِالْعَيْنِ وَالأَنفَ بِالأَنفِ﴾[المائدة:٤٥] الآية، ويشهد له التطبيق العملي، فقد ثبت أن النبي – صلى الله عليه وسلم – قضى في عدة قضايا بالتوراة، منها قصة الرُبيّع وهي مشهورة عند الأصوليين، السن بالسن، فهذا حكم بشرع من قبلنا، لأنه قضى السن بالسن وتلا الآية ﴿وَكَتَبْنَا عَلَيْهِمْ فِيهَا أَنَّ النَّفْسَ بِالنَّفْسِ وَالْعَيْنَ بِالْعَيْنِ وَالأَنفَ بِالأَنفِ وَالأُذُنَ بِالأُذُنِ وَالسِّنَّ

بِالسِّنِّ﴾ والمعنى: ﴿وَكَتَبْنَا عَلَيْهِمْ فِيهَا﴾ [المائدة:٤٥] أي: في التوراة: {وَكَتَبْنَا عَلَيْهِمْ فِيهَا أَنَّ النَّفْسَ بِالنَّفْسِ) [المائدة:٤٥]، إلى أن قال: {وَالسِّنَّ بِالسِّنِّ} [المائدة:٤٥]، أي: أن السن بالسن راجع إلى هذه الآية التي تبين لنا حكم السن بالسن في التوراة. وهذا للحكم لم يرد به نص في شرعنا، أي القصاص السن بالسن، فدل على أن النبي - صلى الله عليه وسلم - قد عمل بشرع من قبلنا، وأن شرع من قبلنا هو شرع لنا، ما لم يثبت نسخه أو تغييره في شريعة خاتم الأنبياء.

الدليل الثالث: قوله تعالى: ﴿شَرَعَ لَكُمْ مِنَ الدِّينِ مَا وَصَّى بِهِ نُوحًا وَالَّذِي أَوْحَيْنَا إِلَيْكَ﴾ [الشورى:١٣] إلى آخر الآية. وقوله صلى الله عليه وسلم في الحديث: (من نام عن صلاة أو نسيها فوقتها حين يذكرها, ثم قرأ قول الله تعالى: {وَأَقِمِ الصَّلَاةَ لِذِكْرِي} [طه:١٤]) , .وهذه الآية هي خطاب لموسى عليه السلام، ﴿وَهَلْ أَتَاكَ حَدِيثُ مُوسَى (٩) إِذْ رَأَى نَارًا فَقَالَ لِأَهْلِهِ امْكُثُوا إِنِّي آنَسْتُ نَارًا لَعَلِّي آتِيكُمْ مِنْهَا بِقَبَسٍ أَوْ أَجِدُ عَلَى النَّارِ هُدًى (١٠) فَلَمَّا أَتَاهَا نُودِيَ يَا مُوسَى (١١) إِنِّي أَنَا رَبُّكَ فَاخْلَعْ نَعْلَيْكَ إِنَّكَ بِالْوَادِ الْمُقَدَّسِ طُوًى (١٢) وَأَنَا اخْتَرْتُكَ فَاسْتَمِعْ لِمَا يُوحَى (١٣) إِنَّنِي أَنَا اللَّهُ لَا إِلَهَ إِلَّا أَنَا فَاعْبُدْنِي وَأَقِمِ الصَّلَاةَ لِذِكْرِي﴾.

بينما أخرج العلماء من ذلك ما ثبت نسخه وتغييره في شرعنا، فهو شرع من قبلنا نعم، لكن جاء في شرعنا ما يدل على نسخه وتغييره، من طريق الكتاب والسنة. ففي هذه الصورة ثبت أن هذا الحكم هو شرع لمن قبلنا؛ إما أنه كان في التوراة أو في الإنجيل، لكن قد دل شرعنا على أن هذا الحكم منسوخ، فحينئذ تكون هذه الأحكام الثابتة بشرع من قبلنا خاصة بالأمم السابقة، وهذا بالإجماع ليس شرعاً لنا. مثاله قوله تعالى:

﴿وَخَرُّواْ لَهُ سُجَّداً﴾[يوسف:١٠٠] فهذه كانت تحية إذا التقى بعضهم ببعض خر له ساجداً، فهو حكم جائز في شرع من قبلنا، بينما بالإجماع ليس شرعاً لنا، لدليل الحديث "ما

ينبغي لأحد أن يسجد لأحد" فالسجود لا يعتبر تحية في شرعنا وهذا مُجمَع عليه، كذلك قوله - صلى الله عليه وسلم - وأُحلت لي الغنائم ولم تحل لأحد قبلي، فهذا خاص بشرعنا وما وضع الله جل وعلا عن هذه الأمة من الآصال والآصال التي كانت على تلك الأمم هذه، وهي كانت حراماً على الأمم السابقة، ولكن هذا الحكم (التحريم) منسوخ أيضاً بالإجماع. وقد كان محرماً على كل من كان قبلنا.

إذاً ثبت بالكتاب والسنة أن هذا الحكم قد كان شرعاً لمن قبلنا ثم دل شرعنا على أن منسوخ في حقنا هذا بالإجماع أنه ليس شرعاً لنا. ومثله تحريم بعض الأطعمة عليهم {وَعَلَى الَّذِينَ هَادُواْ حَرَّمْنَا كُلَّ ذِي ظُفُرٍ} فهذا ثابت عندهم منسوخ عندنا. [1]

الصورة الثالثة: وهو ما لم يدل دليل على أنه شرع لنا أو ليس بشرع لنا ودل الشرع كتاب والسنة على أنه شرع لمن قبلنا، فهو شرع لنا أمة محمد - صلى الله عليه وسلم - لأنه ما ذُكر في شرعنا إلا من أجل العمل به لأن ما يذكره الله تعالى فالأصل أنه أُنزل من أجل أن يُعمَل به؛ من أوله إلى آخره، وهذا هو الأصل فيما بين الدفتين. لأنه بالإجماع أن الأصل في إنزال القرآن هو العمل وليس مجرد العلم فحسب فحينئذ شرع من قبلنا إذا لم يدل شرعنا على أنه شرع أو ينفي فحينئذ نقول الأصل العمل به لماذا؟ لأنه ما ذُكر في القرآن إلا من أجل ذلك يعني أن نعتبر به ونعمل بما تضمن من أحكام، فهو شرع لنا. [2]

الصورة الرابعة: الشرع الذي لم يُذكر في شرعنا، ولا يشهد له، لأن العبرة في الحكم بكونه شرعاً لنا لابد له من مستند صحيح، فهذا ليس بمصدق وليس بمُكذَب، والحكم فيه التوقف. إذ لم يثبت بدليل صحيح.

[1] شرح قواعد الأصول ومعاقد الفصول (١٩/ ٣)

[2] معاقد الفصول (١٩/ ٤)

مخالفة اليهود

هل كان النبي صلى الله عليه وسلم يحب مخالفة اليهود أو يحب موافقتهم؟ هـ في الجواب على هذا السؤال لدينا روايتان: كان يحب مخالفتهم، والثانية كان يحب موافقتهم؟ هل هناك تناقض؟ سأجيب على هذا السؤال من خلال المناقشة التالية:

لدينا روايتان، يبدو في الظاهر أنهما متعارضتان، ولكن في الحقيقة هذا التعارض ليس حقيقياً، بل هو ناتج عن عدم التقصي وبسبب التعميم.

الرواية الأولى: رواها البخاري عن (ابن عباس) رضي الله عنهما قال كان النبي يحب موافقة أهل الكتاب فيما لم يؤمر فيه، وفي ذلك تفصيل:

الصورة الأولى أنه كان صلى الله عليه وسلم إذا خير بين مشابهة أهل الكتاب ومشابهة المشركين كان يحب مشابهة أهل الكتاب ومخالفة المشركين، لأن أهل الكتاب هم أهل دين، كما كان يفرح بانتصارهم على المشركين. ومن ذلك ما روي أن أهل الكتاب كانوا يسدلون أشعارهم وكان المشركون يفرقون رؤوسهم فسدل النبي ناصيته.[1]

وكذلك روى[2] عن ابن عباس -رضي الله عنهما-: «أن رسول الله صلى الله عليه وسلم كان يسدل شعره وكان المشركون يفرقون شعورهم (وكان رسول الله صلى الله عليه وسلم يحب موافقة أهل الكتاب فيما لم يؤمر فيه بشيء) ثم فرق رسول الله صلى الله عليه وسلم بعد ذلك.

---

[1] انظر: البخاري، الجامع الصحيح، الحديث ٣٥٥٨ وطرفه.

[2] رواه النسائي وابن ماجه بسند صححه الألباني.

كذلك كان يخالفهم إذا تشابهت الشريعة فيحب المخالفة في بعض التفاصيل التي لا تؤثر في أداء العبادة ولكن تبين تميز الشعب الجديد عن الشعب القديم لأسباب مقبولة ومفهومة. فقد روي أنه صلى الله عليه وسلم كان يحب ويأمر بمخالفتهم، ويقول خالفوا اليهود؛ فإنهم لا يصلون في نعالهم، ولا خفافهم، «خالفوا اليهود؛ فإنهم لا يصلون في نعالهم، ولا خفافهم»[١] ، وقال رسول الله – صلى الله عليه وسلم –: «فَصْلُ ما بين صيامنا وصيام أهل الكتاب: أَكْلَةُ السَّحَر» [٢] وعن أبي هريرة – رضي الله عنه – عن النبي – صلى الله عليه وسلم –: «لا يزالُ الدينُ ظاهراً ما عجَّل الناسُ الفطرَ؛ لأن اليهود والنصارى يؤخرون»[٣] وهذا نص في أن ظهور الدين الحاصل بتعجيل الفطر لأجل مخالفة اليهود والنصارى. فعن النبي صلى الله عليه وسلم قال: يوم عاشوراء كانت تصومه الأنبياء فصوموه أنتم."[٤] وقد كان أهل الكتاب يصومونه، وإنما خالفهم، أو نوى مخالفتهم، في شيء ثانوي"، فهم بصيام التاسع مع العاشر، ليتميز صومه عن صومهم. فإنه لم يترك الصلاة والصيام لأجل المخالفة بل أمر بالمخالفة في شيء ظاهري ليميز الرائي بين هؤلاء وهؤلاء فلا يلتبس على الناس هؤلاء بهؤلاء.

كما كان يخالفهم في أشياء غالوا فيها ولم يؤمروا بها، أو أمر فبها بشريعة مخالفة لهم، كتخفيف بعض الأحكام، ومن ذلك أن اليهود كانوا إذا حاضت المرأة فيهم لم يؤاكلوها،

ولم يجامعوها في البيوت، فسأل أصحاب النبي – صلى الله عليه وسلم –، النبي – صلى الله عليه وسلم –، فأنزل الله – عز وجل –: {وَيَسْأَلُونَكَ عَنِ الْمَحِيضِ قُلْ هُوَ أَذًى فَاعْتَزِلُواْ

---

[١] [أبو داود ٦٥٢ وصححه الألباني]

[٢] [مسلم ١٠٩٦]

[٣] [أبو داود٢٣٥٣ وحسنه الألباني]

[٤] خرجه بقي بن مخلد في مسنده

النِّسَاء فِي الْمَحِيضِ} [البقرة:٢٢٢] فقال رسول الله – صلى الله عليه وسلم –: «اصنعوا كلَّ شيءٍ إلا النكاح»، فبلغ ذلك اليهود، فقالوا: ما يريد هذا الرجل أن يدع من أمرنا شيئاً إلا خالَفَنا فيه، فجاء أسيد بن حضير، وعباد بن بشر، فقالا: يا رسول الله إن اليهود تقول كذا وكذا، أفلا نجامعهن؟ فتغير وجه رسول الله – صلى الله عليه وسلم –، حتى ظننا أن قد وجد عليهما فخرجا، فاستقبلهما هدية من لبن، إلى النبي – صلى الله عليه وسلم – فأرسل في آثارهما، فسقاهما، فعرفنا أنه لم يجِدْ عليهما. [مسلم٣٠٢] وهنا تبين أن المخالفة والموافقة ليس بالأهواء أو العناد، بل هي منوطة بمقاصد الشريعة الصحيحة.

وإذا كانت مخالفتهم بقصد ظهور وتميز الرسالة الجديدة وأصحابها، في المظاهر الخارجية، فإنه لم يخالفهم في العقيدة والشريعة بل كان يعجبه أن يروي أحدهم ما يوافق ما جاء به صلى الله عليه وسلم. وفي الشريعة التي أتى مصدقا لها في الجملة.

في الواقع حتى المسيحية التي أكد فيها المسيح قوله وفعله بأنه ما جاء لينقض الشريعة الموسوية، ومع أنه اتبع بوضوح وصايا موسى والناموس، إلا أنه خالف اليهود في أمور كثيرة، ما نراه منها الآن، هو نسخ السبت بالأحد، ونسخ بعض أحكام الأطعمة، وفوق ذلك كله نسخ بعض العقائد، التي لو زالت السماوات والأرض لم يمكن أن تزول أبداً. [1]

الآن يبدو جلياً أنه لا تناقض بين الروايتين، يحب مواقتهم، ويحب مخالفتهم، إذ أن كلا الروايتين صحيح، ولا تعارض بينهما، فعندما سمع ولا حظ بعض أصحابه الرواة أنه صلى الله عليه وسلم يأمر بمخالفتهم، أعلن ذلك لمن وراءه وعبر عنه برواية، بينما لاحظ آخر، أو

---

[1] انظر: (متى ٢٣: ٢-٣) و(مرقص ١٢: ٣٠). كان يأمر مريديه باتباع شريعة موسى في عبادتهم (انظر: لوقا ٥: ١٥ متى ٨: ٥ مرقص ١ : ٤٥ و١٢ : ٢٧ و ٧: ١١). وانظر: سفر أعمال الرسل ١٥: ٢٥ و ١٨ : ١٤ و٢١ : ٢٩ العبرانيين الاصحاح الاسبع كله، ورومية ١٠ : ٥ ، ٢ : ١٣-٢٩ و ٣: ١٩-٣١.

آخرون، الحقيقة الأخرى فعبر عنها أيضا. وأما نحن فلاحظنا الحقيقتين، ونظرنا بكلتا العينين، ووفقنا على قدمين.

والحكمة في محبة موافقتهم أنهم أهل دين يتمسكون بالشريعة في الجملة. وهو امتداد لهم، وختم لروايتهم، ورسالتهم، ومعه آخر ما نزل عليهم من الكتب. والحكمة في مخالفتهم في المظاهر الخارجية، فقد كان يخالفهم في المسائل التي أمرنا بمخالفتهم فيها: كالثياب، وحلق الشعور، وهيآتهم، وعاداتهم، وتفاصيل صغيرة في عباداتهم، والأيام التي يعظمونها؛ ومنها يوم عاشوراء، وقد جاء ذلك الأمر عن النبي صلى الله عليه وسلم في آخر سنة من حياته حينما أُخبر عن اليهود أنهم يعظمون هذا اليوم فقال: "لئن بقيت إلى قابل لأصومن التاسع ."كان النبي صلى الله عليه وسلم كان يعلم عن تعظيم اليهود لهذا اليوم منذ دخوله المدينة حينما سأل عنه فأُخبر بتعظيم اليهود له وصيامهم إياه. ولكنه كان يحب موافقتهم فيما لم يؤمر بمخالفتهم فيه، وذلك تقربا منهم وتطمينا لهم، و تطييباً لقلوبهم واستئلافاً لهم رجاء إسلامهم، كما كانت الحكمة في استقباله قِبْلَتهم، ولهذا كله كان النبي صلى الله عليه وسلم يُحِب فيه موافقة أهل الكتاب فيما لم يُنهَ عنه. هذا من جهة.

أخيراً هل نحن مأمورون بمخالفتهم أو موافقتهم تبعا لنبينا؟ الجواب في ضوء ما سبق أنه يجب موافقتهم فيما أحب النبي موافقتهم فيه للمصالح التي ذكرت، ويجب مخالفتهم فيما أمر النبي مخالفتهم فيه للمصالح التي ذكرت.[١]

[١] أوسع من عالج هذا الموضوع هو ابن تيمية في كتابه "اقتضاء الصراط المستقيم" فقد جمع الأقوال والأدلة وناقشها، ورجح بينها، بشكل خاص انظر: فقال -رحمه الله- في "اقتضاء الصراط المستقيم:(1/466)

تاريخ موجز لبني إسرائيل

إبراهيم:

الفصل الأول في تاريخ بني إسرائيل هو إبراهيم عليه الصلاة والسلام، وأبناؤه، إسماعيل وإسحاق. كان قوم إبراهيم فريقين؛ فريقاً يعبد الأوثان وهي صور لآلهة سفلية، ومنهم كان أبوه، وفريقاً كان يعبد الكواكب وهي آلهة علوية. ومن سنن التاريخ المعروفة أن شابا ينشأ في أمة أمية، وبيئة وثنية، أن تنطبع نفسه، ويتأثر عقله، ويستقر في قلبه ما يراه من زمن طفولته إلى شبابه وفتوته، وأن يتأثر بمن يخالطه، لاسيما إن كان من ذوي قرابته وأهل عصبته، ولا كتاب يرشده، ولا نبي يقلده، ولا أستاذ يعلمه، ولا ناصح ينبهه، ولا عضد إذا عزم الأمر يؤيده، فلو جرى أمر إبراهيم على هذه السنن، لنشأ على مثل ما نشأ عليه أبوه، ومال لما مال إليه قومه، فاعتقد عقائدهم، وأخذ مذاهبهم. ولكن فيما يتعلق بإبراهيم فقد جرى الأمر على غير سنته، لقد بغض الله تعالى إليه الشرك كله، من مبدأ عمره، وكره إليه الآلهة الباطلة علويها وسفليها، فغلبت عليه فطرة الإسلام، وآتاه الله رشده، وكان عمره إذ ذاك ست عشرة سنة، لم يركن إلى ما كان يعبد قومه، فإن الإلف والعادة ليسا حجة للعاقل، ولم يرضخ لإرهاب الوثنيين، بل ناظرهم، وأقام الحجة عليهم أجمعين.

أما الفريق الأول، فقد حكى القرآن الكريم مناظرته لهم، وحيلته في تنبيههم على سخافة عبادتهم. أنكر إبراهيم على قومه عبادة الأصنام، وكان عمره إذ ذاك ست عشرة سنة، وهذا هو الرشد الذي أوتيه من صغره، ولما لم يكن عندهم حجة سوى تقليد صنيع آبائهم، أبطل حجتهم، لأن التقليد في هذا حجة باطلة، والكلام مع آبائهم الذين احتجوا بصنيعهم

كالكلام معهم، فهم جميعاً في ضلال على غير الطريق المستقيم. لذلك سفه أحلامهم وضلل آباءهم واحتقر آلهتهم. وضرب إبراهيم أروع مثال للشاب العاقل المؤمن بوعد الله تعالى له، لقد عرض نفسه للتهلكة في سبيل الله تعالى لما ناظر وحاج عبدة الأوثان، فهم أغلظ الناس قلوبا وأبلدهم عقولا، ولكن نفس إبراهيم الشاب المؤمن كانت أقوى من هذا كله، فلم يتأثر بهم، بل مال عنهم وعن آلهتهم، وتوجه إلى الله تعالى الذي نصره عليهم.

وأما الفريق الثاني وهم عباد الكواكب، فناظرهم إبراهيم مناظرة علنية وعلمية مفحمة. هذا الفريق الذي كان يعبد الكواكب العلوية لم يكن أقل بلادة ممن يعبد الأصنام، ولكن ربما كان أشد كفرا منهم لارتباط هذه العبادة بالفلسفة غالباً، وقد حكى الله تعالى أيضا هذه المناظرة القوية بين هذا الشاب المؤمن وبين عباد الكواكب.

وكل هذا مما يفسر لنا حب الله لإبراهيم، ويتضح منه لماذا أمر الله تعالى بالاقتداء بهذا النبي وجعل ذريته أنبياء ليصبح هذا النبي الشاب هو أبو الأنبياء:

﴿قد كانت لكم أسوة حسنة في إبراهيم والذين معه إذ قالوا لقومهم إنا برآء منكم ومما تعبدون من دون الله كفرنا بكم وبدا بيننا وبينكم العداوة والبغضاء أبدا حتى تؤمنوا بالله وحده إلا قول إبراهيم (٤) ربنا لا تجعلنا فتنة للذين كفروا واغفر لنا ربنا إنك أنت العزيز الحكيم (٥) لقد كان لكم فيهم أسوة حسنة لمن كان يرجو الله واليوم الآخر ومن يتول فإن الله هو الغني الحميد﴾ [الممتحنة: ٤-٦]

اليهود في مصر

مثل إبراهيم، لقد كان في قصة يوسف وإخوته، أبناء يعقوب بن إسحاق بن إبراهيم، آيات وعبر ومواعظ للسائلين: لقد كان يوسف أول من جاء إلى مصر من الإسرائيليين، ثم تبعه قومه، وبدأ وجود بني إسرائيل في مصر مع قدوم يوسف بن يعقوب عليهما السلام، حين جعله ملك مصر مسؤولاً عن خزائن الأرض في زمن المجاعة. ثم استدعى يوسف، عليه السلام، أهله ليستقروا في أرض "جوشن" شرق الدلتا، فعاشوا في البداية في رخاء واحترام، وشكّلوا جالية صغيرة ذات طابع إيجابي. تشير المصادر الدينية والتاريخية إلى أن المصريين بالغوا في اضطهادهم، مما جعل حياتهم في مصر مرادفة للعبودية. نظر إليهم المصريون كغرباء، وأصبحوا طبقة خاضعة للنظام الفرعوني. فرض المصريون عليهم الأعمال الشاقة، ففرضوا عليهم أعمال السخرة في مشاريع البناء والزراعة، وقتلوا أبناءهم الذكور خشية كثرتهم وتعاظم قوتهم وربما تهديد أمن دولتهم، فاستحيوا نساءهم، حتى صاروا في بيت العبودية كما وصفها الكتاب العبري ومصدقه الكتاب العربي.

بعث الله موسى عليه السلام ليكون مخلصاً لبني إسرائيل من الظلم، وأيده بالمعجزات ليقنع فرعون بالإفراج عنهم، لكن فرعون استكبر وعاند، فكانت النهاية غرقه وجنده في البحر، ونجاة بني إسرائيل. ومن هنا جاءت أولى الوصايا العشر التي نزلت على موسى، لتذكرهم بنعمة الخلاص من مصر: "أنا هو الرب إلهك الذي أخرجك من أرض مصر من بيت العبودية"، لتكون هذه الحادثة محوراً في تاريخهم الديني والروحي، إذ ارتبطت فكرة الحرية والعبودية في وجدانهم بمصر. هذه القصة لم تكن مجرد حدث تاريخي، بل أصبحت رمزاً للصراع بين الظلم والعدل، وبين الإيمان والكفر، وظلت حاضرة في كتبهم وتعاليمهم، لتذكرهم دائماً بأصلهم وتجربتهم في أرض مصر .

موسى: أمير مصر:

وفقاً للقوانين الدولية الخاصة الحديثة، وحسب القوانين المصرية الصارمة، بكل فخر، لقد كان موسى نبيا مصرياً ولو من حيث الميلاد والنشأة. كلا الكتابين العبري والعربي، يذكر أن موسى وُلد في مصر في زمن العبودية لبني إسرائيل هناك (سفر الخروج ١:٢-١٠). إذن، من حيث المكان الجغرافي، كان موسى مصريا. فرغم أن موسى؛ ليس مصريًا من حيث الأصل، بل عبراني من نسل لاوي (خروج ١:٢). لكنه تربى في بيت فرعون، مما جعله على صلة وثيقة بالثقافة المصرية. ففي سفر الخروج ٢:١٠ نقرأ أن ابنة فرعون تبنته وربّته في القصر الملكي، ما يعني أنه كان يُعتبر كأمير أو على الأقل من الأسرة الحاكمة. كما يشير سفر أعمال الرسل ٧:٢٢ ضمن (العهد الجديد) أو الكتاب المقدس اليوناني المسيحي، أن موسى "تعلّم كل حكمة المصريين"، مما يدل على مستوى تعليم عال وراق. كما يشير بعض المفسرين إلى أنه ربما كان له دور إداري أو عسكري قبل خروجه من مصر، لكن النصوص لا تحدد وظيفة رسمية بوضوح. وفي التراث الإسلامي ما يشير لذلك، فالقرآن الكريم يذكر أن موسى نشأ في بيت فرعون: ﴿وَقَالَتِ امْرَأَتُ فِرْعَوْنَ قُرَّتُ عَيْنٍ لِي وَلَكَ﴾ (القصص:٩). وهذا يتفق مع فكرة أنه كان يعيش في القصر الملكي. كما أن بعض كتب التفسير (مثل الطبري والقرطبي) تذكر أنه كان يُعامل كأحد أبناء القصر، لكن لا يوجد نص قرآني أو حديث صحيح يحدد وظيفة رسمية لموسى في الدولة المصرية.

الخروج من مصر":

استمر هذا الوضع حتى بعث الله موسى عليه السلام وكلفه في القرن الثالث عشر قبل الميلاد تقريباً، في زمن أحد فراعنة الدولة الحديثة (يقال رمسيس الثاني أو مرنبتاح)، بإخراج بني إسرائيل من مصر. وقد طالب موسى فرعون بإطلاق بني إسرائيل، لكن فرعون رفض،

فحدثت سلسلة من الكوارث التي انتهت بخروجهم من مصر عبر سيناء، فيما يعرف بـ"الخروج العظيم". هذه الحادثة شكلت نقطة تحول في تاريخ بني إسرائيل، إذ انتقلوا من حياة الاستعباد إلى تأسيس هويتهم الدينية والقومية في أرض الميعاد. مكث بنو إسرائيل مايقارب من أربعة قرون في مصر (منذ عهد النبي يوسف عليه السلام) ، ذاقوا فيها مرارة العبودية لكنهم في النهاية, خرجوا من مصر يقيادة موسى عليه السلام, الذي قادهم عبر البحر الأحمر وصحراء سيناء، حيث تاهوا في تلك الصحراء لمدة أربعين سنة، مات خلالها موسى عليه السلام، ثم من الجيل الثاني ظهر يوشع بن نون الذي أخرج بني إسرائيل من التيه وقادهم إلى فلسطين.[1]

فرعون موسى وفرعون الخروج:

جواب السؤال حول فرعون الخروج لا زال مفنوحاً بلا رد حاسم. تتلخص أهم الآراء حول فرعون موسى تاريخيًا فيما يلي:

١- تحتمس الثالث (القرن ١٥ ق.م): يستند إلى تقديرات قديمة للكنائس الغربية بأن الخروج كان في القرن ١٥ قبل الميلاد. لكن هذا الرأي ضعيف الآن لأن معظم الأدلة الأثرية لا تدعمه.

٢- رمسيس الثاني (١٢٧٩–١٢١٣ ق.م) :أشهر الآراء، خاصة في الثقافة المصرية. ولهذا الرأي أدلة قوية:

[1] للتفاصيل انظر: إرنست ريناان، تاريخ بني إسرائيل، ترجمة المركز القومي للترجمة (القاهرة: المركز القومي للترجمة، ٢٠٢٤)، محمد بيومي مهران، تاريخ بني إسرائيل (الإسكندرية: كلية الآداب، جامعة الإسكندرية، بدون تاريخ)، ومحمد عزة دروزة، :"تاريخ بني إسرائيل من أسفارهم" (بيروت: دار النهار، بدون تاريخ).

١. ذكر مدينة رعمسيس في التوراة، وهي عاصمة رمسيس الثاني (بي-رعمسيس).

٢. فترة حكمه طويلة (٦٦ سنة)، مما يسمح بوقوع أحداث التربية والاضطهاد.

٣. شهد هصره مشاريع ضخمة وعمل قسري للعبيد، وهو ما يتطابق مع وضع بني إسرائيل.

٣- مرنبتاح (١٢١٣-١٢٠٣ ق.م): يستند إلى لوح مرنبتاح الذي يذكر اسم "إسرائيل" صراحة، كأقدم ذكر تاريخي لهم. لكن فترة حكمه قصيرة (١٠ سنوات)، مما يجعل من الصعب أن تشمل كل الأحداث.

٤- رمسيس الثاني: وهو الرأي يجمع بين الأقوال، وهو الأكثر قبولًا بين الباحثين المعاصرين:

أ_ أن رمسيس الثاني هو فرعون الاضطهاد والبناء، الذي تربّى موسى في قصره.مرنبتاح = فرعون المواجهة والخروج والغرق. وهذا الرأي منطقي لأنه يفسر طول الأحداث، ولأن:

موسى وُلد في عهد رمسيس الثاني، تربّى في قصره، ثم هرب إلى مدين.

بعد سنوات، عاد برسالته، وكان رمسيس قد مات، وتولى مرنبتاح الحكم، فحدثت المواجهة والخروج. [١]

---

[١] لمزيد من التفاصيل والنقاش: انظر: الفَيْفي، عبدالله بن أحمد. *تاريخ بني إسرائيل وجزيرة العرب: من التاريخ الميثولوجي إلى الجغرافيا الهرمنيوطيقية.* إربد: عالم الكتب الحديث، ٢٠١٩. يعتمد هذا الكتاب على منهج نقدي فيلولوجي وتحليل النصوص التوراتية، مع تفنيد التأريخ التقليدي للخروج، ويرفض بناء تاريخ بديل على الأساطير، مقدّمًا قراءة علمية محايدة. ودروزة، محمد عزة. *تاريخ بني إسرائيل من أسفارهم.* القاهرة: شركة الإعلانات الشرقية، ٢٠١٨ (الطبعة الأولى). يقدّم قراءة نقدية للنصوص التوراتية، مستندًا إلى النصوص الأصلية، ويعيد تقييم التأريخ الإسلامي والمسيحي في ضوء الدراسات الحديثة، مع طرح تساؤلات حول هوية فرعون موسى. والخليل، شفيق. *بنو إسرائيل عبر التاريخ.* القاهرة: شمس للنشر والتوزيع، ٢٠١١. وهو كتاب موسوعي يعرض السرديات المستشرقية ويقيّم تزوير النصوص، ويقدّم تأريخًا متوازنًا عبر خمسة

خراب الهيكل والقدس:

وفقاً لنبؤات متعدد لأنبياء إسرائيلين، دمر الهيكل، قبل المسيح، وبعده، واضطر عدد كبير من اليهود إلى مغادرة القدس بسبب الغزو العسكري والفتن السياسية والاقتصادية، مثل غزو البابليين. ومع ذلك احتفظ العديد من أولئك اليهود الذين هاجروا إلى بابل ومصر بإيمانهم بالله واستمروا في عبادته بالطرق القديمة، مع الحفاظ على العادات المختلفة المتبعة في اليهودية-باستثناء، بالطبع، أنهم لا يستطيعون الصلاة في القدس، بل ولا حتى الذين بقوا في القدس أنفسهم كان يمكنهم الصلاة هناك حيث إن الهيكل كان قد هدم.

قبل حوالي ٥٥٠ سنة من المسيح، اضطر عدد كبير من اليهود إلى مغادرة وطنهم بسبب أزمات عسكرية وسياسية واقتصادية نتجت عن غزو البابليين. احتفظ العديد من أولئك الذين انتقلوا إلى أماكن مثل بابل ومصر بإيمانهم بإله أرضهم واستمروا في عبادته بالطرق القديمة، والحفاظ على العادات المختلفة المتبعة في يهودا-باستثناء، بالطبع، أنهم لا يستطيعون الصلاة في القدس، بل ولا حتى الذين بقوا في القدس أنفسهم كان يمكنهم الصلاة هناك حيث أن الهيكل كان قد هدم. في زمن المسيح، كان عدد اليهود في الشتات يفوق عددهم

أبواب، مع مناقشة الأدلة الأثرية والتاريخية حول زمن الخروج. و نبهان، خالد علي. *فرعون وموسى: دراسة تاريخية عن فرعون والنبي.* القاهرة: مكتبة النافذة، ٢٠٠٥. يركّز على التحليل الأثري والتوثيقي لهوية فرعون موسى، ويقارن بين ملوك الأسرة التاسعة عشرة، مقدّمًا أدلة قوية على ارتباط رمسيس الثاني ومرنبتاح بأحداث القصة. وعزت، عاطف. *فرعون موسى من قوم موسى: دراسة تعدل التاريخ الذي قلبوه رأسا على عقب.* القاهرة: الرواق للنشر والتوزيع، ٢٠١٨. حيث يطرح رؤية نقدية تلغي الطرح التقليدي، ويربط القصة بالهكسوس، ويعيد تفسير القرآن والتوراة من منظور محايد، مشككًا في هوية فرعون الخروج. وأيضاً: مهران، محمد بيومي. *بنو إسرائيل.* الإسكندرية: دار المعرفة الجامعية، ١٩٩٩. وهو عمل أكاديمي وموسوعي في خمسة مجلدات، يجمع النصوص الدينية والتقاليد، ويحاول التوفيق بين القرآن والتوراة والتاريخ المصري، لكنه يميل إلى الطرح التقليدي، ويقدّم مادة ثرية للباحثين.

في فلسطين. وحسب بعض التقديرات، شكل اليهود ٧٪ سبعة في المائة من إجمالي سكان الإمبراطورية الرُومانية، التي بلغ عدد سكانها ٦٠ مليون في القرن الأول، فقط جزءاً من هؤلاء السبعة بالمائة كانوا يعيشون في فلسطين. يعتقد بعض العلماء أنه في أيام المسيح، عاش في مصر ضعف عدد اليهود الذين عاشوا في فلسطين نفسها.

توقف معظم اليهود في الشتات عن التحدث بالعبرية، لغة اليهود القديمة. وبحلول القرن الثاني قبل المسيح، لم يقرأ العديد من اليهود (أو يسمع) كتبهم المقدسة إلا بالترجمة اليونانية، أو ما يسمى بالترجمة السبعينية. هكذا كانت السمة المميزة لليهود في جميع أنحاء العالم هي أنهم لم يعبدوا إلا إلهًا واحدا في أماكنهم، إله إسرائيل، وليس آخر.

في زمن المسيح، كان عدد اليهود في الشتات يفوق عددهم في فلسطين. وحسب بعض التقديرات، شكل اليهود ٧٪ سبعة في المائة من إجمالي سكان الإمبراطورية الرُومانية، التي بلغ عدد سكانها ٦٠ مليون في القرن الأول، فقط جزءاً من هؤلاء السبعة بالمائة كانوا يعيشون في فلسطين. يعتقد بعض العلماء أنه في أيام المسيح، عاش في مصر ضعف عدد اليهود الذين عاشوا في فلسطين نفسها. وتوقف معظم اليهود في الشتات عن التحدث بالعبرية، لغة اليهود القديمة. وبحلول القرن الثاني قبل المسيح، لم يقرأ العديد من اليهود (أو يسمع) كتبهم المقدسة إلا بالترجمة اليونانية، أو ما يسمى بالترجمة السبعينية. هكذا كانت السمة المميزة لليهود في جميع أنحاء العالم هي أنهم لم يعبدوا إلا إلهًا واحدا في أماكنهم، إله إسرائيل، وليس آخر.

الكتاب المقدس العبري

أنواع الوحي إلى موسى

إنّ ما أنزل من الشريعة على موسى لم يكن شيئاً واحداً، ولم ينزل جملة واحدة. بل كان متعدداً ونزل شيئاً فشيئاً، أي كان عملية متدرجة شملت أنواعًا مختلفة من النصوص والشرائع. بحسب ما يقول النص في سفر (خروج ٢٤: ١٢): "وَقَالَ الرَّبُّ لِمُوسَى: 'اصْعَدْ إِلَيَّ إِلَى الْجَبَلِ وَكُنْ هُنَاكَ، فَأُعْطِيَكَ أَلْوَاحَ الْحَجَرِ وَالشَّرِيعَةَ وَالْوَصَايَا الَّتِي كَتَبْتُهَا لِتَعْلِيمِهِمْ'." ويركز الشراح في تفسيرهم لنصوص الشريعة على توضيح هذه التعددية في الوحي. يقدم المفسر القديم والشهير (الحاخام شلومو يتسحاقي) راشي (Rashi) تفسيراً تقسيمياً لهذه العناصر الثلاثة في النص السابق:

أَلْوَاحَ الْحَجَرِ": هي الوصايا العشر.

وَالشَّرِيعَةَ (הַתּוֹרָה - هَاتُورَاة):" هي الشريعة المكتوبة المتعلقة بالأحكام والقصص والطقوس (مثل: قوانين الكهنوت والأضحية).

"وَالْوَصَايَا" (וְהַמִּצְוָה - فِيهَامِصْوَاة):" هي شروحات الشريعة وتفسيراتها، أي التوراة الشفوية. إذن في اليهودية؛ لا يقتصر الوحي الإلهي على الكلمات المكتوبة فقط، (مثل الوصايا العشر التي كتبت بيد الله والتوراة التي كتبها موسى)، بل يشمل أيضًا الوحي الشفهي الذي كان يُنقل مباشرة من الله إلى موسى، لكي يقوم بنقل هذه الوصايا للشعب هنا نجد التعبير: "كَمَا أَوْصَيْتُكَ".

تعريف الكتاب المقدس العبري:

يشير مصطلح التناخ أو "الكتاب العبري اليهودي" و "الكتاب المقدس العبري" كلها يشير إلى مجموعة الكتب المقدسة عند اليهود، تلك الكتب التي يظن أنها كتبت بالعبرية، مع أننا لسنا متأكدين من ذلك لأسباب عدة.[1] وكلمة "تناخ" תנ"ך؛ وهي كلمة عبرية، منحوتة من الحروف الأولى لثلاث كلمات هي: التاء من توراة (תורה) :الشريعة أو التعليم. والنون من نبئيم (נביאים) الأنبياء والكاف (الخاء وفقا للنطق العبري) من كيتوبيم (כתובים) :الكتب. فالتوراة: (تعني الشريعة)، و"نبئيم" נביאים: (النبيين)، و"كيتوبيم" כתובים: (الكتب، والرمز ك أو خ). هذه مجموعة الكتب التي تسمى "التّناخ. وأحياناً يسمى التناخ المقرا מקרא.

ترتيب التناخ

تتفق طبعات الكتاب العبري في ترتيب أسفار القسم الأولان: (التوراة) والثاني: (الأنبياء) ولكنها تختلف في القسم الثالث: (الكتابات) وفيما يلي ترتيبها حسب مخطوط لينينغراد:

[1] تنظر هذه الأسباب في كتاب " التوراة هيروغليفية الأصل" د. فؤاد حسنين علي دار بيبليون باريس.

أ- توراه: (التوراة) Pentateuch وهي خمسة الكتب الأولى:

عربي	هجاء عربي	عدد الإصحاحات	عبري
تكوين	ب ر ا ش ي ت	50	בראשית
خروج	ش م وت	40	שמות
لاويون	و ي ق ر ا	27	ויקרא
عدد	ب م د ب ا ر	36	במדבר
تثنية	د ب ر ي م	34	דברים

تسجّل "أسفار موسى الخمسة" العقائد اليهودية في الخلق وبداية التاريخ، بما في ذلك قصص آدم وحواء، وطوفان نوح، والسبي البابلي، فضلاً عن قصص الأنبياء اليهود الأوائل: إبراهيم وإسحق. واسحاق ويعقوب والنبياء الاثني عشر من اسباط اسرائيل الاثني عشر اي يهوذا واخوته. بالإضافة إلى ذلك، تروي هذه الكتب تاريخ موسى، والخروج من مصر، والتيه في البرية قبل الدخول إلى فلسطين. على وجه الخصوص، هي تحتوي على القوانين العملية التي أعطاها الله لموسى على جبل سيناء بعد الخروج من مصر، والقوانين التي كانت تصف عبادة اليهود ومعاملاتهم داخل مجتمعهم، بما في ذلك الوصايا العشرة.

ب- نفيئيم: (الأنبياء): وينقسم إلى الأنبياء المتقدمين والأنبياء المتأخرين:

١- نفيئيم رشونيم: (الأنبياء المتقدمون)

عربي	هجاء عربي	الإصحاحات	عبري
يشوع	ي هـ وش ع	24	יהשוע
قضاة	ش ف ط ي م	21	שפטים
صموئيل أول	ش م وا ل/ ا	31	שמואל א'
صموئيل ثاني	ش م وا ل/ ب	24	שמואל ב'
ملوك أول	م ل خ ي م/ا	22	מלכים א'
ملوك ثاني	م ل خ ي م/ب	25	מלכים ב'

٢- نفيئيم أخرونيم: (الأنبياء المتأخرون)

اسم عربي	هجاء عربي	الإصحاحات	اسم عبري
إشعيا	ي ش ع ي هـ و	66	ישעיהו
إرميا	ي رم ي هـ و	52	ירמיהו
حزقيال	ي ح ز ق ا ل	48	יחזקאל
هوشع	هـ وش ع	14	הושע
يوئيل	ي وا ل	4	יואל
عاموس	ع م وس	9	עמוס
عوبيد	ع وب د ي ا	1	עובדיה
يونان	ي ون هـ	4	יוֹנָה

ميخا	م ي خ ا	7	מיכה
ناحوم	ن ح وم	3	נחום
حبقوق	ح ب ق وق	3	חבקוק
صفنيا	ص ف ن ي ا	3	צפניה
حجّي	ح ج ي	2	חגי
زكريا	ز خ ر ي ا	14	זכריה
ملاخي	م ل ا خ ي	3	מלאכי

ج- كتوفيم: (كتابات)

اسم عربي	هجاء عربي	الإصحاحات	اسم عبري
مزامير	ت ه ل ي م	150	תהלים
أيوب	ا ي وب	42	איוב
أمثال	م ش ل ي	31	משלי
راعوث	ر وت	4	רות
الأنشاد	ش ي ر ه ا ش ي ر ي م	8	שיר השירים
جامعة	ق ه ل ت	12	קהלת
مراثي	ا ي خ ه	5	איכה
أستير	ا س ت ر	10	אסתר
دانيال	د ن ي ا ل	12	דניאל
عزرا	ع ز ر ا	10	עזרא

نحميا	ن ح م ي هـ	13	נחמיה
أخبار الأيام ١	د ب ر ي هـ ي م ي م/ ا	29	דברי הימים א'
أخبار الأيام٢	د ب ر ي هـ ي م ي م/ ب	36	דברי הימים ב'

شرح المصطلحات:

١- الأنبياء الكبار والصغار : يشير مصطلح الأنبياء الكبار والصغار:إلى تقسيم يعتمد على حجم السفر (طول النص)، وليس على الزمن أو الترتيب التاريخي. وبناء عليه يقسمهم إلى:

أنبياء كبار هم: (إشعيا، إرميا، حزقيال)

أنبياء صغار: الاثني عشر المذكورين.

٢- الأنبياء المتقدمون والمتأخرون: هو مصطلح يشير إلى تقسيم عبري يعتمد على الموقع في الكتاب العبري العبري:

- فالمتقدمون: هم أصحاب الأسفار التاريخية (يوشع، قضاة، صموئيل، ملوك).
- المتأخرون: هم أصحاب الأسفار النبوية (إشعيا، إرميا، حزقيال، والأنبياء الاثني عشر).

إذن التقسيم في الكتاب العبري (التناخ) يفرق بين:

أسفار الأنبياء الكبار: وهي أسفار الأنبياء الذين لهم كتب أطول وأكبر، وتشمل:

- **إشعيا**
- **إرميا**
- **حزقيال**

في بعض التراتيب يُعتبر دانيال من الأنبياء الكبار رغم وضعه أحيانًا في القسم القسم الثالث (كتب الحكمة).

وأسفار الأنبياء الصغار: وهي مجموعة من ١٢ سفرًا نبوياً أصغر حجماً، وعندما نتكلم عن "الأنبياء الصغار" فنحن نعني تلك المجموعة المكونة من ١٢ سفرًا صغيرًا مستقلاً، وليس إشعيا أو أرميا أو حزقيال أو دانيال. فالتقسيم العبري يعتمد على حجم ونوع النبوءة: فالأنبياء الكبار (٤ أسفار رئيسية) والأنبياء الصغار (١٢).

الوصايا العشر:

تُعرف الوصايا العشر في العقيدة اليهودية بـ "الكلمات العشر". (The Ten Cmmandments / עֲשֶׂרֶת הַדִּבְּרוֹת) وتُعد الوثيقة التأسيسية للعلاقة بين الإله وشعبه (العهد)، وتحتل مكانة فريدة لا يضاهيها أي نص آخر في الشريعة.

أهمية الوصايا العشر:

وتُعتبر الوصايا العشر بمثابة دستور التوحيد والشريعة فريدة، وهي ذات مكانة عليا أيضاً للأسباب التالية:

الأول: المصدر المباشر:

يوحي النص لتوراتي بأنها الكلمات الوحيدة التي سُمعت مباشرة من الله وتُرجمت إلى كتابة إلهية على الحجر، مما يمنحها سلطة مطلقة ومكانة أبدية كقاعدة للعدالة الأخلاقية وللعقيدة والشريعة.

الثاني: الكتابة المادية:

يرمز كتابة النص على الحجر إلى الثبات وعدم القابلية للتغيير، على عكس القوانين المكتوبة على لفائف والتي يمكن تعديلها نظريًا. لذلك فإن الدراسات التوراتية، تنظر إلى هذا النص باعتباره القلب الذي يمثل العلاقة التعاقدية بين الله وبني إسرائيل.

ترتيب الوصايا على لوحي الحجارة:

يفترض التقليد اليهودي، أن الوصايا قُسمت بالتساوي بين اللوحين: خمس وصايا على اللوح

جدول رقم (٦) تقسيم الوصايا العشر على لوحي الحجارة

ررقم الوصية	االوح الأول	الوصية رقم	االوح الثاني
االوصية 1	أنا الرب إلهك	الوصية 6	لا تقتل
الوصية 2	لا يكن لك آلهة أخرى	الوصية 7	لا تزنِ
الوصية 3	لا تحلف باسم الرب باطلاً	الوصية 8	لا تسرق
االوصية 4	اذكر يوم السبت وقدسه	الوصية 9	لا تشهد زوراً
االوصية 5	أكرم أباك وأمك	الوصية 10	لا تشتهِ بيت جيرانك

الأول وخمس على اللوح الثاني، كما في الجدول:

اللوح الأول (١-٥): واجبات الإنسان تجاه الإله (العقيدة، العبادة، التنزيه، تكريم الأبوين)

اللوح الثاني (٦-١٠): واجبات الإنسان تجاه أخيه الإنسان (الأخلاق، المجتمع، تحريم القتل والسرقة).

شرح الوصايا العشر:

إن التعمق في شرح الوصايا العشر (The Ten Cmmandments / עֲשֶׂרֶת הַדִּבְּרוֹת) يمثل دراسة عقائدية وتشريعية أساسية. ومن بين أهم الشروح التقليدية والقديمة أو الحاخامية اللاسيكية تفسير الحاخام شلومو يتسحاقي، راشي، الذي يُعتبر شرحه للوصايا العشر هو الأساس الذي بنيت عليه الكثير من التفسيرات اليهودية اللاحقة.

في تفسيره للوصايا العشر في نص سفر الخروج (خر ٣١: ١٨) يسلك راشي مسلك التأويل ويشدد راشي على أن الكتابة كانت معجزة إلهية خالصة. ويفسر عبارة "بِإِصْبِعِ اللهِ" بأنها مجاز تشير إلى تدخل إلهي مباشر. ويشير في مكان آخر إلى أن هذه الألواح كانت تحوي الوصايا العشر فقط، وهي الأساس الأخلاقي والعهد بين الله وبني إسرائيل. وفي شرحه لنص سفر الخروج (٣٢: ١٦): يوضح راشي معنى قول النص "مَنْقُوشَةٌ عَلَى اللَّوْحَيْنِ"، مشيرًا إلى أن الكتابة كانت خارقة للطبيعة، حيث كانت الأحرف مرئية من كلا الجانبين، أو أن المادة الحجرية نفسها كانت تشع بالنور.

العقيدة والشريعة في الوصايا:

لا فرق في اليهودية بين العقيدة والشريعة، لذلك فإن الشريعة التي أعطاها الله لموسى على جبل سيناء، والتي نجد نصها مرتين في الكتاب المقدس العبري، المرة الأولى في الإصحاح التاسع عشر والإصحاح العشرين من سفر الخروج، والمرة الثانية؛ مع شيء من التغيير، كانت في سفر التثنية، في الخطاب الذي كلم الله به موسى على الجبل قبل موته. (تثنية ص ٥ وتثنية ٤: ٣٢ و٣٣) وكما هو واضح تشتمل الوصايا العشر على العقيدة والشريعة وتربطهما معاً، كما سبق إيضاحه.وكان الموضوع في المرتين واحداً، حيث قام موسى بتذكّير بني إسرائيل بالعقيدة والشريعة وبتاريخ الإنسان بداية من خلق العالم.

في المرة الأولى تليت الشريعة، وأعطاها رب السماوات والأرض؛ من وسط النار» رمز النور الذي لا يُدنى منه، ويحجب الناس أعينهم عنه؛ من جلال الله تعالى وبصوته تعالى نفسه. وهناك تكلم الله بكلمات الشريعة (أي التوراة) للخليقة العاقلة، للإنسان الذي خلقه على صورته. وكما نبهت سابقا لا يفرق اليهود بين العقيدة والشريعة لأنه الوصايا العشر أو الكلمات العشر تشمل هذا وذاك. ويشدد راشي على التوازن والترابط بين الوصايا المتعلقة بالعلاقة مع الله (التوحيد والعبادات) وتلك المتعلقة بالعلاقة مع الإنسان. يعتمد راشي في شرحه للوصايا العشر بشكل كبير على المشناة والتلمود (التوراة الشفوية)، موضحًا كيف يجب فهم الأوامر الإلهية وتطبيقها عمليًا:

١. **الوصية الأولى: توحيد الألوهية:** (خروج ٢٠: ٢)

النص: "أَنَا الرَّبُّ إِلَهُكَ الَّذِي أَخْرَجَكَ مِنْ أَرْضِ مِصْرَ، مِنْ بَيْتِ الْعُبُودِيَّةِ." فقوله وفقاً لراشي: "أَنَا الرَّبُّ إِلَهُكَ" فالرب وهو (أمر إيجابي)، يعني أمر بالإيمان والاعتراف بوجود الله كخالق ومدبر. ويرى راشي أن هذه ليست مجرد مقدمة، بل هي أول فريضة. ويربط الإيمان بالصفات الإلهية المطلقة التي تُظهر ربط صفة الألوهية (إلهك) وصفة الرحمة (الرب).

وقوله: "الَّذِي أَخْرَجَكَ..." هو سبب قبول هذه الوصية أي الخلاص التاريخي من مصر، وهو دليل مادي ملموس على قدرة الله. والتأكيد على أن (الوصايا) مبنية على تجربة تاريخية مشتركة (الخروج)، مما يمنح الإيمان أساسًا عمليًا وتجريبيًا. ويُعتبر هذا النص مقدمة لجميع الواجبات والالتزامات اللاحقة، وهو المبدأ الذي تفرعت منه بقية الوصايا. ويُنظر إليه كـ "الجذر" الذي ينبع منه جميع الالتزامات والفرائض ٦١٣ المذكورة لاحقًا في المشناة.

٢. **الوصية الثانية:** منع العبادة الوثنية (خروج ٢٠: ٣-٦): يقول النص: "لاَ يَكُنْ لَكَ آلِهَةٌ أُخْرَى أَمَامِي... لاَ تَصْنَعْ لَكَ تِمْثَالًا مَنْحُوتًا..." هنا على عكس الأمر الأول: "لاَ يَكُنْ

لَكَ آلِهَةٌ أُخْرَى" وفقاً لراشي، هو أمر سلبي، يشمل هذا ليس فقط عبادة الأصنام، بل أيضاً قبول سلطة أي إله غير إله إسرائيل. هذا هو المبدأ التوحيدي الأساسي. ويفسر راشي النص بحيث يغطي العبادة العملية، وحتى التفكير أو النية في العبادة الوثنية:

"لاَ تَصْنَعْ لَكَ تِمْثَالًا": وكتطبيق لهذه الشريعة : يورد راشي تفاصيل من المشناة حول حظر صنع أي تماثيل أو منحوتات قد تُستخدم في العبادة، وحتى لو لم يقصد صانعها ذلك، أو حتى لو صنعها لغرض فني. يوضح راشي أن القانون لا يحظر العبادة فقط، بل يحظر أيضاً إيجاد الأسباب والوسائل والأداة التي قد تؤدي إليها. وهو تطبيق لقاعدة شرعية هي "مبدأ سد الذرائع" في الفقه الحاخامي.

٣. **الوصية الثالثة:** عدم الحلف باسم الله باطلاً (خروج ٢٠: ٧)، يقول النص: "لاَ تَنْطِقْ بِاسْمِ الرَّبِّ إِلهِكَ بَاطِلًا، لأَنَّ الرَّبَّ لاَ يُبْرِئُ مَنْ يَنْطِقُ بِاسْمِهِ بَاطِلًا." هذا أيضا أمر سلبي، وهو القسم المحرم الباطل، ووفقا لتفسير راشي، استناداً إلى المشناة (رسالة شْفُوعُوت – Shevut) يشمل "البُطلان":

أ. الحلف الكاذب، أو (الحنث باليمين).

ب. حلف لا لزوم له.

ج. أو حلف على شيء مستحيل.

د. أو حلف على معروف مسبقاً.

وهذا توسيع لنطاق "الباطل" من مجرد الكذب إلى أي استخدام غير لائق لاسم الله. وهذا نظراً لقداسة اسم الله والحلف به سواءفي الحياة المدنية أوالقضائية.

٤. (الوصية الرابعة): حرمة السبت: (خروج ٨:٢٠–١١): (٨ اُذْكُرْ يَوْمَ ٱلسَّبْتِ لِتُقَدِّسَهُ. ٩ سِتَّةَ أَيَّامٍ تَعْمَلُ وَتَصْنَعُ جَمِيعَ عَمَلِكَ، ١٠ وَأَمَّا ٱلْيَوْمُ ٱلسَّابِعُ فَسَبْتٌ لِلرَّبِّ إِلَهِكَ.

لَا تَصْنَعْ عَمَلًا مَا، أَنْتَ وَٱبْنُكَ وَٱبْنَتُكَ وَعَبْدُكَ وَأَمَتُكَ وَبَهِيمَتُكَ وَنَزِيلُكَ ٱلَّذِي دَاخِلَ أَبْوَابِكَ، ١١ لِأَنَّ فِي سِتَّةِ أَيَّامٍ صَنَعَ ٱلرَّبُّ ٱلسَّمَاوَاتِ وَٱلْأَرْضَ وَٱلْبَحْرَ وَكُلَّ مَا فِيهَا، وَٱسْتَرَاحَ فِي ٱلْيَوْمِ ٱلسَّابِعِ. لِذَلِكَ بَارَكَ ٱلرَّبُّ يَوْمَ ٱلسَّبْتِ وَقَدَّسَهُ.) هذا النص هو الأساس لحرمة السبت.

الوصية الخامسة: بر الوالدين (خروج ٢٠: ١٢): "أَكْرِمْ أَبَاكَ وَأُمَّكَ لِكَيْ تَطُولَ أَيَّامُكَ عَلَى الأَرْضِ الَّتِي يُعْطِيكَ الرَّبُّ إِلهُكَ.": يشدد راشي على سبب وضع هذه الوصية التي جاءت في اللوح الأول (الذي يناقش العلاقة مع الله) مما يبين أهميتها. والسبب في ذلك هو أن إكرام الوالدين مساوٍ لإكرام الله، لأن ثلاثة شركاء في خلق الإنسان: الله والأب والأم. والإكرام هنا يتضمن إطعامهم وإلباسهم وخدمتهم. ووضع هذه الوصية في لوح واحد مع حق الله يرفعها من مجرد واجب اجتماعي بسيط إلى فريضة دينية مقدسة بعد توحيد الله.

الوصايا المتقابلة:

يرى راشي والتقليد الذي يمثله أن هناك تقابلاً لاهوتيًا بين الوصايا في اللوحين: فيؤكد راشي على أن كسر أي وصية في اللوح الثاني يؤدي إلى كسر الوصية المقابلة لها في اللوح الأول. فمثلاً، من يشهد زوراً (ضد الإنسان) فهو بالضرورة ينكر وجود الإله الذي يعاقب على الكذب. هذا المفهوم عن تطابق اللوحين هو من أهم الأسس في فهم الوصايا العشر. حيث لا فرق بين العقيدة والشريعة، بل الشريعة تشمل أمرين بينهما ارتباط عضوي: فمثلا النص على لا تقتل يؤكد أن قداسة الحياة الإنسانية (لا تقتل) وقداسة الله (أنا الرب إلهك) هما وجهان لعملة واحدة. وهذا يرفع القوانين الأخلاقية البسيطة إلى مستوى الفرائض الإلهية. وهذا هو ما يؤكد أنه لا فرق في اليهودية بين العقيدة والشريعة.

الوصايا العشر في وجهة نظر الإسلام:

تُعد الوصايا العشر التي وردت في التوراة من أهم المبادئ الأخلاقية في الديانات السماوية، إذ تمثل إطارًا عامًا للسلوك الإنساني القويم. وفي الإسلام، نجد أن هذه الوصايا لم تُلغَ، بل تم تأكيدها وتوسيعها في القرآن الكريم والسنة النبوية، بما يتناسب مع شمولية الشريعة الإسلامية.

الوصايا العشر التي وردت في سفر الخروج وسفر التثنية في التوراة، وتشمل أمورًا تتعلق بالتوحيد، احترام الوالدين، تحريم القتل والزنا والسرقة، وغيرها من المبادئ الأخلاقي، جاء تصديقها ومطابقتها وتفصيلها في القرآن الكريم فب عدة مواضع:

في الإسلام: أولاً من ناحية شكلية :يؤكد الإسلام أن الوصايا اللتي كتبت في لوحي الحجر، هي من كتابة الله تعالى، وقد ورد في القرآن الكريم نصوص تؤكد ذلك، مثل قوله تعالى:﴿ "إِنَّا أَنْزَلْنَا التَّوْرَاةَ فِيهَا هُدًى وَنُورٌ..." ﴾ (المائدة: ٤٤)، وقوله: ﴿وَكَتَبْنَا لَهُ فِي الْأَلْوَاحِ مِنْ كُلِّ شَيْءٍ مَوْعِظَةً وَتَفْصِيلًا لِكُلِّ شَيْءٍ...﴾ (الأعراف: ١٤٥). وهذا يدل على أن الوصايا ليست مجرد كتاب مقدس في أصله، بل هي نص كتبه الله بيده ودفعه إلى موسى عليه السلام، مما يوجب احترامه.

ومن الناحية الموضوعية: فالوصايا العشر ليست مجرد تعاليم أخلاقية، بل هي جزء من نظام قانوني متكامل يهدف إلى تحقيق العبودية لله وحفظ مصالح الإنسان والمجتمع. وهذا يبرز عالمية الرسالة الإسلامية في تأكيد القيم المشتركة بين الأديان مع تقديم إطار أكثر شمولية .

نص الوصايا العشر في القرآن:

الوصايا العشر هي أحكام أكدت الشريعة الإسلامية عليها في نصوصها، ومن أبرز المواضع التي جمعت وصايا مشابهة ما ورد في سورة الأنعام (الآيات ١٥١-١٥٣)، وتتضمن هذه الآيات عشر وصايا تقريبًا، يمكن تلخيصها فيما يلي:

١. تحريم الشرك بالله :أصل التوحيد في الإسلام.

٢. بر الوالدين :الإحسان إليهما واجب.

٣. تحريم قتل الأولاد خشية الفقر :رفض وأد البنات.

٤. تحريم قتل النفس بغير حق :حفظ النفس الإنسانية.

٥. تحريم الفواحش :الزنا وغيره من الكبائر.

٦. تحريم أكل مال اليتيم إلا بالحق :حماية الضعفاء.

٧. إيفاء الكيل والميزان بالقسط :العدل في المعاملات.

٨. العدل في القول ولو كان على القريب :الصدق والإنصاف.

٩. الوفاء بعهد الله :الالتزام بالمواثيق.

١٠. اتباع الصراط المستقيم :الالتزام بالمنهج الإلهي.

نص الوصايا العشر التي كتبها الله تعالى بيده لموسى وأعطاها له في صحراء مصر الحبيبة. عند الجبل المبارك والوادي المبارك، الذي نراه عندما نمر بسيناء، في هذا المكان المبارك والمقدس طوى سمع موسى صوت الله تعالى. وارتجف موسى خوفاً وارتعد عندما سمع صوت الله تعالى. تكلم مع موسى من وسط النار والسحاب والظلام، (انظر: تثنية ٥: ٢٣). كان ذلك الصوت الرهيب المهيب يشتمل على العشر الكلمات، وهي الوصايا العشر التي هي مختصر الشريعة التي كُتبت على لوحي الحجر بإصبع الله لا بيد الإنسان.

وهذا مرة أخرى نص الوصايا العشر:

١. أنا هو الرب إلهك الذي أخرجك من أرض مصر من بيت العبودية.

٢. لاَ تَصْنَعْ لَكَ تِمْثَالًا مَنْحُوتًا، وَلاَ صُورَةً مَا مِمَّا فِي السَّمَاءِ مِنْ فَوْقُ، وَمَا فِي الأَرْضِ مِنْ تَحْتُ، وَمَا فِي الْمَاءِ مِنْ تَحْتِ الأَرْضِ. لاَ تَسْجُدْ لَهُنَّ وَلاَ تَعْبُدْهُنَّ.

٣. لاَ تَنْطِقْ بِاسْمِ الرَّبِّ إِلهِكَ بَاطِلًا.

٤. اُذْكُرْ يَوْمَ السَّبْتِ لِتُقَدِّسَهُ.

٥. أَكْرِمْ أَبَاكَ وَأُمَّكَ لِكَيْ تَطُولَ أَيَّامُكَ عَلَى الأَرْضِ الَّتِي يُعْطِيكَ الرَّبُّ إِلهُكَ.

٦. لاَ تَقْتُلْ.

٧. لاَ تَزْنِ.

٨. لاَ تَسْرِقْ.

٩. لاَ تَشْهَدْ عَلَى قَرِيبِكَ شَهَادَةَ زُورٍ.

١٠. لا تَشْتَهِ بَيْتَ قَرِيبِكَ. لاَ تَشْتَهِ امْرَأَةَ قَرِيبِكَ، وَلاَ عَبْدَهُ، وَلاَ أَمَتَهُ، وَلاَ ثَوْرَهُ، وَلاَ حِمَارَهُ، وَلاَ شَيْئًا مِمَّا لِقَرِيبِكَ."

هذه الشريعة كررها خاتم الأنبياء ونحن نرددها اليوم وإلى قيام الساعة:

أولاً: في قوله تعالى: ﴿ قُلْ تَعَالَوْا أَتْلُ مَا حَرَّمَ رَبُّكُمْ عَلَيْكُمْ ۖ أَلَّا تُشْرِكُوا بِهِ شَيْئًا ۖ وَبِالْوَالِدَيْنِ إِحْسَانًا ۖ وَلَا تَقْتُلُوا أَوْلَادَكُم مِّنْ إِمْلَاقٍ ۖ نَّحْنُ نَرْزُقُكُمْ وَإِيَّاهُمْ ۖ وَلَا تَقْرَبُوا الْفَوَاحِشَ مَا ظَهَرَ مِنْهَا وَمَا بَطَنَ ۖ وَلَا تَقْتُلُوا النَّفْسَ الَّتِي حَرَّمَ اللَّهُ إِلَّا بِالْحَقِّ ۚ ذَٰلِكُمْ وَصَّاكُم بِهِ لَعَلَّكُمْ تَعْقِلُونَ(151) وَلَا تَقْرَبُوا مَالَ الْيَتِيمِ إِلَّا بِالَّتِي هِيَ أَحْسَنُ حَتَّىٰ يَبْلُغَ أَشُدَّهُ ۖ وَأَوْفُوا الْكَيْلَ وَالْمِيزَانَ بِالْقِسْطِ ۖ لَا نُكَلِّفُ نَفْسًا إِلَّا وُسْعَهَا ۖ وَإِذَا قُلْتُمْ فَاعْدِلُوا وَلَوْ كَانَ ذَا قُرْبَىٰ ۖ وَبِعَهْدِ اللَّهِ أَوْفُوا ۚ ذَٰلِكُمْ وَصَّاكُم بِهِ لَعَلَّكُمْ تَذَكَّرُونَ، وَأَنَّ هَٰذَا صِرَاطِي مُسْتَقِيمًا فَاتَّبِعُوهُ ۖ وَلَا تَتَّبِعُوا السُّبُلَ فَتَفَرَّقَ بِكُمْ عَن سَبِيلِهِ ۚ ذَٰلِكُمْ وَصَّاكُم بِهِ لَعَلَّكُمْ تَتَّقُونَ(153) ﴾[الأنعام:١٥١- ١٥٣].

ثانياً: وقد تكررت كذلك الوصايا القرآنية في مكان آخر فذا الكتاب المبارك ولو بتفصيل أطول:

﴿ لَا تَجْعَلْ مَعَ اللَّهِ إِلَٰهًا آخَرَ فَتَقْعُدَ مَذْمُومًا مَخْذُولًا (٢٢) وَقَضَىٰ رَبُّكَ أَلَّا تَعْبُدُوا إِلَّا إِيَّاهُ وَبِالْوَالِدَيْنِ إِحْسَانًا إِمَّا يَبْلُغَنَّ عِنْدَكَ الْكِبَرَ أَحَدُهُمَا أَوْ كِلَاهُمَا فَلَا تَقُلْ لَهُمَا أُفٍّ وَلَا تَنْهَرْهُمَا وَقُلْ لَهُمَا قَوْلًا كَرِيمًا (٢٣) وَاخْفِضْ لَهُمَا جَنَاحَ الذُّلِّ مِنَ الرَّحْمَةِ وَقُلْ رَبِّ ارْحَمْهُمَا كَمَا رَبَّيَانِي صَغِيرًا (٢٤) رَبُّكُمْ أَعْلَمُ بِمَا فِي نُفُوسِكُمْ إِنْ تَكُونُوا صَالِحِينَ فَإِنَّهُ كَانَ لِلْأَوَّابِينَ غَفُورًا (٢٥) وَآتِ ذَا الْقُرْبَىٰ حَقَّهُ وَالْمِسْكِينَ وَابْنَ السَّبِيلِ وَلَا تُبَذِّرْ تَبْذِيرًا (٢٦) إِنَّ الْمُبَذِّرِينَ كَانُوا إِخْوَانَ الشَّيَاطِينِ وَكَانَ الشَّيْطَانُ لِرَبِّهِ كَفُورًا (٢٧) وَإِمَّا تُعْرِضَنَّ عَنْهُمُ ابْتِغَاءَ رَحْمَةٍ مِنْ رَبِّكَ تَرْجُوهَا فَقُلْ لَهُمْ قَوْلًا مَيْسُورًا (٢٨) وَلَا تَجْعَلْ يَدَكَ مَغْلُولَةً إِلَىٰ عُنُقِكَ وَلَا تَبْسُطْهَا كُلَّ الْبَسْطِ فَتَقْعُدَ مَلُومًا مَحْسُورًا (٢٩) إِنَّ رَبَّكَ يَبْسُطُ الرِّزْقَ لِمَنْ يَشَاءُ وَيَقْدِرُ إِنَّهُ كَانَ بِعِبَادِهِ خَبِيرًا بَصِيرًا (٣٠) وَلَا تَقْتُلُوا أَوْلَادَكُمْ خَشْيَةَ إِمْلَاقٍ نَحْنُ نَرْزُقُهُمْ وَإِيَّاكُمْ إِنَّ قَتْلَهُمْ كَانَ خِطْئًا كَبِيرًا (٣١) وَلَا تَقْرَبُوا الزِّنَا إِنَّهُ كَانَ فَاحِشَةً وَسَاءَ سَبِيلًا (٣٢) وَلَا تَقْتُلُوا النَّفْسَ الَّتِي حَرَّمَ اللَّهُ إِلَّا بِالْحَقِّ وَمَنْ قُتِلَ مَظْلُومًا فَقَدْ جَعَلْنَا لِوَلِيِّهِ سُلْطَانًا فَلَا يُسْرِفْ فِي الْقَتْلِ إِنَّهُ كَانَ مَنْصُورًا (٣٣) وَلَا تَقْرَبُوا مَالَ الْيَتِيمِ إِلَّا بِالَّتِي هِيَ أَحْسَنُ حَتَّىٰ يَبْلُغَ أَشُدَّهُ وَأَوْفُوا بِالْعَهْدِ إِنَّ الْعَهْدَ كَانَ مَسْئُولًا (٣٤) وَأَوْفُوا الْكَيْلَ إِذَا كِلْتُمْ وَزِنُوا بِالْقِسْطَاسِ الْمُسْتَقِيمِ ذَٰلِكَ خَيْرٌ وَأَحْسَنُ تَأْوِيلًا (٣٥) وَلَا تَقْفُ مَا لَيْسَ لَكَ بِهِ عِلْمٌ إِنَّ السَّمْعَ وَالْبَصَرَ وَالْفُؤَادَ كُلُّ أُولَٰئِكَ كَانَ عَنْهُ مَسْئُولًا (٣٦) وَلَا تَمْشِ فِي الْأَرْضِ مَرَحًا إِنَّكَ لَنْ تَخْرِقَ الْأَرْضَ وَلَنْ تَبْلُغَ الْجِبَالَ طُولًا (٣٧) كُلُّ ذَٰلِكَ كَانَ سَيِّئُهُ عِنْدَ رَبِّكَ مَكْرُوهًا (٣٨) ذَٰلِكَ مِمَّا أَوْحَىٰ إِلَيْكَ رَبُّكَ مِنَ الْحِكْمَةِ وَلَا تَجْعَلْ مَعَ اللَّهِ إِلَٰهًا آخَرَ فَتُلْقَىٰ فِي جَهَنَّمَ مَلُومًا مَدْحُورًا(39) ﴾[الإسراء: ٢١-٣٩].

ثالثاً: مختصرة كما في قوله تعالى: ﴿وَاعْبُدُوا اللَّهَ وَلَا تُشْرِكُوا بِهِ شَيْئًا ۖ وَبِالْوَالِدَيْنِ إِحْسَانًا وَبِذِي الْقُرْبَىٰ وَالْيَتَامَىٰ وَالْمَسَاكِينِ وَالْجَارِ ذِي الْقُرْبَىٰ وَالْجَارِ الْجُنُبِ وَالصَّاحِبِ بِالْجَنبِ وَابْنِ السَّبِيلِ وَمَا مَلَكَتْ أَيْمَانُكُمْ ۗ إِنَّ اللَّهَ لَا يُحِبُّ مَن كَانَ مُخْتَالًا فَخُورًا﴾ [النساء: ٣٦].

كما نرى، وفقاً للنصوص، كلا الشريعتين (العبرية والعربية) يؤكد على التوحيد، الأخلاق، والعدالة. بينما يتوسع في الإسلام دائرة الوصايا لتشمل تفاصيل دقيقة في المعاملات والعبادات، ويجعلها جزءًا من منظومة شاملة.

تحريف التوراة: مفهوم التحريف وأنواعه

التحريف في الكتب السابقة من القضايا التي تناولها العلماء المسلمون بكثرة، وأثارت جدلًا واسعًا بين المفسرين والباحثين في التراث الإسلامي والدراسات النقدية الحديثة. فالتحريف في نصوص التوراة والإنجيل قد ذكره القرآن في مواضع كثيرة، ومنها إشارة إلى تحريف نصي، بمعنى إضافة نصوص ليست في الأصل، كقوله تعالى: ﴿فَوَيْلٌ لِّلَّذِينَ يَكْتُبُونَ الْكِتَابَ بِأَيْدِيهِمْ ثُمَّ يَقُولُونَ هَٰذَا مِنْ عِندِ اللَّهِ لِيَشْتَرُوا بِهِ ثَمَنًا قَلِيلًا﴾ [البقرة: ٧٩]. وتعد هذه الآية من أبرز النصوص التي تشير إلى تدخل بشري في النصوص المقدسة السابقة.

أولًا: التحريف لغةً:

التحريف في اللغة هو: تغيير الشيء عن وجهه أو إمالته أو تحويله إلى جانب آخر، وهو مأخوذ من "الحَرْف" أي الجانب.

ثانيًا: التحريف اصطلاحًا

هو تغيير النص الديني عمدًا، لفظًا أو معنى. وأنواعه:

١. **تحريف لفظي**: وقد يكون:

حذف تبديل

إضافة

تغيير مواضع الكلمات

٢.**تحريف معنوي** (تأويلي)

تفسير النص على غير مراد الله

ليّ اللسان وقراءة النص بأسلوب يوهم معنى غير حقيقي

وهذان النوعان محل خلاف بين العلماء حول مدى وقوعهما في التوراة. بمعنى هل وثع في التوراة تحريف لفظي أو معنوي أو كلاهما؟

وأنواع التحريف هي:

إضافة نصوص بشرية

إدخال نصوص وتعاليم أو تقاليد لاحقة في النصوص المقدسة.

تغيير في نصوص أصلية.

أقوال علماء الإسلام في تحريف التوراة:

اختلف أقوال العلماء في مسألة تحريف التوراة التي بأيدي اليهود:

هل هي مبدلة تبديلا لفظياً كلياً أو جزئيا، أم التحريف اللفظي لم يقع والتحريف وقع في التأويل دون التنزيل؟ على ثلاثة أقوال طرفين، ووسط.

القول الأول: التحريف الكلي الشامل:

ذهب طائفة من العلماء المسلمين، من المتقدمين والمتأخرين، إلى أن التوراة المتداولة كلها أو أكثرها مبدلة ومغيرة محرفة، وأنها ليست التوراة التي أنزلها الله تعالى على موسى عليه

السلام، واحتج هؤلاء بما فيها من التناقض الظاهري. قال ابن حزم (توفي ٤٥٦ هـ = ١٠٦٤م): "إن كفار بني إسرائيل بدلوا التوراة والزبور فزادوا ونقصوا، وأبقى الله تعالى بعضها حجة عليهم كما شاء ﴿لا يسأل عما يفعل وهم يسألون﴾ ﴿لا معقب لحكمه﴾، وبدل كفار النصارى الإنجيل كذلك فزادوا ونقصوا ، وأبقى الله تعالى بعضها حجة عليهم كما شاء ﴿لا يسأل عما يفعل وهم يسألون﴾ ... " [١]

وقد أشار ابن تيمية إلى هذا الرأي، مع الرأي الآخر القائل بعدم التحريف اللفظي، في كثير من كتبه، منها قوله: "ثم من هؤلاء من زعم أن كثيرا مما في التوراة أو الإنجيل باطل ليس من كلام الله، ومنهم من قال: بل ذلك قليل، وقيل لم يحرف أحد شيئا من حروف الكتب وإنما حرفوا معانيها بالتأويل. وهذان القولان قال كلا منهما كثير من المسلمين.." [٢]

القول الثاني: التحريف غير اللفظي:

وفي الطرف الآخر وقفت طائفة أخرى من أئمة الحديث والفقه والكلام، فقالوا: بل التبديل وقع في التأويل، لا في التنزيل. فمن المفسرين: قال ابن كثير: "أي يتأولونه على غير تأويله، ويفسرونه بغير مراد الله عز وجل، ويبدلون مواضع الكلم لفظًا أو معنى» (ابن كثير، تفسير القرآن العظيم، ٤:٤٦). وهذا ما ذهب أبي عبد الله محمد بن إسماعيل البخاري، حيث قال في صحيحه عن معنى تحريف الكلام، قال: "باب قول الله تعالى بل هو قرآن مجيد في لوح محفوظ والطور وكتاب مسطور قال قتادة مكتوب يسطرون يخطون في أم الكتاب جملة الكتاب وأصله ما يلفظ ما يتكلم من شيء إلا كتب عليه وقال ابن عباس يكتب الخير

---

(١) الفصل في الملل والأهواء والنحل، أبو محمد علي بن حزم، ط: مكتبة الخانجي – القاهرة، ١ /١٥٧

(٢) مجموع الفتاوى، تقي الدين أحمد بن تيمية، جمع عبد الرحمن بن محمد بن قاسم؛ ط مجمع الملك فهد لطباعة المصحف الشريف، المدينة النبوية، المملكة العربية السعودية، ١٤١٦هـ/١٩٩٥م، ص (١٣ | ١٠٤).

والشر يحرفون يزيلون وليس أحد يزيل لفظ كتاب من كتب الله عز وجل ولكنهم يحرفونه يتأولونه على غير تأويله"[١]

وعلق عليه الشارح ابن حجر قائلاً: " قوله : وليس أحد يزيل لفظ كتاب الله من كتب الله عز وجل ولكنهم يحرفونه : يتأولونه عن غير تأويله) في رواية الكشميهني "يتأولونه على غير تأويله " قال شيخنا ابن الملقن في شرحه: هذا الذي قاله أحد القولين في تفسير هذه الآية وهو مختاره – أي البخاري –وقد صرح كثير من أصحابنا بأن اليهود والنصارى بدلوا التوراة والإنجيل وفرعوا على ذلك جواز امتهان أوراقهما وهو يخالف ما قاله البخاري هنا. انتهى. وهو كالصريح في أن قوله " وليس أحد " إلى آخره من كلام البخاري ذيل به تفسير ابن عباس وهو يحتمل أن يكون بقية كلام ابن عباس في تفسير الآية، وقال بعض الشراح المتأخرين اختلف في هذه المسألة على أقوال أحدها : أنها بدلت كلها وهو مقتضى القول المحكي بجواز الامتهان وهو إفراط ، وينبغي حمل إطلاق من أطلقه على الأكثر وإلا فهي مكابرة ، والفقرات والأخبار كثيرة في أنه بقي منها أشياء كثيرة لم تبدل، من ذلك قوله تعالى: ﴿الذين يتبعون الرسول النبي الأمي الذي يجدونه مكتوبا عندهم في التوراة والإنجيل﴾ الآية ، ومن ذلك قصة رجم اليهوديين وفيه وجود آية الرجم، ويؤيده قوله تعالى: ﴿قل فأتوا بالتوراة فاتلوها إن كنتم صادقين﴾.."[٢] و نقل ابن القيم عن ابن تيمية

---

[١] البخاري، الصحيح (مع الفتح) كتاب التوحيد باب قول الله تعالى، بل هو قرآن مجيد في لوح محفوظ ط السلفية (مصورة في دار الريان للتراث) ١٤٠٧هـ / ١٩٨٦م (١٣|٥٣٣) وانظر أيضاً: ابن أبي حاتم، التفسير، الحافظ أبو محمد عبد الرحمن بن أبي حاتم الرازي، تحقيق: أسعد محمد الطيب، ط: المكتبة العصرية – صيدا، لبنان، ص ٢/ ٦٨٩. وابن كثير، تفسير القرآن العظيم، سامي بن محمد سلامة، ط: دار طيبة للنشر والتوزيع، السعودية، الثانية ١٤٢٠هـ – ١٩٩٩ م، ص ٢/ ٦٥.

[٢] الفتح، مصدر سابق ص ١٣| 534.

اختيار هذا المذهب ووهن غيره، فأنكر بعضهم عليه، فأحضر لهم خمسة عشر نقلا عن العلماء كلهم يذهب إلى هذا الرأي.[١] وقال ابن تيمية: "ذهبت طائفة من أئمة الفقه والحديث والكلام إن التبديل وقع في التأويل لا في التنزيل ومن حجة هؤلاء أن التوراة قد طبقت مشارق الشمس ومغاربها ولا يعلم عدد نسخها إلا الله ومن الممتنع أن يقع التواطؤ على التبديل والتغيير في تجميع تلك النسخ بحيث لا تبقى في الأرض نسخة إلا مبدلة ومغيرة والتغيير على منهج واحد وهذا ما يستحيله العقل ويشهد ببطلانه."[٢]

وممن قال بهذا الرأي القرطبي في تفسيره: حيث قال: "التحريف يكون على وجهين: أحدهما في اللفظ، والثاني في المعنى. فالأول ما غيروا من ألفاظ التوراة، والثاني ما أولوه من معانيها على غير مراد الله"[٣] فهو يجمع بين القولين: التحريف اللفظي في النص، وتحريف في المعنى.

ومن المتأخرين الشيخ عبد الرحمن بن السعدي قال:" أي إما بتغيير اللفظ، أو المعنى، أو هما جميعًا، فكانوا يلوون ألسنتهم ليُحسب أنه من الكتاب» [٤]

ومن المثقفين: الأستاذ عباس محمود العقاد في حديثه عن كشوف وادي قمران:قال: " إن هذه اللفائف الأثرية اكتشفت في كهوف وادي القمران بشرق الأردن وهي لفائف من ألفي سنة (أي قبل الإسلام ما يزيد عن ستة قرون) وتبين بعد تهيئة اللفائف المكشوفة للاطلاع أن أهم ما تحويه نسخة كاملة من سفر إشعيا وعدة كتب من الأسفار الأخرى وأنه لا توجد

---

[١] إغاثة اللهفان: ٢-٣٥٤

[٢] المصدر نفسه.

[٣] (القرطبي، ٦٧١هـ/٢٠٠٦م، الجامع لأحكام القرآن، ج٢، ص٢٦).

[٤] (السعدي، تيسير الكريم الرحمن، ص. ١٨٧).

بينها وبين الكتب الموجودة بين أيدينا الآن أي اختلاف ولا تبديل.[1] واحتج أصحاب هذا القول بالمنقول والمعقول: فمن المنقول:

احتجوا بالنصوص القرآنية، التي تشير إلى احتجاج القرآن على اليهود بالتوراة التي بين أيديهم: كقوله تعالى: {قُلْ فَائْتُوا بِالتَّوْرَاةِ فَاتْلُوهَا إِنْ كُنْتُمْ صَادِقِينَ} [آل عمران: ٩٣]وهذا احتجاج بها ولا يكون إلا بما تقوم به الحجة.

واستدلوا بقوله تعالى: {وَتَمَّتْ كَلِمَةُ رَبِّكَ صِدْقاً وَعَدْلاً لاَ مُبَدِّلَ لِكَلِمَاتِهِ وَهُوَ السَّمِيعُ الْعَلِيم} [الأنعام: ١١٥] والتوراة من كلماته.

واستدلوا أيضا بالواقع:

١- فرغم أن اليهود اتفقوا على ترك فريضة الرجم، لكن لم يمكنهم إزالة النص الدال على أحكام من التوراة، ولهذا لما طلب منهم قراءتها وضع القارئ يده على آية الرجم، محاولاً اخفاءها، فقال له عبد الله بن سلام: "ارْفَعْ يَدَكَ عَنْ آيَةِ الرَّجْمِ" فرفعها فإذا هي سليمة تلوح تحت يده. فلو كانوا قد بدلوا ألفاظ التوراة لكان هذا من أهم ما يبدلونه.

٢- وكذلك وجود صفات النبي صلى الله تعالى عليه وسلم، وصفة مبعثه ومخرجه هو في التوراة بين جدا كما أخبر القرآن واحتج عليهم بالنصوص الموجودة بأيديهم، ولم يمكنهم إزالتها وتغييرها. وإنما ذمهم الله تعالى بكتمانهم ذلك وعدم اعترافهم به. وكانوا إذا احتج عليهم بما في التوراة من نعته وصفته يقولون: ليس هو، ونحن ننتظره نبياً آخر.

٣- تزكية النبي للتوراة:

---

[1] كتاب الهلال عدد ديسمبر ١٩٥٩

كما روي أنه "أَتَى نَفُر مِنَ الْيَهُود. فَدَعَوْا رَسولَ اللهِ صلى اللهُ تعالى عليهِ وسلَم إلى القُفِّ فأتاهم في بَيْتِ المِدْرَاسِ، فقَالُوا يا أبا القاسم، إنَّ رَجُلاً مِنَّا زَنَى بامْرَأةٍ، فَاحْكُمْ، فَوَضَعُوا لِرَسُولِ الله صلى اللهُ تعالى عليهِ وَسلَم وِسَادَةً، فَجِلَسَ عَليهَا ثمَّ قَالَ ائْتُونِي بالتَّوْرَاةِ فأُتِي بها فَنزَعَ الْوِسَادَةَ مِنْ تحْتِهِ، ووَضَعَ التَّوْرَاةَ عَليهَا ثمَّ قَالَ آمَنْتُ بِكِ وَبِمَنْ أَنْزَلَكِ.. ".[1] فلو كانت مبدلة مغيرة لم يظهر احترامه لها ولا صرح بالإيمان بها. بل وضعها على الوسادة، وقال مخاطباً لها: "آمَنْتُ بِكِ وبِمَنَ أَنْزَلَكِ".

واحتجوا بالمعقول أيضاً: وهو " أن نسخ التوراة قد انتشرت في مشارق الأرض ومغاربها، وجنوبا وشمالا. ولا يعلم عدد نسخها إلا الله تعالى. ومن الممتنع أن يقع التواطؤ على التبديل والتغيير في جميع النسخ والمخطوطات، بحيث لا يبقى في الأرض نسخة إلا مبدلة مغيرة. ويكون التغيير في كل ذلك بنفس الطريقة، وعلى منهاج واحد. وهذا مما يحيله العقل، ويشهد ببطلان. (٢)

القول الثالث: التوسط:

وحاول آخرون التوسط بين القولين، منهم ابن تيمية، الذي رأى أن التوراة قد زيد فيها، وغيرت منها ألفاظ قليلة، ولكن أكثرها باق على ما أنزل عليه. والتبديل في وقع يسير منها جدا، بحيث لا يبطل الاستدلال بها، كما فعل القرآن نفسه.[3] أي أن التبديل وقع لكن جزئياً، واستدل بأدلة كثيرة. وهذا ما رجحه كثير من العلماء المتقدمين في هذه المسألة، أي أن

---

[1] روى أبو داود في سننه عن ابن عمر رضى الله عنه،

(٢) الجواب الصحيح لمن بدل دين المسيح، أحمد بن عبد الحليم بن تيمية؛ تحقيق: علي بن حسن -عبد العزيز بن إبراهيم - حمدان بن محمد، ط: دار العاصمة، السعودية، الثانية، ١٤١٩هـ / ١٩٩٩م، (٢|٤٤٩)

[3] إغاثة اللهفان: ٢-٣٥٤.

التحريف وقع لكن في اليسير منها ومعظمها باق على حاله. وهو م قاله ابن تيمية في كتابه "الجواب الصحيح على من بدل دين المسيح". ورجح القول القائل بأن التحريف الذي وقع هو تحريف جزئي وليس كلياً ولا شاملاً، ولا يبطل، الاستدلال بالتوراة، واحتج بأن نسخ التوراة منشرة، في الأرض، وبقيت إلى عهد النبي ﷺ عليه وسلم، ونزول الوحي، وحديث القرآن، ومن المؤكد كان هناك أيضاً نسخا كثيرة محرفة، ومن ادعى إنه لم يحرف شيء من النسخ فقد قال ما لا يمكنه إثباته، ومن ادعى جميع النسخ، بعد النبي صلى الله عليه وسلم حرفت فقد أخطأ، لاسيما والقرآن قد احتج بها، وأمر اليهود أن يحكموا بما أنزل الله في التوراة ويخبر أن فيها حكمه، وليس في القرآن دليل على أنهم غيروا جميع النسخ. [1] وقال أيضا محتجاً بالمعقول والمنقول فقال: "والقرآن والسنة المتواترة يدلان على أن الكتب الموجودة في زمن النبي صلى الله عليه وسلم فيها ما أنزله الله عز وجل، والجزم بتبديل ذلك في جميع النسخ التي في العالم متعذر، ولا حاجة بنا إلى ذكره، ولا علم لنا بذلك، ولا يمكن أحدا من أهل الكتاب أن يدعي أن كل نسخة في العالم بجميع الألسنة من الكتب متفقة على لفظ واحد، فإن هذا مما لا يمكن أحدا من البشر أن يعرفه باختباره وامتحانه، وإنما يعلم مثل هذا بالوحي، وإلا فلا يمكن أحدا من البشر أن يقابل كل نسخة موجودة في العالم بكل نسخة من جميع الألسنة بالكتب الأربعة والعشرين، وقد رأيناها مختلفة في الألفاظ اختلافا بينا.." [2]

---

(١) مجموع الفتاوى، تقي الدين أحمد بن تيمية، جمع عبد الرحمن بن محمد بن قاسم؛ ط مجمع الملك فهد لطباعة المصحف الشريف، المدينة النبوية، المملكة العربية السعودية، ١٤١٦هـ/١٩٩٥م، ص (١٣|١٠٤)

(٢) الجواب الصحيح لمن بدل دين المسيح، أحمد بن عبد الحليم بن تيمية؛ تحقيق: علي بن حسن -عبد العزيز بن إبراهيم - حمدان بن محمد، ط: دار العاصمة، السعودية، الثانية، ١٤١٩هـ / ١٩٩٩م، (٢|٤٤٩)

يرى ابن تيمية أن التحريف الذي وقع من اليهود والنصارى نوعان: تحريف لفظي بتبديل النصوص، وتحريف معنوي بتفسيرها على غير وجهها الصحيح.[1] واحتج ابن تيمية بما احتج به النقاد المحدثون من اختلاف المخطوطات ونسخها، وها هي التوراة؛ أصح الكتب وأشهرها عند اليهود، ومع هذا فنسخة السامرة مخالفة لنسخة اليهود ونسخة النصارى أيضا تخالف النسختين، وحتى في نفس الوصايا أو الكلمات العشر، وقع اختلاف، ففي نسخة السامرة منها ذكر من أمر استقبال الطور ما ليس في نسخة اليهود والنصارى، وهذا مما يبين أن التبديل وقع في كثير من نسخ هذه الكتب، فإن عند السامرة نسخا متعددة وكذلك رأينا في الزبور نسخا متعددة تخالف بعضها بعضا مخالفة كثيرة في كثير من الألفاظ والمعاني، يقطع من رآها أن كثيرا منها كذب على زبور داود عليه السلام وأما الأناجيل فالاضطراب فيها أعظم منه في التوراة. (٢) وقال إن التحريف يمتنع على كل التوراة وإنما دخلها تبديل وتغيير وتصرف في بعض ألفاظها بالزيادة والنقص كما تصرفوا في معانيها. (٣). وقال ابن القيم: "أكثر تحريفهم إنما هو بالتأويل الباطل، وإلا فإن ألفاظ التوراة لم يمكنهم تبديلها كلها، لكنهم غيروا وبدلوا وفسروا على غير مراد الله ورسوله".[4] فيفهم من كلامه أن التحريف اللفظي الجزئي ممكن، لكن الغالب هو التحريف المعنوي.

---

[1] (ابن تيمية، ٧٢٨هـ/١٩٩٥م، الجواب الصحيح لمن بدل دين المسيح، ج١، ص١٥).

(٢) الجواب الصحيح لمن بدل دين المسيح، أحمد بن عبد الحليم بن تيمية؛ تحقيق: علي بن حسن -عبد العزيز بن إبراهيم - حمدان بن محمد، ط: دار العاصمة، السعودية، الثانية، ١٤١٩هـ / ١٩٩٩م، (٢ | ٤٤٩)

(٣) درء تعارض النقل والعقل، ابن تيمية، أحمد بن عبد الحليم، ٢ / ٣٥٥ ونقله عنه: ابن كثير، "تفسير القرآن العظيم" السعودية، ط/ دار طيبة للنشر والتوزيع، ٢\٦٦.

[4] (ابن القيم، ٧٥١هـ/١٩٩٨م، هداية الحيارى، ص١١٢).

وقد لخص المفسر ابنُ عطية اختلاف العلماء في حقيقة التحريف المشار إليه في قوله تعالى: {يُحَرِّفُونَ الكَلِمَ عَنْ مَواضِعِهِ}، فقال: «فقال قوم -منهم عبد الله بن عباس-: تحريفهم هو بالتأويل، ولا قدرة لهم على تبديل الألفاظ في التوراة، ولا يتمكن لهم ذلك، ويدل على ذلك بقاء آية الرجم، واحتياجهم إلى أن يضع القارئ يده عليها. وقالت فرقة: بل حرَّفوا الكلام وبدَّلوه أيضًا، وفعلوا الأمْرَين جميعًا بحسب ما أمكنهم.« ثم رجَّح (٣/ ١٣٠) مستندًا إلى دلالة القرآن، والواقع القولين معًا، فقال: «وألفاظ القرآن تحتمل المعنيين، فقوله تعالى: {فَوَيْلٌ لِلَّذِينَ يَكْتُبُونَ الكِتابَ بِأَيْدِيهِمْ} [البقرة: ٧٩] الآيةَ تقتضي التبديل، ولا شكَّ أنهم فعلوا الأمْرَين».

فالجواب على السؤال: هل حدث تحريف في التوراة؟ يبقى معلقاً ولابد من التفصيل قبل أن تجيب بأي من الجوابين المتقابلين: نعم. ولا. وفق تفصيل العلماء السابق في معنى وحقيقة التحريف: هل هو لفظي أو معنوي. وتتمة لبيان هذا المبحث نناقش تفسير العلماء في الآيات التي أشارت إلى تحريف اليهود للكلم. وهو المبحث التالي:

تفسير آيات التحريف

في كل خلاف ديني، في الواقع وغير الديني، من كان معه الأدلة والشهود حسم الخلاف لصالحه، ولكي نحسم أو نقترب من حسم النقاش لابد من معرفة معاني النصوص المتعلقة بالمسألة وتحليلها. والنصوص التي تتعلق بالتحريف اليهودي للكلم وكانت محل نقاش بين المفسرين حول تحديد معنى ونوع التحريف متعددة منها:

قوله تعالى: ﴿وقد كان فريق منهم يسمعون كلام الله ثم يحرفونه.. ﴾ [البقرة:٧٩]

وقوله تعالى: ﴿يُحَرِّفُونَ الْكَلِمَ مِن بَعْدِ مَوَاضِعِهِ﴾ [المائدة: ٤١]

وقوله تعالى ﴿مِّنَ ٱلَّذِينَ هَادُواْ يُحَرِّفُونَ ٱلۡكَلِمَ عَن مَّوَاضِعِهِۦ وَيَقُولُونَ سَمِعۡنَا وَعَصَيۡنَا وَٱسۡمَعۡ غَيۡرَ مُسۡمَعٖ وَرَٰعِنَا لَيَّۢا بِأَلۡسِنَتِهِمۡ وَطَعۡنٗا فِي ٱلدِّينِۚ وَلَوۡ أَنَّهُمۡ قَالُواْ سَمِعۡنَا وَأَطَعۡنَا وَٱسۡمَعۡ وَٱنظُرۡنَا لَكَانَ خَيۡرٗا لَّهُمۡ وَأَقۡوَمَ وَلَٰكِن لَّعَنَهُمُ ٱللَّهُ بِكُفۡرِهِمۡ فَلَا يُؤۡمِنُونَ إِلَّا قَلِيلٗا﴾[سورة النساء: ٤٤ الى ٤٦]. والسؤال هنا ما الذي حرف من الكلم أو كلام الله؟ وكما كان جواب السؤال الأول: ما نوع التحريف في التوراة عند من قال بوقوعه؟ هل هو لفظي أو في المعاني، له عدة أجوبة. لدينا هنا أيضا أجوبة متعددة على هذا السؤال الثاني:

القول الأول: تحريف اليهود للتوراة نفسها:

ذهب جمهور المفسرين، إلى أن التحريف المشار إليه في الآيات هو تحريف "الكلم" أو "كلام الله" أي التوراة". بتحريف نصوص التوراة، لفظاً أو معنى، فأكثر المفسرين على أن معنى قوله تعالى ﴿مِنَ الَّذِينَ هَادُوا يُحَرِّفُونَ الْكَلِمَ عَنْ مَوَاضِعِهِ﴾ هو إشارة للتوراة: قال الطبري: وكان مجاهد يقول: عنى بـ (الكلم) التوراة، وكان قتادة يقول: يحرّفونه عمّا أنزله الله من معناه» ونقل عن عبد الله بن عباس -من طريق علي- في قوله: {يحرفون الكلم عن مواضعه}، يعني: حدود الله في التوراة. [1]

القول الثاني: تحريف كلام النبي ﷺ:

القول الثاني: أن التحريف المشار إليه في الآيات هو تحريف في "كلم" و"كلام" النبي ﷺ بعد سماعه. وهو الذي يشير إليه التفصيل والتعليل في قوله تعالى ﴿مِّنَ ٱلَّذِينَ هَادُواْ يُحَرِّفُونَ ٱلۡكَلِمَ عَن مَّوَاضِعِهِۦ وَيَقُولُونَ سَمِعۡنَا وَعَصَيۡنَا وَٱسۡمَعۡ غَيۡرَ مُسۡمَعٖ وَرَٰعِنَا لَيَّۢا بِأَلۡسِنَتِهِمۡ وَطَعۡنٗا

---

[1] الطبري، التفسير، (ط الرياض – تحقيق التركي، ، ص ١٠٣/٧)

فِي ٱلدِّينِۚ وَلَوۡ أَنَّهُمۡ قَالُواْ سَمِعۡنَا وَأَطَعۡنَا وَٱسۡمَعۡ وَٱنظُرۡنَا لَكَانَ خَيۡرٗا لَّهُمۡ وَأَقۡوَمَ وَلَٰكِن لَّعَنَهُمُ ٱللَّهُ بِكُفۡرِهِمۡ فَلَا يُؤۡمِنُونَ إِلَّا قَلِيلٗا﴾[سورة النساء: ٤٤ الى ٤٦].

وهو رأي كثيرين:

تفسير ابن عباس رضي الله عنه:

روي عن عبد الله بن عباس: كانت اليهود يأتون رسول الله - صلى الله عليه وسلم، ويسألونه عن الأمر، فيخبرهم، فيرى أنهم يأخذون بقوله، فإذا انصرفوا من عنده حَرَّفوا كلامه

وقال ابن حجر: "أخرج الطبري من تفسير سنيد عن حجاج عن ابن جريج قال: قال عكرمة: نزلت في رفاعة بن زيد بن التابوت في قوله تعالى: {لَيًّا بِأَلْسِنَتِهِمْ وَطَعْنًا فِي الدِّينِ} [الآية: ٤٦]. وذكر الثعلبي عن ابن عباس قال: نزلت في رفاعة بن زيد بن التابوت ومالك بن دحشم كانا إذا تكلم رسول الله صلى الله عليه وسلم لويا لسانهما وعاباه. وذكر عنه أيضًا :كانت اليهود يأتون رسول الله صلى الله عليه وسلم ويسألونه فيخبرهم ويظن أنهم يأخذون بقوله فإذا انصرفوا من عنده حرفوا كلامه }قَالُوا سَمِعْنَا وَعَصَيْنَا {إلى قوله }إِلَّا قَلِيلًا﴾

وأخرجه الطبري من طريق محمد بن إسحاق عن محمد بن أبي محمد عن سعيد أو عكرمة عن ابن عباس :كان رفاعة بن زيد بن التابوت من عظماء اليهود فكان إذا كلم رسول الله صلى الله عليه وسلم لوى لسانه وقال: راعنا يا محمد حتى نفهمك فنزلت[١].

[١] انظر: العجاب في بيان الأسباب، المؤلف: أبو الفضل أحمد بن علي بن محمد بن أحمد بن حجر العسقلاني (ت ٨٥٢هـ) تحقيق: عبد الحكيم محمد الأنيس، الناشر: دار ابن الجوزي، ٨٨٢/٢. وانظر: الكشف والبيان عن تفسير القرآن، أحمد بن محمد بن إبراهيم الثعلبي، أبو إسحاق (ت ٤٢٧هـ)، تحقيق: الإمام أبي محمد بن عاشور، مراجعة وتدقيق: الأستاذ نظير الساعدي، الناشر: دار إحياء التراث العربي، بيروت – لبنان، الطبعة: الأولى ١٤٢٢، هـ - ٢٠٠٢ م ، واللباب في علوم

ورواه البغوي عن ابن عباس رضي الله عنهما: "كانت اليهود يأتون رسول الله ﷺ ويسألونه عن الأمر، فيخبرهم، فيرى أنهم يأخذون بقوله، فإذا انصرفوا من عنده حرفوا كلامه"[1] وهذا يعني أن التحريف المشار إليه هو تحريف كلام النبي ﷺ بعد سماعه، أي أنهم كانوا يبدلون قوله عمداً عند نقله للناس.

ورواه عنه تفسير الثعلبي قال: "كانوا يسمعون من النبي ﷺ الكلام ثم يحرفونه بعد ذلك"[2] ويؤكد الثعلبي أن المقصود هو تحريف ما يسمعونه من النبي ﷺ، وليس التوراة نصًّا. وهذا القول عن البغوي والثعلبي من أن التحريف كان لفظيًّا في كلام النبي ﷺ.

تفسير فخر الدين الرازي

أشار الرازي إلى احتمال أن المراد بالتحريف هو التغيير في كلام النبي ﷺ الذي كان يبلغهم، قال الفخر الرازي: "في كيفية التحريف وجوه:

أحدها: أنهم كانوا يبدلون اللفظ بلفظ آخر. مثل تحريفهم اسم «ربعة» عن موضعه في التوراة بوضعهم «آدم طويل» ، وكتحريفهم الرجم بوضعهم الجلد بدله.الثاني: أن المراد بالتحريف إلقاء الشبه الباطلة، والتأويلات الفاسدة، وصرف اللفظ من الثالث :أنهم كانوا يدخلون على النبي صلى الله عليه وسلم ويسألونه عن أمر فيخبرهم ليأخذوا به فإذا خرجوا من

الكتاب، المؤلف: أبو حفص عمر بن علي بن عادل الدمشقي (ت بعد ٨٨٠ هـ) تحقيق وتعليق: الشيخ أحمد عبد الموجود، علي محمد معوض ص ٤٠٨/٦)، وو معالم التنزيل في تفسير القرآن = تفسير البغوي، محيي السنة ، أبو محمد الحسين بن مسعود بن محمد بن الفراء البغوي الشافعي (المتوفى : ٥١٠هـ)، تحقيق : عبد الرزاق المهدي، الناشر : دار إحياء التراث العربي –بيروت، الطبعة : الأولى ، ١٤٢٠ هـ ص ٦٤١/١.

[1] (البغوي، ٥١٦هـ/١٩٨٧م، معالم التنزيل، ج١، ص٤١٤).

[2] (الثعلبي، ٤٢٧هـ/٢٠٠٢م، الكشف والبيان، ج٣، ص١٢٨).

عنده حرفوا كلامه" [1] وعلق صاحب الوسيط فقال: " والذي نراه أولى أن تحريف هؤلاء اليهود للكلم عن مواضعه يتناول كل ذلك، لأنهم لم يتركوا وسيلة من وسائل التحريف الباطل إلا فعلوها، أملا منهم في صرف الناس عن الدعوة الإسلامية، ولكن الله- تعالى- خيب آمالهم." [2]

أبو حيان:

وقال أبو حيان:" يُحَرِّفُونَ الْكَلِمَ أَيْ: كَلِمَ التَّوْرَاةِ، وَهُوَ قَوْلُ الْجُمْهُورِ. أَوْ كَلِمَ الْقُرْآنِ وَهُوَ قَوْلُ طَائِفَةٍ، أَوْ كَلِمَ الرَّسُولِ صَلَّى اللَّهُ عَلَيْهِ وَسَلَّمَ وَهُوَ قَوْلُ ابْنِ عَبَّاسٍ. قَالَ: كَانَ الْيَهُودُ يَأْتُونَ النَّبِيَّ صَلَّى اللَّهُ عَلَيْهِ وَسَلَّمَ وَيَسْأَلُونَهُ عَنِ الْأَمْرِ فَيُخْبِرُهُمْ، وَيَرَى أَنَّهُمْ يَأْخُذُونَ بِقَوْلِهِ، فَإِذَا انْصَرَفُوا مِنْ عِنْدِهِ حَرَّفُوا الْكَلَامَ. وَكَذَا قَالَ مَكِّيٌّ: إِنَّهُ كَلَامُ النَّبِيِّ صَلَّى اللَّهُ عَلَيْهِ وَسَلَّمَ.." [3]

تفسير الشيخ محمد بن صالح العثيمين:

وقال الشيخ محمد رحمه الله في تفسيره لقول الله تعالى في سورة البقرة: (أَفَتَطْمَعُونَ أَنْ يُؤْمِنُوا لَكُمْ وَقَدْ كَانَ فَرِيقٌ مِنْهُمْ يَسْمَعُونَ كَلامَ اللَّهِ ثُمَّ يُحَرِّفُونَهُ مِنْ بَعْدِ مَا عَقَلُوهُ وَهُمْ يَعْلَمُونَ) (البقرة: ٧٥): "ذكر المفسرون فيه قولين:

القول الأول :أن المراد بذلك التوراة. يسمعونها ثم يحرفونها. أي يغيرونها؛ ومنه قولهم :حَرَفْت الدابة. يعني غيرت اتجاهها؛ }من بعد ما عقلوه {أي من بعد ما فهموها، وعرفوا معناها، ولم تشكل عليهم؛ ومن ذلك تحريفهم إياها في صفة النبي صلى الله عليه وسلم، ومبعثه، وقولهم :إنه الرسول المنتظر. وليس هذا الرسول.

---

[1] (الرازي، ٦٠٦هـ/١٩٩٩م، مفاتيح الغيب، ج١٠، ص١١٤)

[2] الدكتورمحمد سيد طنطاوي. التفسير الوسيط.

[3] التفسير المحيط، د دار الفطر ص ٦٦١/٣.

والقول الثاني :أن المراد بذلك الذين أسمعهم الله كلامه سبحانه وتعالى لموسى عليه السلام؛ وهم الذين اختارهم موسى. وهم سبعون رجلاً فأسمعهم الله تعالى كلامه لموسى، ولكنهم قالوا} :لن نؤمن لك حتى نرى الله جهرة{، ثم حرفوا ما سمعوه من كلام الله سبحانه وتعالى لموسى..

وقد بحثت في كتب التفسير التي لدي فلم أجد احتمالاً ثالثاً. وهو أن المراد بـ {كلام الله} القرآن، وأنهم يسمعونه، ثم يحرفونه؛ لأن القرآن كلام الله؛ وقد قال الله تعالى: {وإن أحد من المشركين استجارك فأجره حتى يسمع كلام الله} [التوبة: ٦] أي حتى يسمع القرآن؛ فإن كان هذا الاحتمال صحيحاً فهو أقرب من القولين السابقين. والله أعلم بمراده "[١]

والحمد لله ما لم يجده الشيخ رحمه الله في كتب التفسير قد من الله به عليّ.

وقال مرة أخرى:

في قوله تعالى: ﴿وقد كان فريق منهم يسمعون كلام الله ثم يحرفونه من بعد ما عقلوه وهم يعلمون﴾ [البقرة: ٧٥] "التحريف المذكور لا يقتصر على كلام الله المنزل فقط، بل يشمل أيضًا تحريف كلام النبي ﷺ، لأنهم كانوا يسمعون كلام النبي فيحرفونه، ويقولون للناس: قال كذا وكذا، وهو لم يقل ذلك"[٢]

وفي تفسير قوله تعالى: ﴿ يَا أَيُّهَا الرَّسُولُ لَا يَحْزُنكَ الَّذِينَ يُسَارِعُونَ فِي الْكُفْرِ مِنَ الَّذِينَ قَالُوا آمَنَّا بِأَفْوَاهِهِمْ وَلَمْ تُؤْمِن قُلُوبُهُمْ ۛ وَمِنَ الَّذِينَ هَادُوا ۛ سَمَّاعُونَ لِلْكَذِبِ سَمَّاعُونَ لِقَوْمٍ آخَرِينَ

---

[١] تفسير الفاتحة والبقرة، محمد بن صالح بن محمد العثيمين (ت ١٤٢١هـ)، (الناشر: دار ابن الجوزي، المملكة العربيةالسعودية)، الطبعة: الأولى، ١٤٢٣ هـ، ص ١/٢٥٠.

[٢] (العثيمين، دون تاريخ، تفسير سورة البقرة – الآية ٧٥، موقع الفتاوى: https://al-fatawa.com/fatwa/62494).

لَمْ يَأْتُوكَ ۖ يُحَرِّفُونَ الْكَلِمَ مِن بَعْدِ مَوَاضِعِهِ ۖ يَقُولُونَ إِنْ أُوتِيتُمْ هَٰذَا فَخُذُوهُ وَإِن لَّمْ تُؤْتَوْهُ فَاحْذَرُوا ۚ وَمَن يُرِدِ اللَّهُ فِتْنَتَهُ فَلَن تَمْلِكَ لَهُ مِنَ اللَّهِ شَيْئًا ۚ أُولَٰئِكَ الَّذِينَ لَمْ يُرِدِ اللَّهُ أَن يُطَهِّرَ قُلُوبَهُمْ ۚ لَهُمْ فِي الدُّنْيَا خِزْيٌ ۖ وَلَهُمْ فِي الْآخِرَةِ عَذَابٌ عَظِيمٌ﴾[المائدة: (٤١)]

قال: " وقوله: {سَمَّاعُونَ لِقَوْمٍ آخَرِينَ} تحتمل معنيين، والقاعدة أن الكلمة تحمل على المعنيين إذا كانا صحيحين، ولا مرجح لأحدهما على الآخر، ولا منافاة بينهما.

فالمعنى الأول: أنهم سماعون للكذب ممن أتوك وممن لم يأتوك، فهم يستجيبون للكذب من أي إنسان، سواء كان يأتي إليك أو لا يأتي.

والمعنى الثاني: في قوله: {سَمَّاعُونَ لِقَوْمٍ آخَرِينَ} أي: يسمعون منك ليوصلوه إلى قوم آخرين، فكأنهم واسطة بين الرسول - صلى الله عليه وسلم - وبين من ينقلون إليه الخبر، وتكون "اللام" تعليلية،

يعني :سماعون لك من أجل قوم آخرين، يُوصِلون ما تقوله إليهم، فإذا أوصلوه إلى هؤلاء القوم الآخرين حرّفوه وبدلوه وغيروه، ولهذا قال} :يُحَرِّفُونَ الْكَلِمَ مِنْ بَعْدِ مَوَاضِعِهِ {يعني أن القوم الآخرين وهم أحبار اليهود الذين ينقل إليهم العامة ما يسمعونه من النبي - صلى الله عليه وسلم -، فهؤلاء يُحرفون الكلم من بعد مواضعه، والتحريف بمعنى التغيير، أي :يغيرونه عن وجهه، فيقولون :المراد كذا، والمراد كذا على خلاف ما أراد الله ورسوله. وهل المراد أنهم يحرفون الكلم من التوراة أو أنهم يحرفون الكلم من التوراة وغيرها؟ الأَولى العموم، فهم يحرفون الكلم من التوراة، ويحرفون الكلم من القرآن"[1].

---

[1] تفسير ابن عثيمين، تفسير القرآن الكريم «سورة المائدة» محمد بن صالح العثيمين، (دار ابن الجوزي للنشر والتوزيع، المملكة العربية السعودية، الطبعة: الثانية، ١٤٣٥ هـ). ص ٣٩٩/١.

وهذا يؤيده سياق القرآن: كما في قوله تعالى: ﴿مِّنَ ٱلَّذِينَ هَادُواْ يُحَرِّفُونَ ٱلْكَلِمَ عَن مَّوَاضِعِهِۦ وَيَقُولُونَ سَمِعْنَا وَعَصَيْنَا وَٱسْمَعْ غَيْرَ مُسْمَعٍ وَرَٰعِنَا لَيًّا بِأَلْسِنَتِهِمْ وَطَعْنًا فِي ٱلدِّينِ﴾[سورة النساء: ٤٤ الى ٤٦]. وطعنا في الدين أي في دين الإسلام.

والعقل الذي يدل على أن من يريد تشويه خصمه لا يشوه نفسه. فالذي يريد أن يسيء إلى النبي ﷺ لا يعمد إلى تحريف نص كتابه المقدس (فيضر نفسه)، بل إلى تحريف كلام النبي ﷺ أمام الناس، فيقول: "قال كذا"، وهو لم يقل ذلك. وهذا أبلغ في الإساءة وأقرب لمقصود اليهود.

أثر القول بالتحريف:

نبقى هنا مع السؤال الثالث: ما أثر القول بتحريف التوراة؟ وهو ثمرة هذا الخلاف والأقوال الكثيرة: "إذا ثبت التحريف بأي وجه ووفقا لأي قول هل يبطل الاستدلال بالتوراة؟

هل يبطل الاستدلال بالتوراة؟

الجواب: لا. وفقا لدلالة نصوص الكتاب والسنة، ومهما كان الرأي المختار أو الراجح لديك، سواء عدم التحريف اللفظي المطلق؛ أو التحريف المعنوي؛ أو التحريف الجزئي، فهو لا يبطل الاستدلال بالتوراة، للأسباب الآتية:

ثناء القرآن على التوراة:

إن الذي أنزل التوراة والقرآن، وأرسل موسى ومحمد، وهو الأعلم بحالها تعالى، صرح بأن القرآن جاء مصدّقًا لهذه الرسالة والكتب، ومكرّمًا للنبي العبري موسى عليه السلام وكتابه، كما أشار القرآن الكريم في مواضع عديدة إلى عظمة هذه الرسالة وأثرها. وجاء النبي العربي وكتابه، مؤكدًا لهذا، وشاهداً به ومصدقا له، مؤمناً بها وبمن أنزلها، ومثنياً ومستشهداً ومقتبساً منها، وكثيراً ما قرن القرآن بين النبيّ العبري موسى، والنبي العربين صلى الله تعالى عليهما، بما يُظهِر وحدة المصدر والهدف، في رسالات السماء. من ذلك:

١. وصف القرآن التوراة بالهُدى والنور: {إِنَّا أَنزَلْنَا التَّوْرَاةَ فِيهَا هُدًى وَنُورٌ} (المائدة:٤٤) وهذا أعظم ثناء في كتاب الله على كتاب سابق، وإثبات لكونه من مصدر إلهي محفوظٍ في أصله.

٢. وصفها بأنها كتاب رباني يجب أن يحكم بين الناس: {يَحْكُمُ بِهَا النَّبِيُّونَ}. وهذا يعني أنها مرجع الحكم والشرع.

٣. وصف الله للتوراة بأنها "بين يدي" القرآن: {مُصَدِّقًا لِّمَا بَيْنَ يَدَيْهِ} (البقرة:٩٧) "بين يديه" تعني حاضرة موجودة وليست ضائعة أو مفقودة بالمعنى المادّي للنص.

٤. وصفها بأنها ذكر: {وَلَقَدْ كَتَبْنَا فِي الزَّبُورِ مِن بَعْدِ الذِّكْرِ} (الأنبياء:١٠٥) وأغلب المفسرين قالوا إن الذكر: التوراة.

تصديق القرآن للتوراة:

لقد تكررت مسألة التصديق دون استعمال تعبير النسخ ولا مرة واحدة. فأكثر من عشرين مرة يصف القرآن نفسه بأنه: "مصدّق لما بين يديه" والمقصود: الكتب الحاضرة الموجودة بين يدي أهل الكتاب زمن النبي. ولم يرد نص واحد في القرآن ينسخ التوراة نصًا، والنسخ في

الإسلام شرعيّ تشريعي لا نصيّ وثائقي. أي أن القرآن نسخ بعض أحكام التوراة، لكنه لم ينسخ وجودها ولا حجيتها الأصلية. وكون القرآن مصدّق لما بين يديه من الكتب الحالية، عدد هذه الآيات يتجاوز ٢٠ آية، أشهرها: قوله تعالى: قوله تعالى:﴿وَآمِنُوا بِمَا أَنزَلْتُ مُصَدِّقًا لِّمَا مَعَكُمْ﴾ البقرة ٤١] "معكم": أي النسخة الموجودة حينها، دلالة على سلامة جوهرها. وقوله تعالى: قوله تعالى:﴿وَلَمَّا جَاءَهُمْ كِتَابٌ مِّنْ عِندِ اللَّهِ مُصَدِّقٌ لِّمَا مَعَهُمْ﴾ [البقرة: ٨٩].

الإحالة إلى التوراة:

أمر الله النبي ﷺ أن يسأل أهل الكتاب: ﴿فَإِن كُنتَ فِي شَكٍّ مِّمَّا أَنزَلْنَا إِلَيْكَ فَاسْأَلِ الَّذِينَ يَقْرَؤُونَ الْكِتَابَ مِن قَبْلِكَ﴾ (يونس:٩٤) لو كانت التوراة مفقودة أو لا مصداقية لها فكيف يأمر الله تعالى بالرجوع إلى أهلها الذين "يقرؤونها". وقد أحال الله تعالى النبي ﷺ على الذين يقرؤون الكتاب: منها قوله تعالى: ﴿فَإِن كُنتَ فِي شَكٍّ مِّمَّا أَنزَلْنَا إِلَيْكَ فَسْأَلِ الَّذِينَ يَقْرَؤُونَ الْكِتَابَ مِن قَبْلِكَ﴾ [يونس ٩٤]. وهذه أوضح آية في الإحالة المباشرة للكتابيين كمصدر تصديق.

ثالثاً: الآيات التي تصرح بأن أهل الكتاب يعلمون صدق النبي كما يعرفون أبناءهم.

وقوله تعالى:﴿الَّذِينَ آتَيْنَاهُمُ الْكِتَابَ يَعْرِفُونَهُ كَمَا يَعْرِفُونَ أَبْنَاءَهُمْ﴾ البقرة ١٤٦]

وقوله تعالى:﴿الَّذِينَ آتَيْنَاهُمُ الْكِتَابَ يَعْرِفُونَهُ كَمَا يَعْرِفُونَ أَبْنَاءَهُمْ﴾ (الأنعام ٢٠) أي يعرفون صدق النبي ووصفه من كتبهم.

آيات فيها إحالة مباشرة للنصوص الكتابية

قوله تعالى: ﴿قُلْ فَأْتُوا بِالتَّوْرَاةِ فَاتْلُوهَا إِن كُنتُمْ صَادِقِينَ﴾ [آل عمران ٩٣]

قوله تعالى: ﴿يَجِدُونَهُ مَكْتُوبًا عِندَهُمْ فِي التَّوْرَاةِ وَالإِنجِيلِ﴾ [الأعراف: ١٥٧]

والإحالة إلى التوراة في الحكم:

قال تعالى في شأن اليهود: ﴿وَعِندَهُمُ التَّوْرَاةُ فِيهَا حُكْمُ اللَّهِ﴾ (المائدة:٤٣)، وقوله تعالى: "عندهم" تدل على وجودها بين أيديهم، و "فيها حكم الله" تدل على صحة مضمونها وتشريعاتها الأساسية. فالتوراة كانت عندهم وفيها حكم الله: كما في قوله تعالى:﴿وَعِندَهُمُ التَّوْرَاةُ فِيهَا حُكْمُ اللَّهِ} [المائدة: ٤٣] وقوله تعالى:﴿وَلَوْ أَنَّهُمْ أَقَامُوا التَّوْرَاةَ وَالْإِنجِيلَ...} [المائدة: ٦٦].

احتجاج القرآن بنصوص في التوراة:

والاحتجاج بالتوراة: في قال تعالى: ﴿قُلْ فَأْتُوا بِالتَّوْرَاةِ فَاتْلُوهَا﴾ (آل عمران:٩٣)، وهذا أمر صريح بالاحتجاج بها وقراءتها. لو كانت محرفة أو مفقودة ما طلب تلاوتها.

صفة النبي:

حفظ التوراة النبوءات والبشارات عن النبي الأمي، اسمه وصفته، والقرآن نفسه يشير إلى هذه الحقيقة:

١. صفة النبي بالأمي الذي يجدون اسمه مكتوباً عندهم: استدلال بوجود هذا النص عندهم الآن وهذا وجه الاحتجاج وموضع الشهد. وإقرار من اليهود، ولو ضمنيا، أن فيها بشارات بالنبي ﷺ : {الَّذِينَ يَتَّبِعُونَ الرَّسُولَ النَّبِيَّ الْأُمِّيَّ الَّذِي يَجِدُونَهُ مَكْتُوبًا عِندَهُمْ فِي التَّوْرَاةِ وَالإِنجِيلِ} (الأعراف:١٥٧). هذه آية صريحة وواضحة في إثبات وجود نبوّة محمد ﷺ في نسخة التوراة الموجودة آنذاك.

دلالة على أن البشارة ليست نصاً صريحاً، بل مُثُل ورموز.

٢. وصف القرآن نفسه بأنه يأتي "مصدّقًا" لها

وهو دليل على أن جوهرها العقائدي—ومن ضمنه النبوءات—ما يزال باقياً.

٣. أقوال المفسرين

- ابن عباس: "يجدونه مكتوبًا عندهم: صفته وأمره".
- الطبري: "جاءت البشارات على سبيل الأمثال".
- الرازي: "المكتوب هو الوصف لا الاسم".

وهذه النصوص موجودة إلى اليوم، وهو: نص سفر (أشعياء ٢٩) عن النبي الأمي: الذي يقال له: (اقرأ) فيقول لا أعرف القراءة:

تحليل نص سفر أشعيا (أشعياء ٢٩):

عند تفسير هذه النبوءة بتحليل نص سفر إشعيا (٢٩ - ١٢ «) لأَنَّ ٱلرَّبَّ قَدْ سَكَبَ عَلَيْكُمْ رُوحَ سُبَاتٍ وَأَغْمَضَ عُيُونَكُمْ. ٱلأَنْبِيَاءُ وَرُؤَسَاؤُكُمْ الناظرون غَطَّاهُمْ. ١١ وَصَارَتْ لَكُمْ رُؤْيَا ٱلْكُلِّ مِثْلَ كَلاَمِ ٱلسِّفْرِ ٱلْمَخْتُومِ ٱلَّذِي يَدْفَعُونَهُ لِمن يعرف ٱلْكِتَابَةِ قَائِلِينَ: ٱقْرَأْ هٰذَا فَيَقُولُ: لاَ أَسْتَطِيعُ لأَنَّهُ مَخْتُومٌ. ١٢ أَوْ يُدْفَعُ ٱلْكِتَابُ لِمَنْ لاَ يَعْرِفُ ٱلْكِتَابَةَ وَيُقَالُ لَهُ: ٱقْرَأْ هٰذَا فَيَقُولُ: لاَ أَعْرِفُ ٱلْقراءة». ويعني النص أن الله نزع منهم نور النبوة فبقوا في السبات باختيارهم. إن غاية الساعة المنبهة أن توقظ النائم، ولكنه إن لم يرد أن يستيقظ لا ينتبه لها فيسمع الصوت كل يوم وكل يوم يرجع إلى نومه فيعتاد الصوت فلا يسمعه أخيراً. وهكذا من يسمع كلام الله ولا يعمل بموجبه فإنه يصير أخيراً كأصم فلا يفهم أو يتأثر به كالنائم..

"وَأَغْمَضَ عُيُونَكُمْ يعني ينزع الرب نورهم فلا يبقى لهم غير العمى. وإذا أغمض إنسان عينيه ولا يستعملهما أبداً يكون كالأعمى وهكذا كل من لا يقبل كلام الله يصيبه أخيراً العمى. فيقرؤون ولا يفهمون، ثم يعطى الكتاب للأمي الذي لا يعرف القراءة ويقال له: اقرأ فيقول لا أعرف القراءة. إشارة إلى استبدال الأمة التي عرفت القراءة، ولكن انصرفت بقلوبها عن الكتاب واستبدالها بأمة أمية. لذلك قال في الفقرة التالية فوراً مبرراً هذا بقوله:

١٣ «لِأَنَّ هٰذَا ٱلشَّعْبَ قَدِ ٱقْتَرَبَ إِلَيَّ بِفَمِهِ وَأَكْرَمَنِي بِشَفَتَيْهِ وَأَمَّا قَلْبُهُ فَأَبْعَدَهُ عَنِّي، وَصَارَتْ مَخَافَتُهُمْ مِنِّي وَصِيَّةَ ٱلنَّاسِ مُعَلَّمَةً»..

إن النبي أشعيا ولا شك يتحدث بالوحي عن حالة الشعب الإسرائيلي الروحية في العصور الآتية والنتيجة الحتمية لإعراضهم عن وصية الله.

إشارة القرآن إلى نصوص حالية:

رغم أن القرآن لم يقتبس حرفيًا من التوراة، لكنه أشار إلى أحكام كانت موجودة فيها، وأكد أن أصل التشريع واحد من عند الله، مع اختلاف التفاصيل حسب كل أمة.

في مواضع في القرآن الكريم التي تشير إلى أحكام أو نصوص موجودة في التوراة (أو الإنجيل أحيانًا)، وهذا يدخل في باب التصديق والتشابه بين الشرائع السماوية مع اختلاف التفاصيل.

ذكر القرآن الكريم في عدة مواضع أحكامًا قال إنها مكتوبة في التوراة، ومن أبرزها:

1. القصاص في القتل والجروح: ﴿وَكَتَبْنَا عَلَيْهِمْ فِيهَا أَنَّ النَّفْسَ بِالنَّفْسِ وَالعَيْنَ بِالعَيْنِ وَالأَنْفَ بِالأَنْفِ وَالأُذُنَ بِالأُذُنِ وَالسِّنَّ بِالسِّنِّ وَالجُرُوحَ قِصَاصٌ﴾[(المائدة: ٤٥)].هذا نص صريح بأن هذا الحكم كان مكتوبًا في التوراة. وهو بها اليوم.

آيات القصاص:

1) خروج ٢٣:٢١–٢٥ : (ولكن إن حصلت أذيّة، فتعطي نفسًا بنفس، ٢٤ عينًا بعين، سنًا بسن، يدًا بيد، رجلًا برجل، ٢٥ حرقًا بحرق، جرحًا بجرح، رضّة برضّة.)

٢) لاويين ١٩:٢٤–٢٠: (١٩ وإذا أحدث إنسان عيبًا في قريبه، فكما فعل هكذا يُفعل به. ٢٠ كسرًا بكسر، عينًا بعين، سنًا بسن. كما أحدث عيبًا في الإنسان هكذا يُحدث به.) ٣) تثنية ٢١:١٩: ٢١ فلا تُشفق عينك. نفس بنفس، عين بعين، سن بسن، يد بيد،

رجل برجل.) هذه النصوص الثلاثة: تقرّر مبدأً تشريعيًا واحدًا، تُعاد صياغته في سياقات قانونية مختلفة. وتُظهر أن الشريعة تُقنِّن العقوبة وتحدّها، ولا تتركها للانتقام الشخصي.

أحكام السبت:

﴿وَلَقَدْ عَلِمْتُمُ الَّذِينَ اعْتَدَوْا مِنكُمْ فِي السَّبْتِ فَقُلْنَا لَهُمْ كُونُوا قِرَدَةً خَاسِئِينَ﴾ (البقرة: ٦٥) هذا يشير إلى حكم السبت الذي كان مكتوبًا في التوراة، وهو تحريم الصيد والعمل فيه.

آيات السبت:

هذه النصوص الثلاثة تتعلّق بـ فريضة السبت في الشريعة الموسوية، وعقوبة انتهاكه، وتُظهر تدرّجًا واضحًا من الأمر التشريعي إلى التفصيل العملي ثم التطبيق القضائي:

طبعاً نبدأ بالوصية التي كتبها الله تعالى بيده:

١) (الوصية الرابعة): خروج ٨:٢٠-١١: (٨ اُذْكُرْ يَوْمَ ٱلسَّبْتِ لِتُقَدِّسَهُ. ٩ سِتَّةَ أَيَّامٍ تَعْمَلُ وَتَصْنَعُ جَمِيعَ عَمَلِكَ، ١٠ وَأَمَّا ٱلْيَوْمُ ٱلسَّابِعُ فَسَبْتٌ لِلرَّبِّ إِلٰهِكَ. لَا تَصْنَعْ عَمَلًا مَا، أَنْتَ وَٱبْنُكَ وَٱبْنَتُكَ وَعَبْدُكَ وَأَمَتُكَ وَبَهِيمَتُكَ وَنَزِيلُكَ ٱلَّذِي دَاخِلَ أَبْوَابِكَ، ١١ لِأَنْ فِي سِتَّةِ أَيَّامٍ صَنَعَ ٱلرَّبُّ ٱلسَّمَاوَاتِ وَٱلْأَرْضَ وَٱلْبَحْرَ وَكُلَّ مَا فِيهَا، وَٱسْتَرَاحَ فِي ٱلْيَوْمِ ٱلسَّابِعِ. لِذٰلِكَ بَارَكَ ٱلرَّبُّ يَوْمَ ٱلسَّبْتِ وَقَدَّسَهُ.) هذا النص تأسيس لحرمة السبت.

٢) وفي سفر خروج ٢:٣٥-٣: (٢ سِتَّةَ أَيَّامٍ يُصْنَعُ عَمَلٌ، وَأَمَّا ٱلْيَوْمُ ٱلسَّابِعُ فَيَكُونُ لَكُمْ سَبْتَ عُطْلَةٍ مُقَدَّسًا لِلرَّبِّ. كُلُّ مَنْ صَنَعَ فِيهِ عَمَلًا يُقْتَلُ. ٣ لَا تُوقِدُوا نَارًا فِي جَمِيعِ مَسَاكِنِكُمْ يَوْمَ ٱلسَّبْتِ. وهذا تفصيل تشريعي عملي.

٣) وفي سفر العدد١٥ :٣٢ يذكر واقعة تطبيقية): (٣٢ وحينَ كانَ بَنو إسرائيلَ في البرِّيَّةِ وجَدوا رَجُلا يَحتَطِبُ حطَبا في يومِ السَّبْتِ، ٣٣فقادَهُ الّذينَ وجَدوهُ إلى موسى وهرونَ وكُلِّ الجماعةِ. ٣٤فألقَوهُ في السِّجنِ لأن ما يَفعلونَ بِهِ لم يُعلَنْ لهُم. ٣٥فقالَ الرّبُّ لِموسى: «يُقتَلُ

الرَّجلُ قَتْلا. تَرجُمُهُ كُلُّ الجماعةِ بِالحجارةِ في خارجِ المحلَّةِ». ٣٦فأخرجَتْهُ الجماعةُ كُلُّها إلى خارجِ المحلَّةِ ورَجموهُ بِالحجارةِ، فماتَ كما أمرَ الرّبُّ موسى.)

هكذا في واقعة تطبيقية لحكم السبت يصرح النص ينما كان بنو إسرائيل في البرية، وجدوا رجلًا يجمع حطبًا في يوم السبت. أحضروه إلى موسى وهارون وكل الجماعة، فوضعوه في الحبس لأن الحكم لم يكن قد بيّن بعد. فكلم الرب موسى قائلًا: «يُقتل الرجل رجمًا بالحجارة خارج المحلة. فأخرجته الجماعة إلى خارج المحلة ورجموه بالحجارة حتى مات، كما أمر الرب موسى. هذه الواقعة تُظهر:

- صرامة شريعة السبت في التوراة.
- أن العقوبة كانت إعدامًا بالرجم بأمر إلهي، ونُفذت جماعيًا.

هذه النصوص التي أشار إليها القرآن الكريم تُعرف في الدراسات الكتابية ونصوصها متقاربة جدًا في الصياغة والمعنى.

حكم الرجم للزناة المحصنين:

وفي سياق هذه الآيات جاءت الرواية الحديثية التي تخبر أن التوراة فيها حكم الزنا، وقد ورد في الحديث أن اليهود جاؤوا إلى النبي ﷺ في قضية زنا، فأخبرهم بحكم التوراة وهو الرجم. هذه النصوص كما في الترجمات موجودة حتى اليوم في العربية الشائعة:

١- لاويين ١٠:٢٠: «وَإِذَا زَنَى رَجُلٌ مَعَ ٱمْرَأَةِ رَجُلٍ، إِذَا زَنَى مَعَ ٱمْرَأَةِ قَرِيبِهِ، فَإِنَّهُ يُقْتَلُ ٱلزَّانِي وَٱلزَّانِيَةُ.»

٢- تثنية ٢٢:٢٢: «إِذَا وُجِدَ رَجُلٌ مُضْطَجِعًا مَعَ ٱمْرَأَةٍ مُتَزَوِّجَةٍ، يُقْتَلَانِ كِلَاهُمَا: ٱلرَّجُلُ ٱلْمُضْطَجِعُ مَعَ ٱلْمَرْأَةِ، وَٱلْمَرْأَةُ. فَتَنْزِعُ ٱلشَّرَّ مِنْ إِسْرَائِيلَ.»

النصان يقرّران الحكم ذاته (عقوبة الزنا) ويُظهران وحدة التشريع مع تنوّع الصياغة. بينما نص اللاويين ٢٠: يركّز على التجريم والحكم. يركز نص تثنية ٢٢: ويضيف البعد الجماعي: «فتنزع الشر من إسرائيل»، وهو تعبير قضائي—لاهوتي متكرر في سفر التثنية.

الفصل الثالث

أسباب التحيز ضد اليهودية ومظاهره

تعريف التحيز:

التحيز العلمي هو ميل لا مبرر علمي له، أو هو انحراف في خطوات البحث؛ مثل جمع البيانات أو تفسيرها أو تقديم النتائج العلمية بشكل يخدم اتجاهات أو مواقف مسبقة، سواء كانت شخصية؛ ثقافية؛ اجتماعية، أو أكاديمية. وتعد ظاهرة التحيز عيباً منهجياً في البحث العلمي. ذاقت حضارتنا مرارة التحيز لكننا وقعنا فيه. قد يكون التحيز في المصطلح أو المنهج وبالتالي في النتائج. لقد برز يأس؛ بدا أنه يتزايد، من أن العلوم ليست محايدة تماماً؛ بل تعبر عن مجموعة من الأسئلة الكلية والقيم التي تضيق مجال الرؤية ومسار البحث، وبالتالي تقرر مسبقاً كثيراً من النتائج. هذه الفكرة قد نوقشت في سياق الحديث عن التحيز ضد الثقافة العربية والإسلامية، وما يتعلق بالهوية والخصوصية الحضارية لها. لكن أحداً لم يحاول بشكل نقدي منهجي وشامل دراسة قضية التحيز العكسي؛ أي من جانبنا ضد الآخر، أي تحيزنا ضد الآخر في البحث العلمي وكيف نتعامل -نحن- مع الإشكاليات الخاصة بالحضارة والثقافات الأخرى، لاسيما في الحقول الحيوية كالكتب الثقافية والجامعية. في الواقع كان هذا التحيز غير علمي بل انعكاساً لواقع أو وقائع تاريخية وسياسية ومذهبية وذاتية للمؤلفين.

على سبيل المثال لا يمكن أن يعتقد مسلم أنّ فرعون كان على حق وأنّه كان يطارد موسى ﷺ لأنه كان لصاً سرق هو وقومه ذهب المصريين؛ كما يدعي أحدهم، لذلك اتبعه فرعون وجنوده لتحقيق العدالة!! ولا يمكن أن يكون فرعون ومعه هتلر رجلين صالحين؛ قتلا اليهود لأسباب قانونية؛ أي تهديد أمن الدولة كما قيل. على سبيل المثال أحد أهم المراجع الموسوعية (موسوعة الأديان المقارنة) للدكتور أحمد شلبي؛ في الجزء الأول (اليهودية) يتخذ موقفاً غريباً ومتحيزاً لأسباب سيأتي ذكرها. اعتمد د أحمد (شلبي، ١٩٩٧، ص ٢٩٧-٢٩٨) على مراجع غير محايدة؛ على أحد أشهر أعداء اليهود التاريخيين؛ وهو الحاكم الألماني أدولوف

هتلر؛ الذي اضطهد اليهود في ألمانيا وحرقهم في أفران من دون محاكمة، فنقل عنه؛ من كتابه "كفاحي"، اتهامه لليهود بالتجسس و"محاولة السيطرة على مقدرات ألمانيا والتدخل في سياسة الدولة في غير مصلحتها"! وإذا كان هتلر هو المدعي والخصم والقاضي والشاهد في القضية اليهودية؛ فما هو الظلم؟

إذن لماذا لا يكون فرعون كذلك حاكماً مصرياً صالحاً وكان يطارد موسى ﷺ ومن معه لأسباب مثل تلك؟ هذا ما قاله فعلاً د شلبي. اعتبر شلبي أيضاً أنّ فرعون كان قد اضطهد اليهود لنفس السبب!!

في الواقع إن الدافع وراء مثل هذه المواقف ليس علمياً ولا دينياً. لكن هذا هو التحيز في أبشع صوره!!!

الموضوعية والحياد العلمي:

الموضوعية والتحيز هما وجهان مختلفان في أخلاقيات البحث العلمي. تعني الموضوعية أن الشخص يتخذ قراراته أو مواقفه استنادًا إلى معايير محايدة، وأسس منطقية أو علمية، بدلاً من التأثر بالمشاعر أو الميول الذاتية.

وتكون الموضوعية عندما تتوافر الشروط التالية:

١- التقييم العادل: الموضوعية تتيح تقييم الأفكار أو الأشخاص أو المواقف بشكل عادل ومتوازن، بعيدًا عن العواطف أو الاعتقادات المسبقة. في القبول، مثلًا، لا يجب أن يتم قبول شيء بناءً على تعاطف أو مصلحة شخصية بل بناء على قيم منطقية أو أخلاقية واضحة.

٢- خلوه من التناقض: فلا يقبل فكرة أو عقيدة في موضع ما بينما يرفض نفس الفكرة أو العقيدة في موضع آخر دون فرق يبرر.

٣- خلوه من الميول الذاتية: الموضوعية تعني تجنب الميول الشخصية في اتخاذ القرارات؛ مثلًا، رفض فكرة ما بسبب الانتماء السياسي أو المذهبي للشخص الذي طرحها يعد تحيزًا غير موضوعي.

٤- الوضوح والتفسير: عندما يكون القرار موضوعيًا، يكون من السهل شرحه وتفسيره للآخرين بناءً على معايير موضوعية وليس على مشاعر أو تصورات شخصية. وباختصار في سياق القبول والرفض، يعني أن اتخاذ المواقف (سواء القبول أو الرفض) لا يتأثر بالتحامل أو التفضيلات الشخصية، بل بالحقائق والأدلة والاعتبارات العقلانية. أما التحيز فيسبب التعقيد والتناقض في الشرح والتفسير.

٥- سلامة وأصالة المصادر: صحة المصادر وموثوقيتها وقربها من موضوع النقاش يضفي على العمل العلمي أو المقرر الدراسي الحياد والعدالة، ف تعتمد مصادر غير موثوقة ولا يعترف بها في موضوع البحث أو مصادر ضعيفة أو مزورة.

وبضدها تتبين الحقائق أكثر فأكثر. وضد الموضوعية التحيز.

فالتحيز يمكن أن يؤدي إلى حوار غير بناء يفتقر إلى العدل والإنصاف والتفاهم، بينما الموضوعية تشجع على ذلك وعلى تبادل الأفكار والأدلة بشكل موضوعي ومحايد، مما يساهم في بناء حوار أكثر احترامًا وفعالية. لتحقيق التوازن بينهما، من المهم أن نكون على دراية بالتحيزات الشخصية ونعمل على اتخاذ مواقف مستندة إلى الأدلة والحقائق بعيدًا عن الانفعالات أو التوجهات المسبقة.

ثالثة الأثافي في التحيز هو مصادرة الحوار والنقاش والبحث العلمي أي إغلاق أو تقييد النقاش بشكل غير عادل أو غير منطقي، وهو ما يعوق التبادل الفكري البنّاء. يؤدي ذلك إلى تعزيز الانقسامات الفكرية وتقليص القدرة على الفهم المشترك. فالحوار والنقاش والبحث

العلمي المثمر يتطلب الاستماع بعناية، واحترام الآراء المختلفة، والاستعداد لمناقشة الأفكار بشكل عقلاني. مصادرة الحوار والنقاش والبحث العلمي هي عملية يقوم خلالها أحد الأطراف أو أكثر بتقليص أو إغلاق النقاش بشكل غير عادل أو قسري، وذلك عن طريق فرض آرائه الخاصة أو رفض الاستماع إلى الطرف الآخر. مصادرة الحوار والنقاش والبحث العلمي تعني بشكل أساسي إغلاق الباب أمام التبادل الفكري والتعارف والتبادل الثقافي وإلغاء الفرصة للطرف الآخر للتعبير عن رأيه.

أسباب التحيز ضد اليهودية

مثل كل طبيب ماهر يجب أولاً أن نكتشف المرض لنصف له العلاج الصحيح؛ وقد ينشأ التحيز العلمي بسبب دوافع سياسية أو شخصية أو مذهبية أو اجتماعية، بل يمكن أن يحدث نتيجة للتقاليد الأكاديمية السائدة، كضغط الأقران، أو التمويل الذي قد يؤثر على طرق عناصر المقرر ونتائجه.

هناك من يرجع (المسيري، إشكالية التحيز، ١٩٨١)، أسباب التحيز في العلم بشكل عام إلى عوامل ذاتية Subjective factors لدى العالم أو الباحث وهي الأهواء والميول والقيم والمصالح، فالكاتب يكون منحازا إذا عرض ما يخالفه من رؤى ومذاهب بغير إنصاف، إما من خلال تشويه المفاهيم وتحريفها أو من خلال التحيز في المصطلحات، وذلك بأن يطبق الباحث مصطلحات ومفاهيم حضارة على حضارة أخرى، ويفسر تلك الحضارة من خلال المفاهيم والمصطلحات الغريبة عنها. ومن التحيز أن يلتزم الباحث بموقف أو اتجاه ويخضع خطوات الدراسة ونتائجها لتأييد ذلك الموقف. على كل حال ليس صعباً اكتشاف أسباب التحيز ضد اليهودية عند الكتاب المصريين وإن لم يصرحوا بها.

سبب تاريخي للتحيز:

لاشك ما زالت آثار موقف اليهود العرب في المدينة المنورة من النبي والدعوة الإسلامية، ومواجهة القرآن لهم ورد القرآن عليهم ودحضهم، يتردد صداه في اهان المؤلفين. ولكن القرآن نفسه كان عادلاً عندما عرض ما تعرض له اليهود من ظلم تايخي فلم يقل مثلاً إن فرعون كان محقاً فيما فعله مع بني إسرائيل.!!. كما فعل مؤلفونا المعاصرون.

مشكلة المصطلح:

فيما يتعلق بالسبب التاريخي فقد نتيجة لخطأ يتعلق بالمصطلح ولبس تاريخي، نتيجة خلط سياقي بين استعمال القرآن للأسماء والألقاب. هل هذه مفاجأة لكثيرين.؟ إن القرآن الكريم له خطابان مع اليهود:

الأول بعنوان بني إسرائيل.

والثاني "اليهود".

الفرق الدلالي والسياقي بين استعمال القرآن الكريم لاسم «بني إسرائيل» واسم «اليهود». في مواضع «بني إسرائيل» يستعمل القرآن اللقب الأول: «يا بني إسرائيل اذكروا نعمتي... وأني فضلتكم على العالمين». تجمع التفاسير على أن الآية تذكير بالنعم والميثاق وبأن التفضيل تاريخيّ مقيد بزمن مخصوص. [البقرة ٢:٤٧] وكذلك سورة[المائدة ٥:٢٠]. حيث تذكير بنِعم النبوة والملك وخصوصية العهد؛ امتداد لنمط الخطاب الإيجابي تجاه «بني إسرائيل». وفي مواضع استعمال اللقب الثاني: «اليهود» كما في المائدة ٥:١٣: «فبما نقضهم ميثاقهم لعناهم... يحرفون الكلم...». يفسر ابن كثير والجلالين أن الخطاب يتعلّق بنقض العهد وتحريفٍ يتصل بأوصاف النبي ﷺ في التوراة، مع استثناء قليلٍ منهم ممن آمن. وهذا يشير إلى

يهود معاصرين، كما في سورة المائدة ٥:٤١: سياق قضائي/سياسي متصل بيهود المدينة وملابسات التحاكم في قضايا الزنا/الرجم.

ويظهر لي أن التباين ليس مجرد ترادف، بل وظيفة خطابية تُراعي زمن النزول وطبيعة المخاطَبين وأدوارهم التاريخية/الدينية. تستند هذه الفكرة ونتائجها إلى التفاسير الصلية، والسياق التاريخي لليهود العرب في المدينة، والميثاق (صحيفة/دستور المدينة). وبناء عليه يثور سؤالٌ تفسيريّ وبلاغيّ حول سبب استخدام القرآن الكريم لمصطلحين يبدوان متقاربين: «بني إسرائيل» و«اليهود».

هناك دراسة غربية تتعلق بالأسماء، حيث تقترح دراسة هولغر زيلِّنتين Hlger Zellentin أن «بني إسرائيل» يحضر في معظم السياقات الاتّعاظية-التذكيرية المرتبطة بالنِّعم والميثاق والتاريخ النَّسَبي (يعقوب/إسرائيل)، بينما «اليهود» يُستخدم في سياق جدلي/نقدي يتّصل بجماعاتٍ محدَّدة عاصرت النبي ﷺ في المدينة وتعاملت معه دينيًا وسياسيًا وقضائيًا. [١]

كذلك تُظهر صحيفة المدينة إطارًا قانونيًا واجتماعيًا يضم المسلمين واليهود في أمة سياسية واحدة مع حفظ الخصوصيات الدينية وتحديد الالتزامات الدفاعية والقضائية؛ ما يفسر ورود آيات بنبرة قضائية تجاه «اليهود» كطرف تعاقدي أخل بالعقود.

---

[١] لبحث علمي و أكاديمي حديث، انظر بشكل خاص: عمل
Holger Zellentin: "Banū isrāʾīl, Ahl al-Kitāb, al-Yahūd wa-l-Naṣārā: The Qur'anic Community's Encounters with Jews and Christians." *Entangled Religions*, المجلّد ١٣، العدد ٢ (٢٠٢٣): ص xx–xx.

والملاحظة النهائية هنا هي أصل اليهود العرب في المدينة الذين يحملون أسماء عربية وواقع اجتماعي: حُييّ بن أخطب وأبو ياسر وعبد الله بن سلام ، وأسماء قبائل بنوقريظة وبنوقينقاع و(بنو النضير)؛ تدل على جماعات عربية محلية مخاطَبة بلقب «اليهود".

والنتيجة هنا تشير وتؤكد عدل القرآن ودقته في عرض حكاية «بني إسرائيل» وميثاقهم ونعمهم، ودقته السياقية حين ينتقد جماعات يهودية معاصرة للنبي ﷺ على أفعال محددة. إن التفريق الدلالي بين المصطلحين ضرورة تفسيرية لضبط المخاطَب وتاريخ الحدث ووظيفة الخطاب. [1]

أثر السياسة في التحيز:

كانت الحالة السياسية في مصر أحد أسباب التحيز! لقد خاضت مصر – ومعها العرب جميعاً- عدة حروب مع اليهود. لقد كانت حروباً قاسية وصعبة ومريرة. في هذه الظروف الصعبة سياسياً وعسكرياً كان "لا صوت يعلو فوق صوت المعركة" ولا حتى صوت العلم؛ لذلك كان الفشل ذريعاً. في هذه الحالة كتبت كثير من المقررات أو المراجع التي أصبحت فيما بعد مراجع المراجع في علم الأديان. هكذا في سنة ١٩٧٥، بعد المواجهة بين مصر وإسرائيل في حرب أكتوبر ٧٣، كتب الدكتور صابر طعيمة كتابه "التاريخ اليهودي العام. وعندما ننتهي من قراءة هذا الكتاب سنخلص إلى أن التاريخ اليهودي كله من أوله إلى آخره، بما فيه من عقائد وعبادات وتاريخ، هو تاريخ مظلم أو مدسوس أو مكذوب!

١: See: Banū isrā'īl, Ahl al-Kitāb, al-Yahūd wa-l-Naṣārā: The Qur'anic Community's Encounters with Jews and Christians." *Entangled Religions*, المجلد ١٣، العدد ٢ (٢٠٢٣): صxx–xx .

إن أول قضية ناقشها الدكتور صابر طعيمة في كتابه "التاريخ اليهودي العام" (طعيمة، التاريخ اليهودي العام، ١٩٩١) هي: "العلاقة التاريخية للنبي إبراهيم بفلسطين" حتى لا يتصور البعض من أولئك الذين لم تتح لهم إمكانية دراسة المنطقة العربية وخاصة حركة الهجرات السامية إن إبراهيم الكلداني الذي نشأ بأرض أور في العراق أول من ذهب أو فكر في توجه إلى أرض فلسطين لاستيطانها أو اتخاذها وطنا...." "بل كان إبراهيم يبني خيمته وهو في سن الخامسة والسبعين عندما ظهر له الرب قبل أن يولد له أي أبناء، لا إسماعيل ولا إسحق، فيقول له: " لنسلك... أعطي هذه الأرض". وبما أن الأستاذ يكتب عن التاريخ اليهودي، فلا غرابة يخصص ثلاثة الأبواب الأخيرة لليهود في العصر الحديث من بداية الدعوة لقيام الدولة اليهودية، إلى الإعلان عن قيام إسرائيل فعلا. وهكذا تسيطر هذه القضية على تفكير كتابنا الكبار، ولا عيب في ذلك، إنما العيب كل العيب أن يميل بهم الهوى وكراهية القوم إلى التحيز ومخالفة كتاب الله تعالى.

هكذا مثل هذا الصراع وهذه المعركة –المعارك- التي هي بحسب (شلبي، اليهودية، ١٩٠) "مشكلة عصيبة بالنسبة للبحث العلمي، ومن الواضح أن اليهود يحاربوننا بكل سلاح وأن سلاح القلم والفكر من أقوى أسلحتهم." هكذا بدأ د. شلبي كتاباً علمياً عن اليهودية بالحديث عما يمثله الصراع؛ الذي شغل العالم كله عشرات السنين، من صعوبات للبحث العلمي، وأطال في الحديث عن الصراع في وقت كان الواقع متخماً بالأحداث والحروب والمواجهات السياسية والعسكرية، وظهر أثر ذلك على الروح العلمية الموضوعية الحيادية. أما المسيحيون فلم يكن بيننا وبينهم صراعات سياسية أو عسكرية فلا مشكلة معهم لأنهم على خلاف اليهود الذين كما يقول "أردنا أو لم نرد أصبحوا في قلب أمتنا العربية، فلابد أن ندرس عقائدهم وتاريخهم وصور غدرهم التي سجلها التاريخ، حتى نستطيع أن نتعامل معهم

سلما أو حربا. أما المسيحيون فيكونون نسبة ما في أكثر البلاد العربية والإسلامية أي أنهم لا يعيشون في أرض مجاورة لنا، بل يعيشون في الشارع الذي نسكن فيه والعمارة التي نقطنها"

كتب د شلبي ذلك سنة ١٩٦٠ (مقدمة الطبعة الأولى لكتابه) ونسي أنه قبل بضع سنين من كتابه كان اليهود " يكونون نسبة ما في أكثر البلاد العربية والإسلامية أي أنهم لا يعيشون في أرض مجاورة لنا، بل يعيشون في الشارع الذي نسكن فيه والعمارة التي نقطنها"!

لقد أصدر د شلبي طبعات كتابه الثلاثة الأولى في جو يصفه في الطبعة العاشرة بأنه "سنوات الهزائم" وعهد "حقد في النفوس" و "أنين المقهورين وصرخات المظلومين" هذا العصر الذي ألف فيه د شلبي وآخرون كثيرون كتبهم عن اليهودية. ورغم زوال عصر "الحقد" المشار إليه إلا أن آثاره لازالت باقية.

ويصرح (محمود، التوراة، مصطفى محمود، الأعمال الكاملة، التوراة، ط الحياة القاهرة مصر،، ١٩٧٢ ، ص ٥٥.) بهذا الإشكال معتبراً ما ورد في التوراة عن مصر عبارة عن منشور سياسي ضد مصر. ولا عجب أن في ظروف الحرب هذه يكتب أحد الصحفيين (منصور، ٢٠٠٨،) تحت عنوان: " التوراة نصوص فرعونية" لكنه في الواقع كان يستند على ما كتبه أستاذ متخصص هو: " وما قاله د. فؤاد حسنين أن الديانة اليهودية ليس فيها ابتكار ولا إبداع.. وإنها منقولة عن مصر الفرعونية. ولم يحدث في التاريخ أن استطاعت حضارة أن تلم بكل شيء بين الإنسان وربه في الحياة وفي الموت وفي الطريق إلى ذلك.. إلى الجنة أو إلى النار، كما فعلت الحضارة الفرعونية.. وأمامنا النصوص، ولم يفلح أحد من المستشرقين أن يضيف إلى ذلك شيئا." هكذا وشت صفحات كتاب الدكتور شلبي بدءاً من الصفحة الثانية في المقدمة بأحد أهم أسباب التحيز عند المصريين، ومنهم أحمد شلبي، إنه الصراع العربي الإسرائيلي " وكما يصرح (شلبي، مقارنة الأديان- اليهودية، ١٩٩٠، ٣٥) هي مشكلة

عصيبة بالنسبة للبحث العلمي، ومن الواضح أن اليهود يحاربوننا بكل سلاح وأن سلاح القلم والفكر من أقوى أسلحتهم.."

ربما شعر الدكتور شلبي بقلق حول اتجاهاته في الكتابة فحاول طمأنة قرائه بأنه سيكون محايدا ، وأنه لن يقحم هذا الصراع في ميدان الكتابة العلمية، لكنني هنا يجب أؤكد على أن المؤلف فشل ولم ينجز وعده. فقد بدأ كتاباً علمياً بحديث عن صراع سياسي شغله،وشغلنا معه، بل والأمة كلها عشرات السنين، وسيطر علينا هاجس هذا الصراع، لكن عصم الله من عصمه. كتب د. شلبي وأطال د. شلبي في الحديث عن الصراع في وقت كان الواقع متخماً بالأحداث والحروب والمواجهات السياسية والعسكرية، فغلبه ذلك على الروح العلمية الموضوعية الحيادية وأفشى ما يضمره من نيات حول حيادية مؤلفه وقد سرى ذلك في كل فصول وأبواب الكتاب. على كل حال هذا ليس استنتاجاً مني بل صرح د. شلبي بسبب حياده عن الحياد فقال (شلبي، مقارنة الأديان- اليهودية، ١٩٩٠، ٣٥): " وحديث القرآن المستفيض عن اليهودية والمسيحية يشدنا إلى إبراز ضرورة علم مقارنة الأديان وبخاصة في العهد الحاضر، فاليهود –أردنا أو لم نرد – أصبحوا في قلب أمتنا العربية، فلابد أن ندرس عقائدهم وتاريخهم وصور غدرهم التي سجلها التاريخ، حتى نستطيع أن نتعامل معهم سلما أو حربا. أما المسيحيون فيكونون نسبة ما في أكثر البلاد العربية والإسلامية أي أنهم لا يعيشون في أرض مجاورة لنا، بل يعيشون في الشارع الذي نسكن فيه والعمارة التي نقطنها"

ولست أدري هل هناك فرق علمي يجعلني أكتب عن الذين يعيشون في عمارتي بطريقة غير الذين يعيشون في العمارة المجاورة أم لا؟ ولكن الذي فات المؤلف وهو يكتب هذا الكلام سنة ١٩٦٠ في مقدمة الطبعة الأولى (شلبي، مقارنة الأديان- اليهودية، ١٩٩٠، ٣٥) هو أن اليهود قبل سنين قليلة كانوا " يكونون نسبة ما في أكثر البلاد العربية والإسلامية، أي أنهم

"كانوا" لا يعيشون في أرض مجاورة لنا، بل يعيشون في الشارع الذي نسكن فيه والعمارة التي نقطنها. وفيما يتعلق بمصر —من بين هذه الدول- لقد عاش فيها اليهود قديما وحديثا، وحديثا عاش اليهود بيننا في السراء والضراء، وكمواطنين يبيعون ويشترون وينتجون، ولم تر مصر منهم أي تهديد لأمنها القومي.

وفي مقدمة الطبعة العاشرة (شلبي، مقارنة الأديان- اليهودية، ١٩٩٠، ٣٥) بدأها بهتاف يحبه المصريون "الله أكبر" قائلاً: "ذلك هو الهتاف الذي دوى في ظهر العاشر من رمضان سنة ١٣٩٣ هـ (=السادس من أكتوبر ١٩٧٣) وفي ظله انطلق جنودنا يقتحمون الصعاب ويهبطون كالقدر على العدو الصهيوني...". ويقول (شلبي، اليهودية، ١٠١): "لقد زالت سنوات الهزائم بعد أن غربت شمس عبد الناصر.." ورغم هذا التصريح إلا أنَّ حتى المقدمة كانت لا توحي أبداً بأي حيادية أو موضوعية في كتابة د. شلبي.

أثر المذهبية في التحيز

كان التحيز أيضا لأسباب مذهبية تتعلق بالخلاف حول الصفات الإلهية وتنزيه الله تعالى عن مماثلة المخلوقين. وبكل أسف كان أكثر (وربما جميع) مؤلفي المقررات في علم الأديان ومقارنتها، ينتحلون أحد المذاهب في مباحث الإهيات وبكل أسى كل منهم حاكم الآخر بناءً على مذهبه هو، أيا كان هذا المذهب. فالمتكلمون يرفضون وصف التوراة لله تعالى بصفات هي نفسها توجد في المصادر الإسلامية. والمثبتون كذلك يرفضون على سبيل المثال قول التوراة (إن الله خلق آدم على صورته). ليس قضيتي الحكم بين هذه المذاهب، لكن مسألتي هي أن الجميع أتهم الآخر بما هو فيه. وبناءً عليه اتخذوا من نصوص الصفات في التوراة موقف الرفض والتشكيك. فلأسباب مذهبية بحتة اتهم كثيرون ممن كتب عن اليهودية

ومنهم د أحمد شلبي، التوراة بالتجسيم والتشبيه والتمثيل، وآخرون اتهموا التوراة بما هو مطابق لما في النصوص الإسلامية، فرآه عيباً عندهم لكن ليست هيباً وطعناً عندنا!!!

التحيز عند الأشعرية:

كما ذكرت كان —ولازال- معظم الكتاب والمؤلفين لمقررات علم الأديان أسرى لما درجوا عليه من قواعد كلامية لاسيما في مباحث الإلهيات والنبوات، ومن لا يتمذهب بمذهبهم تابعهم تقليداً وشغفاً بالطعن في اليهودية وكتابها. لقد كان كل أو جل من كتب عن اليهودية متحيزاً في العصر الحديث هم من أبناء المذاهب الكلامية (معتزلة أو أشاعرة أو ماتريدية). ووفقاً لهذه المذاهب فإن من يثبت ما ورد عن الله تعالى في الكتب المقدسة على ظاهرها من غير تأويل هو مجسم وممثل. وبذلك كانت التوراة في مرمى سهامهم. والحق أن التوراة ليس فيها تشبيه ولا تجسيم، بل فيها ما في القرآن من تنزيه واثبات للصفات.

يقول شلبي (شلبي، اليهودية، ١٠١) إن التوراة —كما يراها-تضفي على الله تعالى صفات البشر، فبالرغم من أن الله يقول لموسى بنص التوراة في أعظم الوصايا: «لا تصنع لك تمثالا منحوتا ولا صورة مما في السماء من فوق والأرض من تحت..» ((خروج ٢٠/ ٤)) يقول (شلبي، اليهودية، ١٩٠) " ومع ذلك ترسم أسفار التوراة الخمسة صورة بشرية محضة للإله.."

وبشكل عام يرى أحمد شلبي ومعه صابر طعيمة (طعيمة، التراث الإسرائيلي، ٢٠١٩) أن "بنو إسرائيل كانوا يتجهون إلى التجسيم والتعدد والنفعية". ويقول آخر (البار، ٢٠١٨)أن التوراة تقول: إن الله خلق آدم على صورته، وأن الله يمشي وينزل ويتكرر نزوله وكلامه وأنها تقول (الخولي م.، ١٤٢٢) إن الله كتبها (التوراة) بإصبعه وكيف يكون لله أصابع!!

كذلك يرى (السقا، ٢٠٠٥) أن التوراة صرَّحت بأن الله استراح، لتثبت أن الإنسان الذي يحتاج للراحة قد خلق على صورته، فيقول الدكتور السقا عن كاتب التوراة " فإنه صوَّر الله تعالى بصورة إنسان.. فخلق الله الإنسان على صورته. على صورة الله خلقه} (تك ١: ٢٧) لقد بين أن الإنسان على صورة الله.. ولكي يُقرّب صورة الإنسان من الله، أثبت لله صفات

هي من لوازم الإنسان التي لا يستغني عنها، وليست هي من لوازم الله أنه يقول {وفرغ الله في اليوم السابع من عمله الذي عمله فاستراح} (تك ٢: ٢) وليست الراحة من لوازم الله عز شأنه وجل ثناؤه، فهو لا يدركه الكلال، وإنما الذي يدركه الكلال هو الإنسان، وصار في تأكيد شبه الله للإنسان على هذا النحو. فقال: إن الله قال عن آدم {هوذا الإنسان قد صار كواحد منا. عارفًا الخير والشر} (تك ٣: ٢٢) أي أنه من فصيلة الله، ولا يختلف عنه لا في هيئة الجسم ولا في العلم. وهو يذكر أن الله يحزن كما يحزن الإنسان".

ولنفس الأسباب هاجم السلفي موافقا الماتريدي!! (الهندي و ملكاوي، ١٤١٠) التوراة بالتجسيم والتشبيه والتمثيل، قال رحمت الله الهندي:

"(الأمر الثالث) في الآيات الكثيرة غير المحصورة من العهد العتيق إشعار بالجسمية والشكل والأعضاء لله تعالى مثلاً في الآية ٢٦ و٢٧ من الباب الأول من سفر التكوين والآية ٦ من الباب التاسع من السفر المذكور إثبات الشكل والصورة لله.

وفي الآية ١٧ من الباب التاسع والخمسين من كتاب أشعياء إثبات الرأس، وفي الآية ٩ من الباب السابع من كتاب دانيال إثبات الرأس والشعر، وفي الآية ٣ من الزبور الثالث والأربعين إثبات الوجه واليد والعضد، وفي الآية ٢٢ و ٢٣ من الباب الثالث والثلاثين من كتاب الخروج إثبات الوجه والقفا، وفي الآية ١٥ من الباب الثالث والثلاثين إثبات العين والأذن، وكذا في الآية ١٨ من الباب التاسع من كتاب دانيال إثبات العين والأذن، وفي الآية ٢٩ و ٥٢ من الباب الثامن من سفر الملوك الأول وفي الآية ١٧ من الباب السادس عشر والآية ١٩ من الباب الثاني والثلاثين من كتاب أرمياء والآية ٢١ من الباب الرابع والثلاثين من كتاب أيوب، والآية ٢١ من الباب الخامس والآية ٣ من الباب الخامس عشر من كتاب الأمثال إثبات العين، وفي الآية ٤ من الزبور العاشر إثبات العين والأجفان، وفي الآية ٦ و ٨

و ٩ و ١٥ من الزبور السابع عشر إثبات الأذن والرجل والأنف والنفس والفم، وفي الآية ٢٧ من الباب الثلاثين من كتاب أشعياء إثبات الشَّفة واللسان، وفي الباب الثالث والثلاثين من سفر الاستثناء إثبات اليد والرجل، وفي الآية ١٨ من الباب الحادي والثلاثين من سفر الخروج إثبات الأصابع، وفي الآية ١٩ من الباب الرابع من كتاب أرمياء إثبات البطن والقلب، وفي الآية ٣ من الباب الحادي والعشرين من كتاب أشعياء إثبات الظهر، وفي الآية ٧ من الزبور الثاني إثبات الفرج، وفي الآية ٢٨ من الباب العشرين من أعمال الحوار والنقاش والبحث العلمي إثبات الدم.... وكما يوجد الإشعار بالجسمية لله تعالى فكذا يوجد بإثبات المكان لله تعالى في الآيات الغير محصورة من العهد العتيق والجديد مثل الآية ٨ باب ٢٥، والآية ٤٥ و ٤٦ من باب ٢٩ من سفر الخروج، وفي الآية ٣ باب ٥ و ٣٤ باب ٣٥ من سفر العدد، وفي الآية ١٥ من الباب السادس والعشرين من سفر الاستثناء، وفي الآية ٥ و ٦ من الباب السابع من سفر صموئيل الثاني، وفي الآية ٣٠ و ٣٢ و ٣٤ و ٣٦ و ٣٩ و ٤٥ و ٤٩ من الباب الثامن من سفر الملوك الأول، وفي الآية ١١ من الزبور التاسع، وفي الآية ٤ من الزبور العاشر، وفي الآية ٨ من الزبور الخامس والعشرين، وفي الآية ١٦ من الزبور السابع والستين، وفي الآية ٢ من الزبور الثالث والسبعين وفي الآية ٢ من الزبور الخامس والسبعين وفي الآية ١ من الزبور الثامن والتسعين وفي الفقرة ٢١ من الزبور المائة والرابع والثلاثين، وفي الفقرة ١٧ و ٢١ من الباب الثالث من كتاب يوئيل، وفي الفقرة ٢ من الباب الثامن من كتاب زكريا.... ولا توجد في العهد العتيق والجديد الآيات الدالة على تنزيه الله عن المكان إلا قليلة مثل الفقرة ١ و ٢ من الباب السادس والستين من كتاب أشعياء، والفقرة ٤٨ من الباب السابع من أعمال الحوار والنقاش والبحث العلمي، لكن لما كان مضمون هذه الآيات القليلة موافقاً

للبراهين أولت الآيات الكثيرة الغير المحصورة المشعرة بالمكان لله تعالى لا هذه الآيات القليلة، وأهل الكتاب أيضاً يوافقوننا في هذا التأويل.."

مع أنني أود أن أتوقف عند قول رحمت الله الهندي "وأهل الكتاب أيضاً يوافقوننا في هذا التأويل". فهذا دليل يصل إليه بسهولة أي بحث محايد وموضوعي وغير المتحيز، يرى بوضوح أن اليهودية والإسلام تتفق في كل شيء؛ في هذا الباب تماماً سواء بالإثبات أو في النفي.

وقد يكفيني في هذا الباب شهادة أكبر باحث ونقد إسلامي في مسألة الصفات الإلهية عندما استشهد ببراءة التوراة من وصفها بالتجسيد والتشبيه.

يعتبر شيخ الإسلام ابن تيمية أكبر عالم إسلامي دافع عن العقيدة بشكل عام وعن قضية الصفات بشكل خاص؛ الذي يقرر بصراحة ووضوح ودون لبس، رداً على من اتهم التوراة بلتشبيه والتجسيد،. ويقرر (تيمية أ.، درء تعارض العقل والنقل، ١٩٩١) بحق أنه ليس في التوراة ما يقوله خصومها، نفاة الصفات الإلهية، من أن التوراة فيها تشبيه، أو كلها من أولها إلى آخرها، وليس فيها التشبيه الذي يعني الإخبار بأن صفات الرب مثل صفت العباد، فهذا كذب على التوراة، فليس فيها الإخبار بأن صفات كصفات عباده، بل فبها نفي التمثيل بالله. ولكنني سأمنح نفسي وكذلك قرائي فسحة ووقت للمداولة حتى لا يبدو حكمي ناقصاً بلا مبررات أو مبني على فهم ظاهري متعجل للموضوع، لذلك سأبسط القول فب هذا المبحث، وهو ما سوف أعرضه في الصفحات التالية:

الصفات الإلهية بين اليهودية والإسلام:

التنزيه في التوراة والقرآن:

مسألة الصفات الإلهية هي مسألة مشتركة بين اليهودية والإسلام، وبين التوراة والقرآن، وكذلك موقف اليهود والمسلمين منها كانت متشابهة أو متطابقة تماماً. تتفق التوراة مع القرآن في إثبات صفات الله تعالى، مع التنزيه عن مشابهة المخلوقين، وهذه الحقيقة أدركها المتقدمون: قال (ابن تيمية أ.، ١٩٩١، ص ٣/ ٩): "الكتاب الأول مصدق للقرآن فمن نظر فيما بأيدي أهل الكتاب من التوراة والإنجيل علم علما يقينا لا يحتمل النقيض أن هذا وهذا جاءا من مشكاة واحدة لا سيما في باب التوحيد والأسماء والصفات فإن التوراة مطابقة للقرآن موافقة له موافقة لا ريب فيها. وهذا مما يبين أن ما في التوراة من ذلك ليس هو من المبدل الذي أنكره عليهم القرآن بل هو من الحق الذي صدقهم عليه ولهذا لم يكن النبي صلى الله عليه وسلم وأصحابه ينكرون ما في التوراة من الصفات ولا يجعلون ذلك مما يدله اليهود ولا يعيبونهم بذلك ويقولون هذا تشبيه وتجسيم كما يعيبهم بذلك كثير من النفاة ويقولون: إن هذا مما حرفوه بل كان الرسول إذا ذكروا شيئا من ذلك صدقهم عليه."

نصوص التنويه في التوراة والقرآن:

إن التوراة تتفق مع القرآن في صفات الله تعالى من حيث الاثبات والتنزيه، وليس في التوراة تشبيه ولا تجسيد. ولهذا لم ينقل عن أحد من الصحابة والتابعين لهم بإحسان وأئمة المسلمين أنهم ذموا أهل الكتاب بما يذمهم به المعاصرون ولا يذكرون لفظ التجسيم ونحوه من الألفاظ التي أحدثها المحدثون. وليس فيها الإخبار بأن صفات كصفات عباده، بل فيها تنزيه الله ونفي التمثيل بالله. (ابن تيمية أ.، ١٣٩١، ص ٣٥٥-٣٥٦)

إن التوراة تنزه الله تعالى كالقرآن تماماً: [الشورى ١١] وكما في قوله تعالى: [الإخلاص: ١-٤] فنجده في التوراة:

١-في الخروج ١٥: «من مثلك بين الآلهة يا رب من مثلك معتزاً في القداسة مخوفا بالتسابيح صانعا عجائب...».

٢-وصفات الله تختلف عن صفات الإنسان فالله تعالى ليس إنساناً يوصف بصفات الإنسان، كما يقول النص في سفر العدد ٢٣\١٩: «ليس الله انسانا فيكذب ولا ابن انسان فيندم هل يقول ولا يفعل او يتكلم ولا يفي....»

٣-وفي سفر أخبار الأيام الأول: الإصحاح ١٧: «يا رب ليس مثلك ولا إله غيرك حسب كل ما سمعناه بأذاننا»

٤-في سفر صموئيل الثاني: الإصحاح ٧: «لذلك قد عظمت أيها الرب الإله لأنه ليس مثلك وليس إله غيرك حسب كل ما سمعناه بآذننا».

٥-وفي سفر أشعيا «إله الدهر الرب خالق أطراف الأرض لا يكلُّ ولا يعيا» (أش ٤٠: ٢٨).

اختلاف المدارس الفلسفية حول نصوص الصفات

أ- المدارس الإسلامية:

في الواقع دائماً كان المسلمون قلقين بسبب مسألة الصفات الإلهية، وكانوا يمشون على خيط رفيع بين الإثبات والتنزيه. فإثبات النصوص والإيمان بها واجب، وهي بنسب لله تعالى صفات توحي بالتشبيه المرفوض عند الجميع، وبين النفي وهو إلغاء النصوص ودلالتها، وهو ما يتعارض مع الإيمان بها.

في الواقع بعضهم اتهم نصوص القرآن بنفس ما قيل في اليهودية. لأن القرآن يصدق التوراة في هذا الباب فقالوا فيه مثل ما قالوا في التوراة؟! هكذا (الرازي ا.، ١٩٨٦) في كتابه "أساس التقديس": وأعلم أن نصوص القرآن لا يمكن إجراؤها علي ظاهرها لوجوه كثيرة ذكروها. كون أو بيان أي هذه المذاهب هو الحق ليس عملي هنا، بل ما أريده هنا وما يتعلق بعملي هو التحيز. فقضية المتحيزين خاسرة لأن مسألة صفات الله في القرآن والتوراة متطابقة والطعن في التوراة طعن في القرآن. إذن القضية ليست "رائحة يهودية" بل هو أثر المذهبية في دراسة الأديان. بشكل عام ومختصر للمسلمين أربعة مذاهب (الرازي ا.، ١٩٨٦) في تفسير هذه النصوص:

١- مذهب المشبهة: الفرقة الأولى: فرقة أخذت بظواهر هذه النصوص كما هي، ونسبتها إلي الله تعالي: وجهاً كوجوه الخلق، يداً أو أيدياً كأيديهم وضحكاً كضحكهمّ! وهكذا حتى فرضوا الإله شيخاً وبعضهم فرضه شاباً!

٢- مذهب المعطلة: هي فرقة عطلت معاني هذه الألفاظ علي أي وجه يقصدون بذلك نفي مدلولاتها مطلقاً عن الله تبارك وتعالي، فالله تبارك وتعالي لا يتكلم ولا يسمع ولا يبصر لأن ذلك لا يكون إلا بجارحة والجوارح يجب أن تنفي عنه سبحانه فبذلك يعطلون صفات

الله تبارك وتعالي ويتظاهرون بتقديسه وهؤلاء هم المعطلة. ويطلق عليهم بعض علماء تاريخ العقائد الإسلامية: الجهمية نسبة لزعيمهم..

٣-مذهب السلف: فيؤمنون بهذه الآيات والأحاديث كما وردت ويعرضون عن بيان المقصود منها لله تبارك وتعالي فهم يثبتون اليد والعين والأعين والاستواء والضحك والتعجب، إلخ وكل ذلك بمعان لا نُدركها ونترك الله تبارك وتعالي الإحاطة بعلمها.

٤- مذهب الخلف: وأما الخلف فقد قالوا: إننا نقطع بأن معاني ألفاظ هذه الآيات والأحاديث لا يُراد بها ظواهرها، وعلى ذلك فهي مجازات لا مانع من تأويلها فأخذوا يُؤولون "الوجه" بالذات" اليد" بالقدرة وما إلي ذلك هرباً من شبهة التشبيه.

ب- موقف فلاسفة اليهود من ظاهر نصوص التوراة:

المفاجأة الثانية: رغم أن هناك نصوص في التوراة؛ كما في القرآن، يوحي ظاهرها بالتشبيه فإن الشراح اليهود؛ مثل الشراح المسلمين، يقولون: إن هذه النصوص لا يمكن أن تفهم على ظاهرها. على سبيل المثال، كان الإصرار على وحدانية الله تعالى وحدانية مطلقة هي الموضوع الأساسي للعالم اليهودي أبراهام بن داود في القرن الثاني عشر (1110-1180م)؛ والذي يعتمد في إيمانه العظيم بوحدانية الله المطلقة من وجوده هو نفسه؛ هذا الوجود الضروري يدل على وحدانية الله المطلقة. بالنسبة لابن داود، فإن مفهوم الوحدانية الإلهية يتناقض مع وصفه تعالى بالصفات الإيجابية.

كذلك يبدأ موسى بن ميمون في الجزء الأول من كتابه "دليل الحائر" (Chn-Sherbk, 2005) بمناقشة المصطلحات التي توحي بالتجسيم في الكتاب المقدس. ويشير إلى أن الفهم الحرفي لهذه النصوص يؤدي إلى فهم أن الله تعالى كائن مادي؛ ولكن وفقًا لما قاله موسى بن ميمون، فإن هذا خطأ: ويجب فهم مثل هذه الصور بصورة مجازيَّة. في هذا

الصدد، جادل بأنه الله تعالى لا يوصف بالصفات الإيجابية، لأن هذا الوصف يؤدي إلى التعددية؛ كما تقول المعتزلة وتدعي أنه يلزم مها تعدد القدماء. بينما الله تعالى هو واحد وحدة مطلقة. وهكذا عندما يوصف الله بصفة إيجابية في الكتاب المقدس، يجب أن نفهم أن هذه الصفة صفة فعل له تعالى وليست صفة ذات. وزعم موسى بن ميمون؛ وآخرون، أن الصفات الحقيقية الوحيدة هي الصفات السلبية - هي التي تفيد معرفة الله؛ لأنه في حالة النفي لا توجد تعددية، وكل صفة سلبية تنفي عن الله صفة أو صفات النقص. على سبيل المثال عندما يقول المرء أن الله غير محدود فهذا يعني أنه ليس جسماً. ويعتقد موسى بن ميمون أن مثل هذا النفي يقرب المرء من معرفة الله.

قواعد التأويل:

لم يكن المنهج الرباني في التأويل مجرد ترف لغوي، بل كان ضرورة وجودية. فقد نشأت المشناه والتلمود في بيئة كانت لا تزال تكافح ضد الوثنية الهلنستية والرومانية. فالتأويل هنا كان بمثابة سد دفاعي يمنع العامة من تصور الإله على هيئة مادية يمكن أن تُعبد أو تُمثل في شكل تمثال، وهو ما يخالف الوصية الثانية والنصوص الأخرى. [١]

بناء على ذلك، وكماا صنع المتؤولون، قواعد لتأسيس التأويل، هكذا صنع أهل التأويل في اليهودية.

القاعدة الأولى: "التوراة تتحدث بلغة البشر"

قاعدة "דִּבְּרָה תורה בִּלְשׁוֹן בְּנֵי אָדָם") هي قاعدة عقائدية وتأويلية أساسية في العقيدة اليهودي الرباني. تعني هذه العبارة العبرية: "لقد تحدثت التوراة (الوحي) بلغة بني البشر

---

١ See: (Cohen, 1999, p. 55.

(الناس)." عنوان هذه القاعدة هو: "لقد تحدثت التوراة (الوحي) بلغة بني البشر (الناس)." وتعد هي حجر الزاوية في العمل التأويلي في اليهودية.

وقد وردت القاعدة في سياقات تلمودية متعددة على سبيل المثال في (التلمود البابلي، براخوت ٣١ب). هذه القاعدة تعني أنّ الله تعالى تَنَزَّل في خطابه ليلائم الإدراك البشري، الذي لا يستطيع استيعاب صفات الله إلا من خلال المفاهيم الحسية.

وظيفة القاعدة هي عمل قانون إلزامي عند قراءة الصفات.

معنى القاعدة ووظيفتها:

هدف هذه القاعدة هو التنزيه، وتخدم الوظائف التالية:

١. تأويل الصفات البشرية: تستخدم هذه القاعدة لتبرير وجود الصفات الجسدية أو (التجسيدية) أو الصفات الانفعالية المنسوبة إلى الإله في نصوص التناخ (مثل "يد الرب"، "عين الرب"، أو "ندم الرب").

٢. التنزيه المطلق: تفصل القاعدة بين اللغة المستخدمة في النص وبين الذات الإلهية الحقيقية. فهي تؤكد أن الإله مطلق ومنزّه عن أي تجسيد أو نقص بشري، ولكن عند مخاطبة البشر، كان لا بد للوحي أن يستخدم المجازات والاستعارات المألوفة للإدراك البشري المحدود.

٣. قاعدة تأويلية هي بمثابة مفتاح تأويلي يُلزم القارئ أو المفسر بتجريد الصفات الإلهية من دلالتها الحرفية أو المادية عند قراءة النصوص، والبحث عن المعنى المجازي الذي يدل على الفعل، أو القدرة، أو العدل الإلهي، بدلاً من الجارحة أو الانفعال.

أثر القاعدة في باب الصفات:

هذه القاعدة محورية لأنها:

١. حمت التوحيد وفرضت التنزيه، وساعدت الحاخامات والربانيين الأوائل بالرد على تهمة التجسيد أو التشبيه التي واجهها العقيدة اليهودي من التيارات الفلسفية أو من الديانات الأخرى.

٢. أصبحت أصلاً للتجريد العقلي اعتمد عليها الفلاسفة لاحقًا، مثل سعديا غاوون وموسى بن ميمون (الرامبام)، كنقطة انطلاق لفرض التنزيه العقلي المطلق، حيث حولوا التأويل اللغوي إلى ضرورة عقلية وجعلوا نفي الجسدية أصلاً من أصول الدين.

القاعدة الثانية: نظرية الصفات السلبية:

اعتمد ابن ميمون منهج نفي الصفات (السَّلْب) لوصف الإله. واستدل على أن الصفات الإيجابية التي ننسبها لله يجب أن تُفهم على أنها صفات سلبية (نفي للنقص)، أو صفات تصف أفعاله. يقول:

"إن الصفات الإلهية التي نطلقها على الله... هي إما صفات تدل على أفعاله أو صفات سلبية، ومعنى القول بأنه عالم، أنه ليس جاهلاً". يقصد اللاهوت السلبي التنزيه المطلق لأنه لا يضيف أي وصف أو تركيب أو تعددية إلى الذات الإلهية الواحدة البسيطة (الكمال المطلق). وهو اعتراف بأن أقصى ما يمكن أن يصل إليه العقل البشري المحدود في معرفة الله هو المعرفة السلبية. بشكل عام أكد ابن ميمون أن جميع الصفات الجسدية في التناخ يجب أن تُؤول إلى الأفعال الإلهية أو إلى الإدراك العقلي.[1]

---

[1] See: Maimonides,) 1963, Guide, I. 58, p. 136.

القضايا الكبرى في الصفات الإلهية:

الاستواء في المنظور الإسلامي:

مشكلة تفسير الاستواء هي نفسها تفسير مشكلة استراح، لأن الجملتين تتكلم عن الله تعالى بعد ما فرغ من خلق السماوات والأرض:

اختلاف علماء المسلمين في تفسير الاستواء:

لقد كانت هذه الكلمة (استوى) بالضبط سبب خلاف كبير بين الإسلاميين. ورغم أن هذه الكلمة يفهم معناه كل من ينطق العربية صغيراً أو كبيراً، عالماً أو عامياً، إلا أن المتكلمين جعلوا منها لغزا لا يفهم معناه أبدا، بل وغير قابل للفهم أصلا. إن قصة بدء الخلق ثابتة في القرآن تماماً كما في التوراة ما عدا الترجمة. ففي القرآن الكريم ورد ذلك في سبعة مواضع من كتاب الله، واختلف المفسرون في معنى "استوى" في الآية.

معنى الاستواء على العرش:

اتفق العلماء، سواء المحدثين أو العقائديين أو اللغوين، على أن الاستواء مفهوم بدلالة اللغة وأن المعنى واضح حتى لعامة الناس، ورغم ذلك جعل منه المتكلمون لغزاً لا يحل. فقد نقل القرطبي عن أبي بكر المرادي توفي سنة ٤٨٩هـ القيرواني اختلاف الناس في تحديد معنى الاستواء على عشرة أقوال، وأضاف إليها القرطبي (القرطبي، الأسنى في شرح أسماء الله الحسنى، ص ٨- ١٢٢.) أربعة أقوال، فتحصل مجموع ذلك أربعة عشر قولا؛ رد وضعف أقوالا منها، وانتقد بعضها. وقد فسر السلف (.، ١٩٨٦ ص ١٠٥/١) الاستواء بعدة معاني منها الجلوس والعلو والارتفاع. قال أَحْمَدُ بْنُ سَعِيدٍ أَبُو جَعْفَرٍ الدَّارِمِيُّ، قَالَ: سَمِعْتُ أَبِي يَقُولُ: سَمِعْتُ خَارِجَةَ، يَقُولُ وقد تلا قوله تعالى: مَا أَنزَلْنَا عَلَيْكَ الْقُرْآنَ لِتَشْقَىٰ (٢) إِلَّا تَذْكِرَةً

لِّمَن يَخْشَىٰ (٣) تَنزِيلًا مِّمَّنْ خَلَقَ الْأَرْضَ وَالسَّمَاوَاتِ الْعُلَى (٤) الرَّحْمَٰنُ عَلَى الْعَرْشِ اسْتَوَىٰ [طه: ٥] "وَهَلْ يَكُونُ الِاسْتِوَاءُ إِلَّا بِجُلُوسٍ" وَقَالَ: «مَنْ زَعَمَ أَنَّ الرَّحْمَنَ عَلَى الْعَرْشِ اسْتَوَى عَلَى خِلَافِ مَا يَقِرُّ فِي قُلُوبِ الْعَامَّةِ فَهُوَ جَهْمِيٌّ»

وقال ابن أبي زيد القيرواني (القيرواني، دت ص ١٨): " على العرش استوى، وعلى الملك احتوى، وله الأسماء الحسنى والصفات العلى"

وقال (القرطبي، ١٩٦٤، ص ٧/ ٢٧٣) : " لم ينكر أحد من السلف الصالح أنه استوى عرشه حقيقة."

رأي المعتزلة وتأويل الاستواء:

أكثر الأقوال التي لقيت الرد والرفض عند أهل السنة ما ذهب إليه المعتزلة من تأويل الاستواء بالاستيلاء، قال القاضي (الجبار:، ص ٢١٦و٢١٧) المعتزلي: " يجب أن نتأول ما ذكر من الآي، فتأويل قوله تعالى" ثم استوى على العرش" أنه اقتدر وملك، لم يرد تعالى بذلك أنه تمكن على العرش جالسا، وهذا كما يقال في اللغة استوى البلد للأمير، واستوت هذه المملكة لفلان وقال الشاعر:

قد استوى بشر على العراق من غير سيف ودم مهراق

لم يرد جلوسه؛ وإنما أراد استيلاءه واستعلاءه"

وقد رد هذا التأويل علماء المسلمين من المتقدمين والمتأخرين.

استوى أو استلقى:

وفي التراث الإسلامي رواية مشكلة تقرب من المعنى في النص التوراتي: وكان النقاش حولها بين القبول والرفض والجواب عنها مطابق لما أجيب به على نص التوراة.

قال (أبو يعلى، دت، ص ١٩٠) نا أَبُو مُحَمَّدٍ الْحَسَنُ بْنُ مُحَمَّدٍ، قَالَ: نا عَلِيُّ بْنُ عُمَرَ التَّمَّارُ، مِنْ أَصْلِ كِتَابِهِ، قَالَ: نا جَعْفَرُ بْنُ مُحَمَّدِ بْنِ أَحْمَدَ بْنِ الْحَكَمِ الْوَاسِطِيُّ، قَالَ: نا أَحْمَدُ بْنُ عَلِيٍّ الأَبَّارُ أَبُو الْعَبَّاسِ، قَالَ: نا مُحَمَّدُ بْنُ إِسْحَاقَ الصَّاغَانِيُّ، قَالَ: نا إِبْرَاهِيمُ بْنُ الْمُنْذِرِ الحزامي قال: نا مُحَمَّدُ بْنُ فُلَيْحٍ، عَنْ أَبِيهِ، عَنْ سَعِيدِ بْنِ الْحَارِثِ، عَنْ عُبَيْدِ بْنِ حُنَيْنٍ، قَالَ: بَيْنَا أَنَا جَالِسٌ فِي الْمَسْجِدِ إِذْ جَاءَ قَتَادَةُ بْنُ النُّعْمَانِ فَجَلَسَ يَتَحَدَّثُ وَثَابَ إِلَيْهِ نَاسٌ، فَقَالَ: انْطَلِقْ بِنَا يَابْنَ حُنَيْنٍ إِلَى أَبِي سَعِيدٍ فَأُخْبِرْتُ أَنَّهُ اشْتَكَى، قَالَ: فَانْطَلَقْنَا حَتَّى دَخَلْنَا عَلَى أَبِي سَعِيدٍ فَوَجَدْنَاهُ مُسْتَلْقِيًا رَافِعًا رِجْلَهُ الْيُمْنَى عَلَى الْيُسْرَى، فَسَلَّمْنَا عَلَيْهِ وَجَلَسْنَا، فَرَفَعَ قَتَادَةُ يَدَهُ إِلَى رِجْلِ أَبِي سَعِيدٍ فَقَرَصَهَا قَرْصَةً شَدِيدَةً، فَقَالَ أَبُو سَعِيدٍ: سُبْحَانَ اللَّهِ يَابْنَ أَخِي أَوْجَعْتَنِي، قَالَ: ذَاكَ أَرَدْتُ إِنَّ رَسُولَ اللَّهِ، صَلَّى اللَّهُ عَلَيْهِ وَسَلَّمَ: " إِنَّ اللَّهَ لَمَّا قَضَى خَلْقَهُ اسْتَلْقَى ثُمَّ رَفَعَ إِحْدَى رِجْلَيْهِ عَلَى الأُخْرَى، ثُمَّ قَالَ: لا يَنْبَغِي لأَحَدٍ مِنْ خَلْقِي أَنْ يَفْعَلَ هَذَا " فَقَالَ أَبُو سَعِيدٍ: لا جَرَمَ وَاللَّهِ لا أَفْعَلُهُ أَبَدًا قَالَ أَبُو مُحَمَّدٍ الْخَلالُ: هَذَا حَدِيثٌ إِسْنَادُهُ كُلُّهُمْ ثِقَاتٌ، وَهُمْ مَعَ ثِقَتِهِمْ شَرْطُ الصَّحِيحَيْنِ مُسْلِمٍ وَالْبُخَارِيِّ. وأورد عدة روايات ثم علق على الروايات بقوله:

"أعلم أن هَذَا الخبر يفيد أشياء منها: جواز إطلاق الاستلقاء عليه، لا عَلَى وجه الاستراحة، بل عَلَى صفة لا تعقل معناها، وأن له رجلين كما له يدان، وأنه يضع إحداهما عَلَى الأخرى عَلَى صفة لا نعقلها، إذ ليس فِي حمله عَلَى ظاهره ما يحيل صفاته، لأنا لا نصف ذَلِكَ بصفات المخلوقين بل نطلق ذَلِكَ كما أطلقنا صفة الوجه واليدين وخلق آدم بها، والاستواء عَلَى العرش، وكذلك جواز النظر إليه، لا فِي مكان، وكذلك إثبات الوجه لا عَلَى الصفة التي هي معهودة فِي الشاهد، وكذلك العين. فإن قيل: لا يجوز حمل هَذَا الخبر عَلَى ظاهره بل يحمل قوله: " لما فرغ من خلقه استلقى " بمعنى ترك أن يخلق مثله ويديم ذَلِكَ كما

يقال: فلان بنى داره وعمرها فاستلقى عَلَى ظهره بمعنى أنه ترك البناء، ولا يراد أنه اضطجع؛ قيل: قولكم أنه لا يجوز حمله عَلَى ذَلِكَ غلط، لأنا قد بينا أنا لا نحمله عَلَى صفة تستحيل فِي صفاته، بل يجري فِي ذَلِكَ مجرى غيره من الصفات، وأما حمله عَلَى ترك أن يخلق مثله وترك الاستدامة لذلك فغلط أيضا، لأن لذلك اسما هو أخص به من الاستلقاء وهو ترك الخلق وقطع استدامته وجواب آخر: وهو أنه لا يصح حمله عَلَى قطع الاستدامة لأنه مستديم لخلقه ومستديم أيضا إيقاع خلق فِي السموات والأرض ... فأخبر أنه فاعل لإمساكها بعد الفراغ منها فإن قيل: قوله: " استلقى " بمعنى ألقى مخلوقاته عن الرجل يستلقي ويضع إحدى رجليه عَلَى الأخرى، قَالَ: ليس به بأس قد روي وقال حنبل: رأيت أَبَا عبد الله مستلقيا عَلَى قفاه واضعا إحدى رجليه عَلَى الأخرى قيل: هَذَا غلط، لأن قول كعب تضمن شيئين: أحدهما: إثبات الرجلين صفة والثاني: منع هَذِهِ الجلسة وكراهتها، قام الدليل عَلَى جواز هَذِهِ الجلسة لخلاف السلف وأجازتهم له، وبقي إثبات الرجلين عَلَى ظاهره لأنه لم ينقل عنهم خلافه ولا رده، فوجب الرجوع إليه لأنه لا يجوز فِي حقه إثبات صفة برأيه واجتهاده.".

الاستواء على العرش في التوراة:

تقريباً كل من كتب عن اليهودية أورد هذه النص والموضوع دليلا على تحريف التوراة وفساد العقيدة اليهودية: قال أستاذي الدكتور سعو دالخلف وغيره، واللفظ له: "فيزعم اليهود في كتابهم أن الله تعب من خلق السموات والأرض فاستراح في اليوم السابع. فقد ورد في (سفر التكوين) (٢ / ٢) قولهم: (وفرغ الله في اليوم السابع من عمله الذي عمل، فاستراح في اليوم السابع من جميع عمله الذي عمل. وأيضاً: سفر الخروج، ٣١ / ١٧. وقد رد الله عليهم ذلك في قوله تعالى: [ق: ٣٨].

لم تذكر التوراة أن أن الله تعالى تعب عندما خلق السماوات والأرض، وتعبير المشكل كان "ثم استراح في اليوم السابع" لا يعني بالضرورة أن الله تعالى "تعب" كما فهم كثير من علماء المسلمين بدلالة المفهوم، وليس نصاً على التعب. سأناقشهذه المسألة في النقاط التالية:

أول من قال بتفسير التعب:

هنا يبدأ البحث الهام بهذا السؤال: أول من قال بهذا التفسير:

تبدأ مشكلة هذا المبحث مع تفسير قوله تعالى: ﴿ وَلَقَدْ خَلَقْنَا السَّمَاوَاتِ وَالْأَرْضَ وَمَا بَيْنَهُمَا فِي سِتَّةِ أَيَّامٍ وَمَا مَسَّنَا مِن لُّغُوبٍ﴾[ق:٣٨] وحتى لا أكون متحيزاً في دراستي فأظلم أساتذي يجب أن أبين أنّ هذه الفكرة كانت حاضرة في فجر الإسلام؛ في عصر الرواية الأول:

في تفسير الآية: ﴿وَلَقَدْ خَلَقْنَا السَّمَاوَاتِ وَالأَرْضَ وَمَا بَيْنَهُمَا فِي سِتَّةِ أَيَّامٍ وَمَا مَسَّنَا مِنْ لُغُوبٍ﴾ [ق: ٣٨] وفقاً لدراسة سريعة حول معنى هذه الآية في جامع البيان للطبري (ت ٣١٠هـ)، يظهر تطور واختلافا منهجيًا واضحًا بين طبقات المفسرين الأوائل في مقاربة مدلول هذه الآية وفي التفسير بشكل عام:

١–عصر الصحابة:

اقتصر تفسير الصحابة والتابعين الأوائل على بيان المعنى اللغوي الذي ينزه الله عن لفظ «اللغوب»، دون ربطٍ صريح بسياق رد عقائدي على مقالة ما، مثل عقائد أهل الكتاب.

ففيما يرويه الطبري عن ابن عباس (ت ٦٨هـ) في تفسير الآية أنه قال: «اللغوب: التعب»، وعن مجاهد بن جبر (ت ١٠٤هـ) قوله: «اللغوب: الإعياء»، وهكذا يظل التفسير محصورًا في تقرير معنى اللفظ مع تنزيه الله عن التعب والإعياء، دون إحالة مباشرة إلى تصورات يهودية بعينها.

٢- التابعين:

لاحقا حدث تحوّل في تفسير الآية عند قتادة بن دعامة السدوسي (ت ١١٧هـ)، إذ يَرِد عنه – في رواية الطبري – تفسير يربط الآية ربطًا صريحًا بمقولة اليهود في استراحة الله بعد الخلق، حيث قال: «ذُكِر لنا أن اليهود قالوا: إن الله خلق السموات والأرض في ستة أيام ثم استراح يوم السابع، فأنزل الله: ﴿وما مسّنا من لغوب﴾، يقول: من تعب». مع ملاحظة أن قتادة بن دعامة السدوسي، التابعي بصري، (توفي سنة ١١٧هـ) لا يقتبس مباشرة من التوراة، بل يذكر "ماذكر له" أي ما نقل له أو اشتهر عن اليهود للردّ عليهم.، ربما ينقل عن كعب الأحبار أو وهب بن منبه.. أو نحوهم. ويمثّل هذا النص – بحسب ما أورده الطبري – أقدم ربط تفسيري صريح يُوجه الآية في إطار الجدل العقدي مع التصور اليهودي الموروث من نص التوراة، ولا يرد في تفسير الطبري قبل قتادة أي تفسير يُصرّح بهذا الربط الجدلي المباشر.

قال الطبري: "حدثنا بشر قال: ثنا يزيد، قال: ثنا سعيد, عن قتادة قوله في الآية: أكذب الله اليهود والنصارى وأهل الفرى على الله، وذلك أنهم قالوا: إن الله خلق السموات والأرض في ستة أيام ثم استراح يوم السابع، وذلك عندهم يوم السبت، وهم يسمونه يوم الراحة.

حدثنا ابن عبد الأعلى، قال: ثنا ابن ثور، عن معمر، عن قتادة, في قوله ﴿وما مسّنا من لغوب﴾ قالت اليهود: إن الله خلق السموات والأرض في ستة أيام, ففرغ من الخلق يوم الجمعة, واستراح يوم السبت, فأكذبهم الله, وقال: ﴿وما مسّنا من لغوب﴾.

وفي الرواية رقم ٧٦٨ – "«قَالَ الْحَسَنُ وَقَتَادَةُ: قَالَتِ الْيَهُودُ: إِنَّ اللَّهَ خَلَقَ الْخَلْقَ فِي سِتَّةِ أَيَّامٍ، وَاسْتَرَاحَ يَوْمَ السَّابِعِ وَهُوَ يَوْمُ السَّبْتِ [وَهُمْ] يُسَمُّونَهُ يَوْمَ الرَّاحَةِ، فَأَنْزَلَ اللَّهُ تَعَالَى هَذِهِ الْآيَةَ. ثم قال:

«٧٦٩» -أَخْبَرَنَا أَحْمَدُ بْنُ مُحَمَّدٍ التَّمِيمِيُّ، أَخْبَرَنَا عَبْدُ اللهِ بْنُ مُحَمَّدِ بْنِ جَعْفَرٍ الْحَافِظُ، قَالَ: أَخْبَرَنَا إِبْرَاهِيمُ بْنُ مُحَمَّدِ بْنِ الْحَسَنِ، قال: حدَّثنا هَنَّادُ بْنُ السَّرِيِّ، قَالَ: حَدَّثَنَا أَبُو بَكْرِ بْنُ عَيَّاشٍ، عَنْ أَبِي سَعْدٍ الْبَقَّالِ، عَنْ عِكْرِمَةَ، عَنِ ابْنِ عَبَّاسٍ: أَنَّ الْيَهُودَ أتت النبي صلى الله عليه وسلم، فَسَأَلَتْ عن خلق السموات وَالْأَرْضِ فَقَالَ: خَلَقَ اللَّهُ الْأَرْضَ يَوْمَ الْأَحَدِ وَالِاثْنَيْنِ، وَخَلَقَ الْجِبَالَ يَوْمَ الثُّلَاثَاءِ [وَمَا فِيهِنَّ مِنَ الْمَنَافِعِ] وَخَلَقَ يَوْمَ الْأَرْبِعَاءِ [والشجر والماء] و [خلق يَوْمَ] الْخَمِيسِ [السَّمَاءَ] وَخَلَقَ يَوْمَ الْجُمُعَةِ النُّجُومَ وَالشَّمْسَ وَالْقَمَرَ. قَالَتِ الْيَهُودُ: ثُمَّ مَاذَا يَا مُحَمَّدُ؟ قَالَ: ثُمَّ اسْتَوَى عَلَى الْعَرْشِ. قَالُوا: قَدْ أَصَبْتَ لَوْ تَمَّمْتَ ثُمَّ اسْتَرَاحَ. فَغَضِبَ رسول الله صلى الله عليه وسلم غَضَبًا شَدِيدًا. فَنَزَلَتْ: وَلَقَدْ خَلَقْنَا السَّمَاوَاتِ وَالْأَرْضَ وَمَا بَيْنَهُمَا فِي سِتَّةِ أَيَّامٍ وَمَا مَسَّنَا مِنْ لُغُوبٍ فَاصْبِرْ عَلَى مَا يَقُولُونَ."

قال محقق الواحدي: " إسناده ضعيف، أبو سعد البقال اسمه سعيد بن المرزبان، قال ابن معين: ليس بشيء لا يكتب حديثه، وقال: عمرو بن علي: ضعيف الحديث [تهذيب التهذيب ٤/ ٧١] و [المجروحين لابن حبان ١/ ٣١٣].

وبذلك يمكن القول إن تفسير قتادة يعكس مرحلة تالية نسبيًا في تطوّر التفسير، حيث انتقل من الاقتصار على الدلالة الغوية مع التنزيه العام إلى توظيف النص القرآني في مواجهة عقائد أهل الكتاب، وهو مسار يزداد وضوحًا واتساعًا في التفاسير اللاحقة.

بناء على ذلك يظهر أن الربط الصريح بين الآية ونص «الاستراحة» التوراتي لم يكن ينقل في تفسير الصحابة، بل تبلور في طبقة متأخرة من التابعين، ممثلة في قتادة، الأمر الذي يدعم فرضية تطوّر استعمال النصوص في الرد على العقائد الكتابية كمنهج للتفسير في الإسلام.)).

هل يتعب الله في التوراة:

وبصرف النظر عن أول من قال ولماذا قال ؟ هل فعلا تقول التوراة أن الله تعلى يتعب في نصوص واضحة، أو كما نقول "محكمة"؟ التوراة تقول بوضوح أيضاً أن الله لا يتعب؛ فالله تعالى لا يتعب أبداً كما في سفر أشعيا: (أش ٤٠ : ٢٨) "إله الدهر الرب خالق أطراف الأرض لا يكلُّ ولا يعيا". ولم تذكر التوراة هذا الوصف أبداً، أعني أن الله استراح لأنه تعب من العمل، لكن هو فهم من قرأ النص المترجم من لغته الأصلية إلى العربية (استراح) وفي لغته الأصلية يعني توقف عن العمل. على أنّ الاستواء على العرش بعد خلق الخلق هو إحدى مسائل الخلاف بين الفرق الإسلامية.

مشكلة الترجمة:

إذن من أين جاء الخلل سواء عند قتادة أو من بعده؟ في بحثي عن أثر الترجمة على نص الكتب المقدسة، نقلت ما يلي: "عندما نقتني كتابا كتبه مؤلفه باللغة الإنجليزية؛ فإننا نفترضُ بأنّ الترجمة العربية هي تعبيرٌ صادقٌ عمَّا قاله المؤلف، لكن في لغة مختلفة، وهذا ما يظنه الناس اليوم فيما يتعلّقُ بالكتب المقدسة، ولكنْ عندما يتعلق الأمر بالكتب المقدسة؛ فالأشياءِ لَيستْ بتلك البساطةِ. إن الكتب المقدسة هي مصدر التلقي الأول عند الإنسان، وهي التي تشكل خلفيته الثقافية والتاريخية، وتصوره حول الله والعالم الذي يعيش فيه، وبناءً على هذا كله يتعايش الناس فيما بينهم، ويتبادلون الأفكار والتصورات والثقافات. ولأن "كل كلمة في أية لغة تحمل عادة معاني عديدة، وعلى المترجم في حالٍ كهذه أن يختار معنى واحدًا يستخدمه في ترجمته، إذن على ماذا يستند المترجم عندما يختار ذلك المعنى الواحد من بين المعاني المتعددة؟ إنه يختار ذلك المعنى الذي يشعر أنه يتفق مع فكرة القرينة، لكن هل يكون مُصِيبًا دائمًا في اختياره؟ إنه يظن ذلك، لكن قد يكون هناك مَنْ يخالفه الرأي ...المترجم

كائن بشري عرضة للخطأ وكلنا خطاة ضعفاء، إن الذي يحدث هو أن المترجم يقوم بتفسير الفقرة بالإضافة إلى ترجمته، والقارئ الذي لا يعرف اللغة الأصلية للكتاب المقدس سيصبح تحت رحمة المترجم ....."[1] أيضا "..الترجمة مهما أبدع مترجمها ليست الأصل، وليس في الدنيا من في استطاعته ترجمة عمل دون تغيير في معالمه اللغوية التي هي في الأصل مركباته البنيوية التي تعطي للعمل الأصلي نصف ما جاء به من منظور الحياة ...ففي الولايات المتحدة جمعية تخصصت في مراجعة وتدقيق ترجمات الكتاب المقدس ، وأكدت أن كل عصر وأن كل حُكْمٍ لعب دورا في تفسير معطيات الكتاب "[2] قبل ذلك بقرون تعطينا شكوى القديس جيروم في القرن الثالثِ دليلاً على قدم هذه القضية، شكوى جيروم كانت حول الترجمات المتباعدة لنفس الفقرة (مثال على ذلك لوقا ٢٤،٤-٥ حيث توجد على الأقل ٢٧ ترجمة مختلفة في المخطوطاتِ اللاتينيةِ القديمةِ). يشكو جيروم إلى ديمسيوس Damasus أن عدد الترجمات يساوي عدد المخطوطات. [3]

من هنا نكاد نفقدُ الثقة في الترجمة مهما بلغت من الإتقان مع وجود الأصل؛ وذلك لأنه لا يستطيع أحد أن يدَّعيَ أن الترجمة معبرة تماما عن هذا الأصل مع وجوده فكيف عند فقده! ولا يمكن أن تعتبر الترجمة بديلا عن الأصل بحال ولا يستطيع أحد أن يتحمَّل تبعة هذا

---

(١) القس د. كينيث بايلي: مقدمة كتاب الفهرس العربي لكلمات العهد الجديد للقس غسان خلف ط دار النشر المعمدانية بيروت ١٩٧٩: ص ١٦.

(٢) د رضا الجمل: الترجمة بين الفن والفهلوة: مقال منشور في صحيفة الأهرام المصرية في ٢٠|١٢\١٩٨٤.

(٣) انظر:

BRUCE M. METZGER, The text of the new testament, New York. Oxford, p.p 251.

القول. وبناء عليه لا أحد يُمْكِنُ أَنْ يَضْمنَ أنّ الذي جاءَ إلينا مِنْ العصور المسيحية القديمِة هو الذي كتبه المؤلف الأصلي، أَو هو مجرد ترجمة عكست قناعات أخذت كمسلمات.

إنّ دراسةَ الترجمات المبكّرةِ للكتب المقدسة معقّدةُ نظراً لأن عدد الترجمات كبير جداً وأن المترجمين الذين قاموا بها كانوا أشخاصاً مجهولين، وكثير منهم؛ كما يظهر من آثارهم، كان قليل العلم باللغة، هؤلاء المترجمون قاموا بترجماتَ مُخْتَلِفةَ، ومِنْ أصولِ مفقودةِ اليوم. نحن لا نعرف من هم الأشخاص الذين قاموا بترجمة العهد الجديد، إنهم مجهولوا الذوات والأعيان، ولا يمكننا أن نستنتج مستواهم التعليمي والثقافي إلا من خلال دراسة تراجمهم، يمكن أن يعرف فقط من خلال ما ترجموه من النصوص؛ لفهم هؤلاء المترجمين، لا يمكننا إلا دراسة تراجمهم.

هذا ما يشكو منه بصراحة القديس أوغسطين –أحد آباء الكنيسة في القرن الثاني–من المترجمين الأوائلِ للعهد الجديد إلى اللغة اللاتينيةِ، لأنهم "متسرعون بحيث أن أي منهم يَحُوزُ على مخطوطة يونانية يَتخيّلُ نفسه بارعا في كل اللغات ويتجاسر على تَرْجَمَتها.

علاوة على ذلك، هذه الترجمات؛ من اللغات المختلفة، كانت تصُحّح أحياناً على ترجمة أخرى؛ غير تلك التي ترجمت منها أصلاً، فالترجمات السريانية الحالية للأناجيل؛ ورغم أن السريانية هي اللغة الأصلية للإنجيل، لكنها في الواقع تمثل ترجمة عن الترجمات اليونانية، بينما اليونانية هي ترجمة عن الأصل السرياني المفقود!!

كذلك بَعْض الخصائص النحوية والمفرداتِ والأساليب والأزمنة في بعض اللغات لا يمكن ترجمتها، على سبيل المثال، اللغة اللاتينية لَيْسَ فيها أداةُ تعريف؛ والسريانية لا تَستطيعُ التَمييز بين الزمن اليوناني أوريست arist [١] والأزمنة التامة؛ وتَفتقرُ لغتنا القبطيةُ إلى المبني للمجهول؛

[١] زمن لا يوجد إلا في بعض اللغات القديمة كاليونانية والهندية.

وبناءً عليه يَجِبُ أَنْ تَستعملَ الإطناب (أي نذكر الفعل والفاعل والمفعول، في هذه اللغة. لكن أحيانا تكون الترجمة؛ مهما كانت، مفيدة بالنسبة إلى علم النقد النصي، فقد تجيب هذه الترجمة عن عدد من الأسئلة الأخرى التي تتعلق بتحقيق وتصحيح النص، مثل: هل الترجمة أَو الجمل موجودة في الأصل العبري أو اليونانيِ الذي أُخِذَتْ منه الترجمة أو لا؟[1] لذلك سيكون بحثنا في جميع أنحاء هذا العمل هو للإجابة على هذه لتساؤلات: هل للكلمة محل البحث معنى واحداً أو عدة معاني؟ ولماذا اختار المترجم هذا المعنى المشكل؟ هل خالفه مترجمون آخرون؟ ما هو النص الأصلي إذن قبل خطأ المترجم؟ فهذه هي أسئلة كل مبحث في هذا العمل.

الترجمة العبرية:

الفعل العبري (شبت שבת) (سجيف، ٢٠٠٨، ص ١٧٢٩ وص ١٧٣٥.) يعني استراح، توقّف، انقطع عن العمل، وقف، انتهى، قضى يوم السبت، تمسّك بالسبت. و (شبات): جلوس، قعود، سكنى، توقّف، انقطاع. ويوم (شبات): السبت، يوم استراحة، يوم عطلة. ونلاحظ أن بين هذه المادّة وموادّ: سبّت والسبات اشتقاق كبير؛ وهو (الراجحي، ١٩٨٨ ، ص ٢٤٤.) اشتقاق كلمة من أخرى مع اتفاقهما في المعنى والحروف الأصلية، دون ترتيب. مثل: رجب، بجر، جبر. وسلم، ملس، لمس، سمل. وفي استعمال القرآن الكريم: وَهُوَ الَّذِي جَعَلَ لَكُمُ اللَّيْلَ لِبَاسًا وَالنَّوْمَ سُبَاتًا وَجَعَلَ النَّهَارَ نُشُورًا [الفرقان: ٤٧]. وَجَعَلْنَا نَوْمَكُمْ سُبَاتًا [النبأ: ٩] أي: قطعا للعمل، وذلك إشارة إلى ما قال في صفة اللّيل: لِتَسْكُنُوا فِيهِ هُوَ

---

[1] انظر:

BRUCE M. METZGER, The text of the new testament, New York. Oxford, p.p 251-268.

ﭐلَّذِي جَعَلَ لَكُمُ ٱللَّيْلَ لِتَسْكُنُوا فِيهِ وَٱلنَّهَارَ مُبْصِرًا ۚ [يونس: ٦٧][1]. وقوله: إِذْ يَعْدُونَ فِي ٱلسَّبْتِ إِذْ تَأْتِيهِمْ حِيتَانُهُمْ يَوْمَ سَبْتِهِمْ شُرَّعًا وَيَوْمَ لَا يَسْبِتُونَ ۙ لَا تَأْتِيهِمْ [الأعراف: ١٦٣]. قيل: يوم قطعهم للعمل، وَيَوْمَ لَا يَسْبِتُونَ ۙ لَا تَأْتِيهِمْ [الأعراف: ١٦٣] قيل: معناه لا يقطعون العمل، وقيل: يوم لا يكونون في السّبت، وكلاهما إشارة إلى حالة واحدة، وقوله: إِنَّمَا جُعِلَ ٱلسَّبْتُ عَلَى ٱلَّذِينَ ٱخْتَلَفُوا فِيهِ [النحل: ١٢٤] أي: ترك العمل فيه، يقال سبت يسبت سبتا وسباتا: استراح بعد العمل والملال. ويسمّى هذا اليوم بالسبت لوقوع الاستراحة فيه بعد الاشتغال في ستّة أيّام.[2]

٢-فعل " שבת شبت " " سبت " يعني بالإنجليزية: seat جلس – قعد sitting جلوس وجلسة. ومعناها طبقًا للشريعة اليهودية "الوقوف والكف" فالله كفَّ عن الخلق، ولذلك قال الكتاب " وبارك الله اليوم السابع وقدّسه" لأنه فيه أنهى عمله وتوقف من جميع عمله الذي عمل الله خالقًا" (تك ٢: ٣) أي أنه توقف عن الخلق وإبداع الموجودات من العدم. والمعنى أن الله كفَّ عن العمل أي توقف عن الخلق، ليس كلّاً وتعباً. لأن "إله الدهر الرب خالق أطراف الأرض لا يكلُّ ولا يعيا" (أش ٤٠: ٢٨).

وهكذا "كل كلمة في أية لغة تحمل عادة معاني عديدة، وعلى المترجم في حالٍ كهذه أن يختار معنى واحدًا يستخدمه في ترجمته، إذن على ماذا يستند المترجم عندما يختار ذلك المعنى الواحد من بين المعاني المتعددة؟ إنه يختار ذلك المعنى الذي يشعر أنه يتفق مع فكرة القرينة، لكن هل يكون مُصِيبًا دائمًا في اختياره؟ إنه يظن ذلك، لكن قد يكون هناك مَنْ يخالفه الرأي."

---

(١) الراغب، المفردات في غريب القرآن (ص: ٣٩٢)

٢ انظر البحث كاملاً : أثر الترجمة على نص الكتب المقدسة، ط دار اللؤلؤة الأولى القاهرة ٢٠٢٥.

الترجمة العربية لسعديا الفيومي.

يعد كتاب «تفسير التوراة باللغة العربية. لسعديا بن جاؤون بن يوسف الفيومي، شكلاً من أشكال الترجمة التفسيرية للنصوص. ويقدم سعديا في كتابه تفسيراً لأسفار التوراة الخمسة: التكوين، الخروج، اللاويين، العدد، التثنية. ويستخدم في ذلك الحروف العبرية واللغة العربية. وهذا أسلوب كان شائعاً ومتبعاً لدى يهود العصر الوسيط سواء في المشرق العربي أو في الأندلس الإسلامية. ويعرف هذا الأسلوب حديثاً بالعربية اليهودية.

وفيما يتعلق بالنص المشكل هنا فقد ترجمة الفيومي هكذا "وأكمل الله في اليوم السابع خلقه الذي صنعه وعطل فيه أن يخلق شيئاً من مثل خلقه"(في اليوم السادس أنهي جميع ما أراد خلقه واليوم السابع لم يخلق شيئاً. وبناءً على هذا لا إشكال في النص، وإنما اختيار المترجم من احتمالات متعددة كان خطأً ترجمي صعباً. أما على الترجمة الصواب "توقف عن الخلق أو بطّل أو كف" أو حتى جلس؛ فلا إشكال فيها ففي مبحث صفات الله تعالي التي يتصف بها قسمان صفات ذاتية، وفعلية أي تتعلق بالفعل، مثل الخلق والكلام، فهو تعالى يخلق إذا شاء ويتوقف عن الخلق متى شاء كما أنه "يتكلم إذا شاء ويسكت إذا شاء (أحمد، "دت ص (١/٢٢٥)).

فإنه " لم يزل إذا شاء تكلم وإذا شاء سكت، لم يتجدد له وصف القدرة على الكلام التي هي صفة كمال كما لم يتجدد له وصف القدرة على المغفرة. وان كان الكمال هو أن يتكلم إذا شاء ويسكت إذا شاء". وكذلك الخلق فهو يخلق ويترك الخلق وهو الخلاق العليم.

وأنا هنا لا أنكر تاثر فلاسفة اليهود الذين عاشوا في العصور الإسلامية والبلاد الإسلامية التي انتشر فيها الفلسفة الإسلامية وعلم الكلام، ولكن كما قلت سابقاً يثبت هذا أننا متشابهون في الخير والشر.

الصورة الإلهية:

من الصفات التي حدث فيها خلاف بين الفرق الإسلامية ما يتعلق بالصورة الإلهية. الصورة الإلهية:ر(ابن فارس، ١٩٧٩، ص ٢/ ٣٢٠) و (الزَّبيدي، ١٩٦٥ ، ص ٣/٣٤٢) الصُورة . بالضم . الشكل، جمعها: صُور وهي الشكل، والهيئة والحقيقة. والصورة ثابتة أيضا في التوراة كما في سفر التكوين:

[وَقَالَ اللهُ: «نَعْمَلُ الإِنْسَانَ عَلَى صُورَتِنَا كَشَبَهِنَا، فَيَتَسَلَّطُونَ عَلَى سَمَكِ الْبَحْرِ وَعَلَى طَيْرِ السَّمَاءِ وَعَلَى الْبَهَائِمِ، وَعَلَى كُلِّ الأَرْضِ، وَعَلَى جَمِيعِ الدَّبَّابَاتِ الَّتِي تَدِبُّ عَلَى الأَرْضِ».
٢٧ فَخَلَقَ اللهُ الإِنْسَانَ عَلَى صُورَتِهِ. عَلَى صُورَةِ اللهِ خَلَقَهُ. ذَكَرًا وَأُنْثَى خَلَقَهُمْ. ٢٨ وَبَارَكَهُمُ
اللهُ وَقَالَ لَهُمْ: «أَثْمِرُوا وَاكْثُرُوا وامتلأوا الأَرْضَ، وَأَخْضِعُوهَا، وَتَسَلَّطُوا عَلَى سَمَكِ الْبَحْرِ وَعَلَى طَيْرِ السَّمَاءِ وَعَلَى كُلِّ حَيَوَانٍ يَدِبُّ عَلَى الأَرْضِ» وَقَالَ اللهُ: «نَعْمَلُ الإِنْسَانَ عَلَى صُورَتِنَا كَشَبَهِنَا، فَيَتَسَلَّطُونَ عَلَى سَمَكِ الْبَحْرِ وَعَلَى طَيْرِ السَّمَاءِ وَعَلَى الْبَهَائِمِ، وَعَلَى كُلِّ الأَرْضِ، وَعَلَى جَمِيعِ الدَّبَّابَاتِ الَّتِي تَدِبُّ عَلَى الأَرْضِ». ٢٧ فَخَلَقَ اللهُ الإِنْسَانَ عَلَى صُورَتِهِ. عَلَى
صُورَةِ اللهِ خَلَقَهُ. ذَكَرًا وَأُنْثَى خَلَقَهُمْ. ٢٨ وَبَارَكَهُمُ اللهُ وَقَالَ لَهُمْ: «أَثْمِرُوا وَاكْثُرُوا وامتلأوا الأَرْضَ، وَأَخْضِعُوهَا، وَتَسَلَّطُوا عَلَى سَمَكِ الْبَحْرِ وَعَلَى طَيْرِ السَّمَاءِ وَعَلَى كُلِّ حَيَوَانٍ يَدِبُّ عَلَى الأَرْضِ».

ولكن نفس المعنى سنجده في المصادر الإسلامية؛ فالصورة، وإن لم ترد في القرآن، . إلا أنها وردت في السنة واشتهرت. ومنها حديث: رواية (البخاري، صحيح البخاري، مع الفتح، ١٣٩٠ ، ٥/١١ (٦٢٢٧)) «خلق الله آدم على صورته» وفي رواية: (ابن خزيمة، ١٩٩٤م ص ٨٥ و ٨٦) «على صورة الرحمن» وحديث: (الترمذي م.، ١٩٩٨ ، ص ٥/ ٣٦٩

(٣٢٨٨)) «رأيت ربي في أحسن صورة» وصححه الترمذي ونقل تصحيحه عن البخاري. فالصورة الإلهية وردت في أحاديث كثيرة لا يمكن دفعها.

وبناء وقد هذه الحقيقة أثبتها علماء كثيرون من أهل السنة وما دلت عليه هذه الروايات دون التصرف فيها بالتأويل فالصورة كالصفات الأخرى، ثبتت لله تعالى بالوحي فوجب الإيمان بها، مع التنزيه وعدم التشبيه. لذلك تجاهلت الكتابات السلفية هذه الصفة. بينما أوردتها مقررات الآخرين الذين يعتبرون ذلك تجسيماً تشويها.

هنا سنجد موقفين من هذه الحقيقة؛ موقف متحيز وآخر موضوعي. فأما المتحيز فهو موقف مذهبي بحت؛ يمكن وصفه أيضا برائد مقارنة الأديان في الوطن العربي؛ الأستاذ الدكتور أحمد حجازي السقا. والموقف الموضوعي لأحد أذكياء العالم؛ ابن تيمية.

تماشياً مع مذهبه، هكذا فريق آخر؛ له مذهب آخر، رفض هذا المعنى، (الرازي م.، أساس التقديس، دت ص ٨٣) وأول الصورة بالصفة، كما أنهم تلاعبوا في إرجاع الضمائر في الروايات المتقدمة.

ويرى الدكتور أحمد حجازي السقا (محقق كتاب الرازي: "أساس التقديس") أن التوراة تصف الله بصفات الإنسان لتثبت أن الله خلق الإنسان على صورته، فيقول: (الرازي م.، أساس النقديس، دت، ص ٢٨) " فإنه صوَّر الله تعالى بصورة إنسان.. فخلق الله الإنسان على صورته. على صورة الله خلقه" (تك ١: ٢٧) لقد بين أن الإنسان على صورة الله.. ولكي يُقرّب صورة الإنسان من الله، أثبت لله صفات هي من لوازم الإنسان التي لا يستغني عنها، وليست هي من لوازم الله". والحقيقة؛ كما يقول المحققون الذين يمثلون الموقف الموضوعي والمحايد، منهم (ابن تيمية أ.، ١٤٢٦هـ، ص ٦/ ٤٦١)، أن كل موجود من

الموجودات له صورة في الخارج، كما أن له صورة ذهنية. فلماذا يكيل السقا بمكيالين ويتجاهل النصوص الإسلامية؟.

براءة التوراة:

يشهد أحد أهم النقاد التاريخيين عن العقيدة ببراءة التوراة من التجسيد والتشبيه، أحد أهم كبار المحققين المسلمين؛ شيخ الإسلام ابن تيمية الذي يؤكد أنه ليس في التوراة التشبيه الذي يعني أن صفات الرب مثل صفات العباد، فهذا كذب على التوراة، فليس فيها الإخبار بأن صفات كصفات عباده، بل فيها نفي ذلك. (تيمية أ.، درء تعارض العقل والنقل، ١٣٩١، ص ٣٥٥/٢) وقال أيضاً (تيمية أ.، ١٣٩٣ ، ص ٩/٣) ليس في التوراة ما يقوله خصومها أو نفاة الصفات الإلهية من أن التوراة فيها تشبيه أو كلها من أولها إلى آخرها... فأما التشبيه الذي يعني الإخبار بأن صفات الرب مثل صفات العباد فهذا كذب على التوراة فليس فيها الإخبار بأن صفات كصفات عباده، بل فيها نفي التمثيل بالله. ولذلك اخترت في تعريفي لليهودية وكتابها واذكر به الآن-أنها تعطي صورة لله الواحد "مطابقة من الصورة القرآنية". وبمقارنة أولية نجد أن المشكلة نفسها توجد في نصوص الصفات الإلهية في المصادر الإسلامية. وبناءً عليه؛ وفقاً لأخلاقيات البحث العلمي، كان ينبغي محاكمة الجميع أمام قاض وقانون واحد، لا أن نثبت أو نبرر النصوص في القرآن، ثم نرفضها في التوراة وندعي أنها دليل تحريف هذا الكتاب.

ثم مقارنة الصفات التي ادعى فيها المؤلفون؛ بناءً على أسباب مذهبية فقط، أنها تصف الله تعالى بالتجسيم وتشبيه الخالق بالمخلوق. وقد ورد في القرآن؛ الكتاب المقدس عندنا والعهد الأخير المصدق لما بين يديه من الكتاب، مثل ما ورد في التوراة. فإما نقبل الجميع أو نرفض الجميع، وإلا نتناقض.

الرؤية بالعين في الدنيا:

ومما أنكره الأستاذ وغيره، واللفظ له: "زعم اليهود أعداء الله أنهم رأوا الله جل وعلا في الدنيا. حيث يقول النص في (سفر الخروج: ٢٤ / ٩): (لم صعد موسى وهارون وناداب وأبيهوا وسبعون من شيوخ بني إسرائيل ورأوا الله إسرائيل..... وتحت رجليه شبه صنعة من العقيق الأزرق الشفاف، وكذات السماء في الثقاوة ولكنه لم يمد يده إلى أشراف إسرائيل فرأوا الله وأكلوا وشربوا)

ويعلق: لا شك أن رؤية الله كانت حلما لأوائلهم وأمنية إلا أنه تطور فيما بعد حتى أصبح مطلبا وشرطاً لإيمانهم فعاقبهم الله على ذلك. كما قال تعالى: وَإِذْ فَرَقْنَا بِكُمُ الْبَحْرَ فَأَنجَيْنَاكُمْ وَأَغْرَقْنَا آلَ فِرْعَوْنَ وَأَنتُمْ تَنظُرُونَ [البقرة: ٥٠]. إلا أن اليهود فيما بعد حين دونوا التوراة أيدوا ذلك المطلب والشرط وصدقوه ودونوه بكتابهم افتراءً على الله".

بينما التراث اليهودي ينفي رؤيا العين لله في الدنيا؛ مثل القرآن تماماً، فالواقع وفقاً للشراح (مارش، السنن القويم، ١٩١٨، ص ١١١)، أن شيوخ إسرائيل رأوا الله؛ لا بعيونهم، بل بعين العقل وليس رؤية العين، أو رأوه في صورة إنسان وما رآه شيوخ إسرائيل هو ما رآه فيما بعد بعض الأنبياء مثل أيوب، وإشعياء، وحزقيال "كمنظر حجر العقيق الأزرق" (خروج ١: ٢٦) فموسى لما أخذ العهد على اليهود أن يعملوا بالتوراة، بكّر فى الصباح وبنى مذبحاً في أسفل الجبل. وأخذ العهد. ثم قال الكاتب: " ثم صعد موسى وهارون وناداب وأبيهو وسبعون من شيوخ إسرئيل ورأوا إله إسرائيل، وتحت رجليه شبه صنعة من العقيق الأزرق الشفاف وكذات السماء في النقاوة، ولكنه لم يمد يده إلى أشراف بنى إسرائيل فرأوا الله وأكلوا وشربوا " [خروج ٢٤ : ٩-١١].

(ب) وطلب موسى رؤية الله " فقال: أرني مجدك " ورد عليه بقوله: " لا تقدر أن ترى وجهى. لأن الإنسان لا يراني ويعيش " [خروج ٣٣: ١٨].

(ج) ولما تجلى الله للجبل؛ حدث من هيبته حال التجلي نار ودخان وارتجف كل الجبل جداً. فارتعب بنو إسرائيل من هذا المنظر، وقالوا لموسى: إذا أراد الله أن يكلمنا مرة أخرى؛ فليكن عن طريقك يا موسى ونحن لك نسمع ونطيع. فرد الله بقوله: أحسنوا فيما قالوا. وسوف أكلمهم في مستقبل الزمان عن طريق نبي مثلك يا موسى من بين إخوتهم وأجعل كلامي في فمه؛ فيكلمهم بكل ما أوصيه به [تثنية ١٨: ١٥-٢٢]. على أن مسألة رؤية الله تعالى من مسائل الخلاف عند المسلمين كما فصل أحمد ناصر (آل حمد، ١٩٩١).

رؤية الله تعالى في الدنيا من منظور الإسلام:

أجمع المسلمون على أن الله جل وعلا لا يُرى في الدنيا (وقَالَ الله تَعَالَى: ﴿ وَلَمَّا جَاءَ مُوسَى لِمِيقَاتِنَا وَكَلَّمَهُ رَبُّهُ قَالَ رَبِّ أَرِنِي أَنْظُرْ إِلَيْكَ قَالَ لَنْ تَرَانِي وَلَكِنِ انْظُرْ إِلَى الْجَبَلِ فَإِنِ اسْتَقَرَّ مَكَانَهُ فَسَوْفَ تَرَانِي فَلَمَّا تَجَلَّى رَبُّهُ لِلْجَبَلِ جَعَلَهُ دَكًّا وَخَرَّ مُوسَى صَعِقًا فَلَمَّا أَفَاقَ قَالَ سُبْحَانَكَ تُبْتُ إِلَيْكَ وَأَنَا أَوَّلُ الْمُؤْمِنِينَ ﴾ [الأعراف: ١٤٣].

ولقوله صلى الله عليه وسلم في معرض التحذير من الدَّجَّال: ((تَعَلَّمُوا أَنَّه لَنْ يَرَى أَحَدٌ مِنْكُمْ رَبَّهُ عَزَّ وَجَلَّ حَتَّى يَمُوتَ))

وأما رؤية النبي صلى الله عليه وسلم ربه بعيني رأسه في الدنيا فعلى ثلاثة أقوال، ثالثها التوقف ٢. والحق أنه لم يرد في شيء من الأحاديث أنه صلى الله عليه وسلم رآه يقظة بعينه ٣. وقد ورد النفي في حديث أبي ذر رضي الله عنه قال: "قلت يا رسول الله هل رأيت ربك؟ قال: نور أنى أراه" ٤ واختاره أحمد ٥ والدارمي ٦ الذي علل ذلك بضعف قدرة الإنسان على ذلك في الدنيا وأن الله تعالى ينشئهم نشأة أخرى في الآخرة تقوى على ذلك ٧. طبعاً

هنا أكرر ما أقوله دائماً ليس هذا البحث للفصل بين المتخاصمين ولكن فقط يهدف إلى بيان المشترك في القضايا الدينية بين اليهودية والإسلام أو بين التوراة والقرآن.

الصفات المشكلة في التوراة:

هناك نص آخر من النصوص التي تكرر ذكرها عند المتحيزين ضد التوراة باعتبار التوراة (المحرفة) تصف الله تعالى بصفات لا تليق به تعالى:

هل صارع يعقوب الله؟

هذا النص يتردد عندهم، فيوردونه للإساءة للصورة التوراتية عن الله تعالى. (الخولي م.، ١٩٩٠، ص ٢٥). والنص هو في الإصحاح الثاني والثلاثين من سفر الخروج : ٢٤ "وتخلف هو وحده وهو ذا رجل فكان يصارعه إلى الفجر" ٢٥ "وحين نظر أنه لا يقوى به فجس عرق وركه ولساعته ذبل" ٢٦ "وقال له أطلقني لأنه قد أسفر الصبح وقال له لا أطلقك أو تباركني" ٢٧ "فقال له ما اسمك فقال يعقوب" ٢٨ "قال لا يدعي اسمك يعقوب بل إسرائيل من أجل أنك إن كنت قويت مع الله فكم بالحري لك قوة في الناس" ١٩ "فسأله يعقوب عرفني ما اسمك فقال له لم تسأل عن اسمي وباركه في ذلك المكان" ٣٠ "فدعا يعقوب اسم ذلك المكان فنوائل قائلاً رأيت الله وجهاً لوجه وتخلصت نفسي" ولوأد هذه الشبهة أود دحضها كما يلي:

أولاً: معنى كلمة "رب" في اللغة العربية:

ولا يخفي أننا أمام نصوص مترجمة من لغة إلى أخرى، سواء كانت لغة التوراة الأصلية هي اللغة المصرية أو كانت الآرامية أو حتى العبرية كما فصل في هذا (فؤاد حسنين علي التوراة... هيروغليفية الأصل، ٢٠٠٥) ولكل لغة أسلوبها وخصائصها.

حتى في اللغة العربية، قد تطلق لفظة الرب، المطلقة من غير أي إضافة، على المِلِك والسيد، كما ذكر صاحب لسان العرب (ابن منظور، دت ص ١/ ٣٩٩-٤٠٠) حيث قال أن العرب يسمون الملك: الرب، وأنه كثيرا ما وردت كلمة الرب مطلقةً، في أشعارهم، على معنى غير الله تعالى. فالرب أطلق هناك على المالك، والسيد، والمدبر، والمربي، والقيّم، والمنعم والسيد المطاع.

قال ابن فارس: "الراء والباء يدل على أصول. فالأول: إصلاح الشيء والقيام عليه. فالرب: المالك، والخالق، والصاحب. والرب: المصلح للشيء. يقال: ربَّ فلان ضيعته؛ إذا قام على إصلاحها. وهذا سقاء مربُوبٌ بالرُّبِّ. والرُّبّ للعنب وغيره، لأنه يُرَبُّ به الشيء. وفرس مربوب. قال الشاعر كما في (الضبي، دت (ص: ١٢١)):

ليس بأسقى ولا أَقْنَى ولا سَغِلٍ يُسْقى دواءَ قَفِيِّ السَّكنِ مَرْبُوبِ

والربُّ: المصلح للشيء. والله جل ثناؤه الرَّبُّ، لأنه مصلح أحوال خلقه.

والرِّبِّيُّ: العارف بالرب. وربيتُ الصَّبيَّ أَرُبُّه، وربَّبْتُه أربِّبه. والرَّبيبة: الحاضنة. وربيب الرجل: ابن امرأته. والرَّابُّ: الذي يقوم على أمر الربيب..." (فارس، ١٩٧٩، ص ٢/ ٣٨١ ٣٨٢).

وفي اللسان: (ابن منظور، دت ص ١/ ٣٩٩-٤٠٠) ".. الرب ينقسم على ثلاثة أقسام: يكون الرب المالك، ويكون الرب: السيد المطاع، ويكون الرب: المصلح: ربَّ الشيء إذا أصلحه... وفي حديث ابن عباس مع ابن الزبير رضي الله عنهم: "لأن يربني بنو عمي أحبُّ إليّ من أن يربّني غيرهم" (البخاري، ١٤٢٢ص (٨/ ١٧٧)، ح: ٤٦٦٦) أي: يكونون عليّ أمراء وسادة..، وربّ ولده والصبي يربُّه ربًا، وربّته تربيباً وتَرِبَّة، عن اللحياني: بمعنى ربّاه".

وحينئذ يكون هذه المواجهة بين يعقوب والملك نظير تمثل الملك الموت لموسى فلطمه وفقأ عينه، وتمثل ملك الموت في صورة بشر أمر غير مستغرب ولا ممتع، فقد دلت نصوص القرآن والسنة على ظهور الملائكة في صورة البشر، بما يخفي حالهم على الأنبياء- فضلًا عن عموم الناس . ولا يلزم من ذلك خروج الملك عن ملكيته. وفقئ موسى لعين ملك الصورة البشرية التي تمثل فيها ملك الموت رد فعل طبيعي، يتصف بالشرعية مع رجل غريب اقتحم بيته بغير إذنه يطلب روحه.

ثانياً: النصوص الأخرى:

وفقاً لقانون التفسير افسلامي (تفسير النصوص بالنصوص الأخرى) تدل النصوص الأخرى وتفسر معنى التعبير التوراتي، من قبيل تفسير التوراة بالتوراة، فتقول النصوص إن الذي صارعه يعقوب لم يكن الله تعالى، بل ملاكه. فالمصارع كان ملكاً: وقد جاء ذلك مصرحا به في سفر هوشع وهو نص في هذا الباب وذلك في الإصحاح الثاني عشر من كتابه: " (لَكُمْ طَمِعَ يَعْقُوبُ فِي بَرَكَةِ الرَّبِّ)، فَقَبَضَ وَهُوَ مَا بَرِحَ فِي الرَّحِمِ عَلَى عَقِبِ أَخِيهِ، وَفِي رُجُولَتِهِ جَاهَدَ مَعَ اللهِ. ٤ تَصَارَعَ مَعَ الْمَلاَكِ وَغَلَبَ. بَكَى وَالْتَمَسَ رِضَاهُ وَبَرَكَتَهُ، الْتَقَاهُ اللهُ فِي بَيْتِ إِيلَ فَخَاطَبَهُ هُنَاكَ. ٥هُوَ اللهُ الْقَدِيرُ وَيَهْوَهُ اسْمُهُ)). فأطلق عليه لفظ الله في الموضعين.[1]

ثالثاً: استعمال الكتب المقدسة:

فقد أطلقت جميع الكتب المقدسة لقب الرب على غير الله تعالى:

فالكتاب المقدس العبري أطلق لفظ الرب على الملاك السماوي وعلى الكاهن والقاضي ومن ذلك ما ورد في سفر التثنية [١٩: ١٧] "يقف الرجلان اللذان بينهما خصومة أمام

[1] انظر: رحمت الله الهندي، إظهار الحق، ص .

الرب". والرب هنا هو القاضي أو الكاهن." وأطلق الكتاب المقدس لفظ الرب على الملك وذلك في سفر الخروج.[4: 24] : وحدث في الطريق في المنزل أن الرب التقاه وطلب أن يقتله".

فهذا الرب الذي لقي موسى في الطريق، هو الملك أراد أن يقتل موسى. وسمي الملك ربًا في سفر القضاة أربع مرات وذلك في الإصحاح السادس ابتداء من الفقرة الحادية عشرة. وورد كذلك في الأناجيل استعمال لفظ رب بمعنى "معلم" من ذلك ما جاء في انجيل يوحنا وفسره يوحنا نفسه؛ في الإصحاح الأول الفقرة الثامنة والثلاثين من إنجيله فقد فسر كلمة رب بمعنى معلم: " فالتفت يسوع ونظرهما يتبعانه فقال لهما: ماذا تطلبان، فقالا: ربي الذي تفسيره يا معلم أين تمكث؟ فقال لهما: تعاليا وانظرا فأتيا ونظرا أين يمكث ومكثا عنده ذلك اليوم."

وجملة: "الذي تفسيره يا معلم" المعترضة، هي ليوحنا نفسه مؤلف الإنجيل وليست لأحد من الشراح، فهي من متن الإنجيل نفسه وليست مضافة هكذا فسر يوحنا كلمة رب في متن الإنجيل نفسه بأنها تعني المعلم، فعيسى بالنسبة لتلاميذه هو معلمهم وأستاذهم. ومرة ثانية يورد يوحنا في [٢٠: ١٦، ١٧] حوارًا بين المسيح ومريم المجدلية، تطلق فيه مريم المجدلية على المسيح لفظ «رب» ويحرص يوحنا على تفسير اللفظ خلال الحديث بمعنى معلم، "قال لها يسوع يا مريم فالتفتت تلك وقالت له: ربوني الذي تفسيره يا معلم، قال لها يسوع: لا تلمسيني لأني لم أصعد بعد إلي أبي، ولكن اذهبي إلى أخوتي وقولي لهم إني اصعد إلي أبي وأبيكم وإلهي وإلهكم."

وقد جاء في الإنجيل أيضاً [٤: ١٩] ما يفيد إن لفظ "الرب" كان لقب يقال في ذلك الوقت على سبيل الاحترام. ودليل ذلك المرأة السامرية التي طلب منها المسيح أن تسقيه، مما أثار تعجبها، ولذلك قالت له: «يا رب أرى أنك نبي».

فالمرأة هنا لا تعرف المسيح ولا تؤمن به بل هي تشك حتى في مجرد أن يكون نبياً، ورغم ذلك قالت له "يا رب" وهذا يدل على ان هذا اللفظ يراد به الاحترام ولا يعني الالوهية في شيء. وقد وردت في القرآن الكريم بهذا المعنى عدة مرات، من ذلك الآيات التالية:

وَقَالَ لِلَّذِي ظَنَّ أَنَّهُ نَاجٍ مِّنْهُمَا اذْكُرْنِي عِندَ رَبِّكَ فَأَنسَاهُ الشَّيْطَانُ ذِكْرَ رَبِّهِ فَلَبِثَ فِي السِّجْنِ بِضْعَ سِنِينَوَقَالَ لِلَّذِي ظَنَّ أَنَّهُ نَاجٍ مِّنْهُمَا اذْكُرْنِي عِندَ رَبِّكَ فَأَنسَاهُ الشَّيْطَانُ ذِكْرَ رَبِّهِ فَلَبِثَ فِي السِّجْنِ بِضْعَ سِنِينَ[سورة يوسف: ٤٢].

رابعاً: قوة الله تعالى في التوراة:

مثل ما تتوقع تماماً، في التوراة أن الله تعالى لا يقدر عليه أحد: (أيها الرب أنت إلهنا لا يقو عليك إنسان) [أخبار الأيام الثاني ١٤: ١٢]. والله تعالى لا يرى في الدنيا: (٢٠ وقال لا تقدر أن ترى وجهي لأن الإنسان لا يراني و يعيش* ٢١ وقال الرب هو ذا عندي مكان فتقف على الصخرة* ٢٢ ويكون متى اجتاز مجدي أني أضعك في نقرة من الصخرة وأسترك بيدي حتى أجتاز* ٢٣ ثم أرفع يدي فتنظر ورائي وأما وجهي فلا يرى) [خروج ٣٣/٢٠-٢٣]. هكذا يتضح؛ نتيجة احترام أخلاقيات البحث العلمي والتخصص والرجوع للمصادر الأصلية والحياد والموضوعية، أن مقرراتنا بحاجة للمراجعة الجذرية.

الندم:

مما أنكر على التوراة وكان أحد أدلة دعوى تحريفها هو الصفات التي نسبنها لله وهي لا تليق به تعالى. فأنكرها الأستاذ (الخلف س.، ٢٠٠٤) وغيره واللفظ له: قال: "زعم اليهود أن الله عز وجل ندم على فعله. فمن ذلك قولهم في (سفر الخروج) (٣٢ / ١٤): (فندم الرب على الشر الذي قال إنه يفعله بشعبه... وقد كذبهم الله في ذلك فقال جل وعلا: لَا يُسْأَلُ عَمَّا يَفْعَلُ وَهُمْ يُسْأَلُونَ [الأنبياء: ٢٣] وقال: قُلْ مَا يَعْبَأُ بِكُمْ رَبِّي لَوْلَا دُعَاؤُكُمْ فَقَدْ كَذَّبْتُمْ

فَسَوْفَ يَكُونُ لِزَامًا [الفرقان: ٧٧] في الواقع ليس الأستاذ أول من استشكل هذه التعبيرات؛ قبل الأستاذ أوردها عالم مصري كبير هو الدكتور مصطفى محمود، لكنه متخصص في غير علم الأديان، في كتاب ألفه عن التوراة، قام د. (مصطفى محمود) بتحليل النصوص المتداولة من التوراة، مع عرض أهم التناقضات التي تحملها، حسب فهمه؛ كما بين كيف اختلفت الطوائف التوراة حول صحة التوراة، وكيف تجاوزت التوراة في حق الله سبحانه وتعالى وفي حق الأنبياء والملائكة تجاوزات لا يمكن السكوت عنها، أو القبول بها. وهكذا، فهو يثبت لنا بالأدلة وجود تحريف وتشويه كبير بين سطور التوراة.

قال (محمود، التوراة، ١٩٧٢، ص ١٢-٢٤): "نرى الله في التوراة يفعل الفعل، ثم يندم عليه، ويختار رسوله، ثم يكتشف أنه أخطأ الاختيار، وكأنه لا يدري من أمر نفسه شيئًا، ولا يعرف ماذا يخبئ الغيب؛ فنقرأ في التوراة "وبسط الملاك يده على (أورشليم)؛ ليهلكها، وندم الرب عن الشر، وقال للملاك المهلك الشَّعبَ: كفى! الآن رد يدك"، ونقرأ أيضًا: "ندمت على أني جعلت (شاول) ملكًا؛ لأنه رجع من ورائي، ولم يقم كلامي". أي أن الرب اكتشف أن (شاول) يفعل خطايا من ورائه؛ فندم على جعله ملكًا! فكيف يخطئ الرب ويندم؟ مع أن التوراة ذاتها تقول في سفر (العدد) اصحاح ٢٣: " ليس الله إنسانًا، ولا ابن انسان؛ فيندم"، هو إذن خلط وتناقض تتحمل مسئوليته أقلام بشرية، وليس وحيًا أو تنزيلًا. وبجانب ذلك، نرى الإله في التوراة يدركه التعب إذا اشتغل بعض الوقت؛ فيحتاج إلى الراحة، فنقرأ فيها "في ستة أيام، صنع الرب السماء والأرض، وفي اليوم السابع، استراح وتنفس". كما نرى الله في التوراة ينام ويستيقظ، فنقرأ في سفر (زكريا) الاصحاح الثاني: "اسكتوا يا كل البشر قدام الرب؛ لأنه قد استيقظ من مسكن قدسه". ولا يمكن قبول هذه اللغة على أنها نوع من المجاز؛ لأنها تتضمن إهانة للذات المقدسة، كما أننا نجد في أسفار التوراة الأولى عبارات تنفي عن الله

هذا الخلط والتشويه الذي أُقحِمَ في المواضع الأخرى؛ حيث نقرأ فيها: "إله الدهر الرب خالق أطراف الأرض لا يكل، ولا يعيا"، وهنا تلمع التوراة ولآلئها بين أكوام الرديم والدشت."

وقد تكرر هذا التعبير في عدة مواضع هذا التعبير:

في سفر صموئيل أ: "وَكَانَ كَلاَمُ الرَّبِّ إِلَى صَمُوئِيلَ قَائِلاً: ١١ «نَدِمْتُ عَلَى أَنِّي قَدْ جَعَلْتُ شَاوُلَ مَلِكًا، لأَنَّهُ رَجَعَ مِنْ وَرَائِي وَلَمْ يُقِمْ كَلاَمِي». فَاغْتَاظَ صَمُوئِيلُ وَصَرَخَ إِلَى الرَّبِّ اللَّيْلَ كُلَّهُ........ وَأَيْضًا:

في المزامير أَقْسَمَ الرَّبُّ وَلَنْ يَنْدَمَ: «أَنْتَ كَاهِنٌ إِلَى الأَبَدِ عَلَى رُتْبَةِ مَلْكِي صَادَقَ».

وفي ارميا فَالآنَ أَصْلِحُوا طُرُقَكُمْ وَأَعْمَالَكُمْ، وَاسْمَعُوا لِصَوْتِ الرَّبِّ إِلهِكُمْ، فَيَنْدَمَ الرَّبُّ عَنِ الشَّرِّ الَّذِي تَكَلَّمَ بِهِ عَلَيْكُمْ

وفي يوئيل ٢ «وَلكِنِ الآنَ، يَقُولُ الرَّبُّ، ارْجِعُوا إِلَيَّ بِكُلِّ قُلُوبِكُمْ، وَبِالصَّوْمِ وَالْبُكَاءِ وَالنَّوْحِ. ١٣ وَمَزِّقُوا قُلُوبَكُمْ لاَ ثِيَابَكُمْ». وَارْجِعُوا إِلَى الرَّبِّ إِلهِكُمْ لأَنَّهُ رَؤُوفٌ رَحِيمٌ، بَطِيءُ الْغَضَبِ وَكَثِيرُ الرَّأْفَةِ وَيَنْدَمُ عَلَى الشَّرِّ.

وفي يونان لَعَلَّ اللهَ يَعُودُ وَيَنْدَمُ وَيَرْجِعُ عَنْ حُمُوِّ غَضَبِهِ فَلاَ نَهْلِكَ».

تفسير علماء اليهود للنص:

أولاً: ماذا يقول أهل الكتاب عن فهم هذه النصوص:

في التفسير اليهودي التقليدي، عندما تذكر التوراة أن الله "ندم" أو "تأسف"، لا يُفهم ذلك حرفيًا كما يحدث عند البشر، لأن الله في العقيدة التوراة كامل ولا يخطئ. راشي عادة يوضح أن هذه التعابير هي مجاز لغوي، أي استخدام لغة بشرية لتقريب المعنى للعقل البشري. المقصود هو أن الله غيّر تعامله مع البشر بسبب تغيّر أفعالهم، وليس لأنه أخطأ أو تراجع عن قرار سابق. على سبيل المثال: في قصة الطوفان (سفر التكوين ٦:٦)، عندما تقول التوراة إن

الله "ندم" على خلق الإنسان، يفسر راشي ذلك بأن الله غيّر حكمه عليهم بسبب فسادهم، وليس أن الله ارتكب خطأ. يقولون: "هذه التعابير تهدف إلى تعليمنا أن أفعال البشر لها عواقب، وأن الله يتفاعل مع سلوكياتهم وفقًا للعدالة والرحمة." .

تفسير وليم مارش:

قال وليم (مارش، ١٩٧٩، ص ٥٨) "كان لشفاعة موسى تأثير عظيم فعفا الرب عن الشعب. والعبارة هنا مجاز اشتهر منذ القديم يراد منه إبطال العمل لأن من ندم على شيء رجع عنه. فقول الله »دعني... أفنيهم «يراد به أنهم ارتكبوا إثماً يستحقون عليه الإفناء. وقول الكاتب أنه »ندم على الشر «يراد به أنه لم يعاقبهم عليه مع استحقاقهم إياه. ولا يلزم من ذلك أن الله غيّر قصده لأنه كان عالماً أن موسى يشفع في الشعب وأنه يقبل شفاعته لأن عقابه مشروط بعدم الشفاعة والتوبة. وهنا حصل الأمران فإن موسى شفع والشعب تاب كما سيُذكر فلا ندم حقيقي ولا تغيير قصد".

وقال مارش " عرف الرب كل ما فعل شاول وكل ما كان في قلبه. وندامة الله والتغيير في تدبيره ناتجان من تغيير الإنسان. فإذا تاب الخاطئ يندم الرب على الشر الذي أوعد به (خروج ٣٢: ١٤) وإذا أخطأ شعبه يندم على الخير الذي وعدهم به. إن الله يعبّر عن عواطفه للبشر بلغتهم كما يعبّر الإنسان للإنسان ليفهموا."

ثانياً: تقول النصوص التوراتية (سفر العدد ٢٣/ ١٩) أن الله لَيْسَ اللهُ إِنْسَانًا فَيَكْذِبَ، وَلاَ ابْنَ إِنْسَانٍ فَيَنْدَمَ. هَلْ يَقُولُ وَلاَ يَفْعَلُ؟ أَوْ يَتَكَلَّمُ وَلاَ يَفِي؟

الندم هو الحزن، أو شدة الحزن. وهو تعبير عاطفي لإحساس الشخص بالذنب بعد ارتكابه لفعل اعتبره الشخص خطأ، ويرتبط الندم بشكل وثيق عن الإحساس بالذنب. إلاّ أن ندم الرب يختلف عن ندم الإنسان... فإن ندم الرب هو تغيير في كيفية تدبيره كلما دعت

الحاجة إلى وسائل جديدة، لكن عندما يندم الإنسان (على خطية) يسحب الله وعيده بالعقاب. إنّ الله لا يتغير لكن غير الخلق موقفهم وتابوا فيرجع الله عن غضبه ويتوب على شعبه.

وفي سفر ملاخي لأَنِّي أَنَا الرَّبُّ لاَ أَتَغَيَّرُ فَأَنْتُمْ يَا بَنِي يَعْقُوبَ لَمْ تَفْنُوا. وفي سفر صموئيل نفسه: إله إِسْرَائِيلَ لاَ يَكْذِبُ وَلاَ يَنْدَمُ، لأَنَّهُ لَيْسَ إِنْسَانًا لِيَنْدَمَ». في هذه الفقرات تقول بأن الله ندم على أنه جعل شاول ملكاً وبعد فقرات ينفي عنه تعالى الندم لأنه من خصائص الإنسان.

نظائر في القرآن

في القرآن هناك أفعال لا تليق؛ بحسب الوهلة الأولى، بالله تعالى. طبعا لعلماء المسلمين تأويل وتفسير خاص بهذه الصفات وليس من الحكمة أن يتوقع المرء من أعدائه أن يساعدوه في فهم هذه النوص وفق قانون واحد. وهو طبعا ما لم يفعله علماؤنا كما سبق.

من هذه الصفات التي أشكلت لكن فسرت:

الخداع:

قال الله تعالى: إِنَّ الْمُنَافِقِينَ يُخَادِعُونَ اللَّهَ وَهُوَ خَادِعُهُمْ [النساء: ١٤٢] فهذا خداع بالمنافقين. في تفسير الطبري للآية "إنَّ المنافقين يُخادعون الله وهو خادعهم..." (النساء: ١٤٢)، يشرح الإمام الطبري خداع المنافقين لله: يظهرون الإيمان بألسنتهم ليحصلوا على دماء وأموال المؤمنين، مُخادعين الله تعالى ظاهريًا بينما هم كُفّار في الباطن . وخداع الله للمنافقين: يرد الله خداعهم باستدراجهم والدخول بهم في الفتنة حتى يُقدِّر عليهم عقابًا بإحجامهم عن دماء المؤمنين، ثم يدخلهم النار .، ثم يرود روايات تؤيد ذلك:

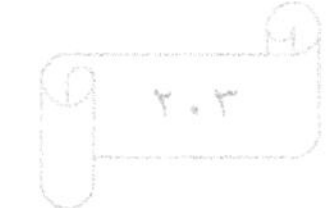

وروى عن السدي أن المنافقين يُعطون نورًا على الصراط، يُمْشَوْن به وكأنهم مؤمنون ثم يُخسف بالنور فيسقطون في الظلمة، فيُضرب بينهم السور. ورواية الحسن تقول: إن نقض النور على الصراط يمثل خدعة الله لهم.

المكر:

والمكر: قال تعالى: وَيَمْكُرُونَ وَيَمْكُرُ اللَّهُ وَاللَّهُ خَيْرُ الْمَاكِرِينَ [الأنفال: ٣٠] وهذا مكر بأعداء الله الذين كانوا يمكرون برسول الله ﷺ وفي قوله "**ويمكر الله وهو خير الماكرين**" (الأنفال: ٣٠)، يقول الطبري: "هذه الآية تذكرك يا محمد بمكر المشركين لك في مكة واستشرافهم لثبيتك أو قتلك أو إخراجك. ثن يعرض الطبري لأقوال في تفسير "ليثبتوك" بالتقييد أو الحبس أو السحر الذي كان قيدًا عليهم، مستشهدًا بأبي طالب وأحاديث الصحابة. فالمشركون خططوا لمؤامرة في دار الندوة، والله كشف مكرهم ونصر رسوله، فعاقبهم بخديعة تُظهرها صيغة التكرار: "ويمكرون" و"ويمكر الله"، خاتمةً بأن الله هو "خير الماكرين" بمعنى أن مكره أشد حكمة وتأثيراً . بالتالي، في كلا الموضعين:

- **خداع الله** لا يعني نقصًا أو سوءًا، بل هو حكمة وعدالة: يعاقب مخدوعيه أو يدمّر غاصبيهم بمكر أعظم.
- **خير الماكرين:** إشارة إلى قوة وحكمة تدخل الله المطلقة في الرد على مكر الظالمين.

هل تود مني توسعة أو توضيح أي جانب آخر من هذه التفسيرات؟ قال ابن تيمية ضمن الرسالة التدمرية حيث يتناول مقاصد الأسماء الحسنى وطريقة أهل السّنة في إثباتها. بخصوص صفتي "الخداع" و"المكر"، فهو يؤكد: أن نسبة صفة "خداع الله" أو "مكر الله" إلى الله فهو ليس ضمن الأسماء أو الصفات الثابتة المعروفة، ولكنه من سياق القدرة الإلهية على الإحكام

والعلم . ومكر: بمعنى التخطيط الحكيم والوعد والتنفيذ بدقة وفق علمه. أي أن "مكر الله" في النصوص القرآنية لا مدلول سلبي له ولا نقص فيه، بل هو إظهار القدرة الإلهية في كيفية مقابلة مكر العباد بإتقان وعلم مسبق. فابن تيمية ينقل هذه الأوصاف البشرية لتأتي ضمن سياق الشريعة والقدر، لا تضاد مع صفات الكمال. كذلك فعل ابن عثيمين – في "تقريب التدمرية"، في شرحه "تقريب التدمرية"، يُوضّح فضيلة الشيخ محمد بن صالح العثيمين: أن صفتي "الخداع" و"المكر" هما من أوجه البيان ويدخلان تحت ضابط ما يجوز لله وما يمتنع عنه من الأسماء والصفات العلماء بها من غير تشبيه ولا تمثيل. فالخداع" هو مقابل خداع المنافقين، و"المكر" هو مخرج لمكر المشركين، وهي من فعله تعالى في إطار التقدير الإلهي بعد علمه بما مضى وما سيأتي، فالعبرة ليست في اللفظ بل في غاية ومبنى التدبير الإلهي – أي المصلحة والحكمة .

هذا كله وغيره في تفسير النصوص المشكلة، التي هي في الحقيقة ليست مشكلة عند علمائنا، إذا فهمت على الوجه الصحيح (الذي شرحوه). ولو جاءت هذه النصوص من طريق الكتاب المقدس اليهودي لصفت مع بقية النصوص التي استشكلت هناك وكان عيبا وسلاحاً لتأكيد تحريف التوراة.

التردد:

التردد هو صفة بشرية نتيجة جهل الإنسان لعاقبة الأمور، وهو فعل يشبه الندم، غير أنه ورد من طرقنا فنحن نفسره ونفهمه ولا اعتراض عليه. فقد ورد بالسنة وصف تردد الله في قبض العبد المؤمن. وفقاً لابن تيمية يلا ينكر ثبوت الحديث طبعا إذ يصنف ضمن "أشرف الأحاديث في صفة الأولياء لكنه يوضح أن التردد عند البشر دليل على الجهل بعواقب الأمور (كأن لا يدري الإنسان نتيجة فعله)، لكن هذا لا يناسب الله عز وجل، لأنه *عالم بكل*

شيء. والحديث الثابت عن الرسول ﷺ وهو أعلم بربه، لكن ما يُفهم من "تردد الله" ليس كنوع التردد البشري، وإنما هو خَلْقٌ خاص يراد به الجمع بين أمرين:

تنفيذ قضاء الموت (القضاء المحقق عند الله) وكراهة الموت أو المساءلة الناتجة عنه (وهي مشقة للمؤمن). فالله قدر الموت للعبد (لأنه قضاء محتوم وموجب للحكم) ويره مكروهاً من جهة العبد ولشفقته عليه ورحمته به، فهو يتردد بين المقدر والمكروه في نفس الأمر الواحد. والمفهوم من خلال التمييز بين تردد الخلق (جهل وعجز) وبين تردد الله (حكمة مطلقة ورحمة) فالأول نقص، والثاني خاص بصفة الكمال والرحمة الإلهية.

التفسير:

لقد نشأ بالفعل نقاش حول جواز أن يوصف الله تعالى بهذه الصفات؟ وبشكل عام سواء في هذه الصفات أو الأوصاف المشكلة أو غيرها لدينا جواب عام: "إن صفات الله تعالى كلها صفات كمال، دالة على أحسن المعاني وأكملها، قال الله تعالى: ﴿وَلِلَّهِ الْمَثَلُ الْأَعْلَىٰ ج وَهُوَ الْعَزِيزُ الْحَكِيمُ ﴾[النحل: ٦٠]. وقال تعالى: ﴿وَلَهُ الْمَثَلُ الْأَعْلَىٰ فِي السَّمَاوَاتِ وَالْأَرْضِ﴾ [الروم: ٢٧]. ومعنى المثل الأعلى أي الوصف الأكمل. قال (ابن سعدي، ٢٠٠٠، (ص ٧١٨)): "المثل الأعلى" هو كل صفة كمال.

والجواب الشامل هو: (ابن عثيمين، ١٤٠٧ ، ص ١٧٠-١٧١.) الصفات التي يوصف بها الله تعالى ثلاثة أنواع:

الأول: صفات كمال، لا نقص فيه بوجه من الوجوه. فهذه يوصف الله تعالى بها وصفاً مطلقاً ولا يقيد بشيء، مثال ذلك: العلم، والقدرة، والسمع، والبصر، والرحمة... إلخ.

الثاني: صفات نقص، لا كمال فيها، فهذه لا يوصف الله تعالى بها أبداً، كالنوم، والعجز، والظلم، والخيانة.. إلخ.

الثالث: صفات يمكن أن تكون كمالاً، ويمكن أن تكون نقصاً، على حسب الحال التي تُذكر فيها؛

فهذه لا يوصف الله تعالى بها على سبيل الإطلاق، ولا تنفى عن الله تعالى على سبيل الإطلاق، بل يجب التفصيل، ففي الحال التي تكون كمالاً يوصف الله تعالى بها، وفي الحال التي تكون نقصاً لا يوصف الله تعالى بها. ومثال هذا: المكر، والخديعة، والاستهزاء. فالمكر والخديعة والاستهزاء بالعدو صفة كمال، لأن ذلك يدل على كمال العلم والقدرة والسلطان. ونحو ذلك. أما المكر بالمؤمنين الصادقين فهو صفة نقص. فهذه الصفات تعتبر كمالاً في هذا السياق الذي وردت فيه. ولهذا يقال: الله تعالى يستهزئ بالمنافقين، ويخادعهم، ويمكر بأعدائه... ونحو ذلك. ولا يجوز أن يوصف الله تعالى بالمكر والخادع وصفاً مطلقاً. لأنه حينئذٍ لا يكون كمالاً. فلا يوصف الله تعالى بالمكر إلا مقيداً، فلا يوصف الله تعالى به وصفاً مطلقاً، قال الله تعالى:﴿ أَفَأَمِنُوا مَكْرَ اللَّهِ فَلَا يَأْمَنُ مَكْرَ اللَّهِ إِلَّا الْقَوْمُ الْخَاسِرُونَ ﴾[الأعراف: ٩٩]. ففي هذه الآية دليل على أن لله مكراً، والمكر هو التوصل إلى إيقاع الخصم من حيث لا يشعر. ومنه جاء في الحديث الذي أخرجه البخاري (الحرب خدعة). فإن قيل: كيف يوصف الله بالمكر مع أن ظاهره أنه مذموم؟

قيل: إن المكر في محله محمود يدل على قوة الماكر، وأنه غالب على خصمه ولذلك لا يوصف الله به على الإطلاق، فلا يجوز أن تقول: "إن الله ماكر" وإنما تذكر هذه الصفة في مقام يكون مدحاً، مثل قوله تعالى:﴿ وَيَمْكُرُونَ وَيَمْكُرُ اللَّهُ وَاللَّهُ خَيْرُ الْمَاكِرِينَ ﴾[الأنفال: ٣٠]، وقوله: وَمَكَرُوا مَكْرًا وَمَكَرْنَا مَكْرًا وَهُمْ لَا يَشْعُرُونَ [النمل: ٥٠]. ولا تنفى هذه الصفة عن الله على سبيل الإطلاق، بل إنها في المقام الذي تكون مدحاً يوصف بها، وفي المقام الذي

لا تكون فيه مدحاً لا يوصف بها. وكذلك لا يسمى الله به فلا يقال: إن من أسماء الله الماكر، والمكر من الصفات الفعلية لأنها تتعلق بمشيئة الله سبحانه".

وأكرر ليس مسألتي هي ترجيح قول على آخر بل بيان أن القضايا المشتركة بين التوراة والقرآن والجواب عنها هو متطابق في كل شيء ويجب أن نحاكم جميعاً أمام قاضي واحد وقانون واحد.

مظاهر وأنواع التحيز

أولاً التحيز بتشويه التاريخ

من عجائب التحيز الذي وقع فيه المعاصرون ضد التوراة، التحيز التاريخي، وذلك بإيراد دعاوى تاريخية واهية لا مصداقية لها وإهمال الرد عليها قصدا لتشويه الخصم، ومن ذلك ما فعل شلبي مبرراً اضطهاد فرعون لليهود ومطاردتهم أخيراً؛ في زعمه لأن موسى كان قائداً في جيش فرعون ثم طلب من فرعون أن يستقل بقومه ولكن فرعون (لأسباب تتعلق بأمن الدولة) لم يأذن له ولهم ومنعهم من السفر، خشية أن يتحالف قائد جيشه (موسى) مع أعدائه في الشمال! (أورده في التوراة ١٩٩٧، ص ٧٢)

لكن شلبي (١٩٩٧) يقترح سبباً آخر، هو سبب جنائي أيضاً، هو ذهب المصريين المسروق، فقد أذن فرعون لموسى وقومه بالخروج لعبادة من يشاءون بحسب قانون الحريات الدينية في مصر! إلا أن نساء اليهود قمن بعملية سرقة جماعية لذهب وحلي المصريات فكان فرعون مضطراً لأن يتبع هؤلاء اللصوص ليسترد الأموال التي سرقوها وطبعاً هنا يعزو إلى رواية توراتية ((خروج ٣\٢١) و(١٢\٣٥-٣٦)) فيما يتعلق بحلي المصريين.

في كلا الحالتين كان فرعون في مهمة قانونية وفي مطاردة المجرمين!! المشكلة هنا أن القرآن الكريم يقول شيئاً آخر عن مطاردة فرعون لليهود:، وفقا للقرآن كانت مطاردة فرعون لليهود ظلماً من فرعون وعدواناً وليست عملا قانونياً: ﴿ وَجَاوَزْنَا بِبَنِي إِسْرَائِيلَ الْبَحْرَ فَأَتْبَعَهُمْ فِرْعَوْنُ وَجُنُودُهُ بَغْيًا وَعَدْوًا حَتَّى إِذَا أَدْرَكَهُ الْغَرَقُ قَالَ آمَنتُ أَنَّهُ لا إِلَهَ إِلاَّ الَّذِي آمَنَتْ بِهِ بَنُو إِسْرَائِيلَ وَأَنَاْ مِنَ الْمُسْلِمِينَ ﴾[يونس الآية ٩٠].

حتى وفقا للرؤية القرآنية (أفندي، ١٤١١هـ) قد كان هذا مقابل عمل بلا أجر لمدة أربع مائة سنة كاملة من العبودية والذل، ويشبه هذا خروج المسلمين لاسترداد ما سلبته قريش من أموالهم في غزوة بدر، فهذه الحيلة موافقة للشريعة الإسلامية. لا يمكن أن يقول الدكتور شلبي

ذلك جهلاً، ولكنه فعل لأسباب سياسية. وهذا دليل على ولادة هذا العلم في العصر الحديث ولادة مشوهة. هل يجهل مسلم مهما بلغت ثقافته أن فرعون كان ظالماً لبني اسرائيل وأنه طاردهم ظلماً وبغياً كما هو نص القرآن؟.

حياة اليهود في مصر:

الشيء الذي لم ينقض منه العجب أن يدافع مؤلفو الكتابات المصريون عن فرعون ضد موسى ومن معه.!!! فمن عجائب تحيز د. شلبي؛ ومعه مؤلف أحمد بدوي؛ مؤلف "في موكب الشمس"، أنهما جعلا مصدرهما في رسم هذه الصورة، مدعيا أنه اعتمد الكتب السماوية في كلامه وهو يصف حياة اليهود في مصر، بينما يذكر معلومات تاريخية مخالفة لجميع الكتب المقدسة بما فيها القرآن، فيصف مثلا حياة اليهود في مصر بأنه حياة رغيدة وأنهم كانوا يتمتعون بكافة الحقوق والحرية الدينية في عبادة إلههم وقد أحال شلبي (تصديقا لكلام بدوي) على سفر الخروج الإصحاح السابع، ولكنني عندما أرجع إلى القرآن الكريم، الكتاب المقدس عند شلبي وبدوي أجد الصورة مختلفة، فالقرآن الكريم يصف حياة اليهود في مصر بسوء العذاب. ومع ذلك فقد عملت بنصيحة أحمد شلبي ورجعت لسفر الخروج الإصحاح السابع وأيضا الثامن والتاسع، فوجدته يردد نفس آيات القرآن الكريم: ﴿إِذْ نَجَّيْنَاكُم مِّنْ آلِ فِرْعَوْنَ يَسُومُونَكُمْ سُوءَ الْعَذَابِ يُذَبِّحُونَ أَبْنَاءَكُمْ وَيَسْتَحْيُونَ نِسَاءَكُمْ ۚ وَفِي ذَٰلِكُم بَلَاءٌ مِّن رَّبِّكُمْ عَظِيمٌ﴾ [البقرة: ٤٩] وأنّ مطاردة فرعون لهم كانت ظلماً وعدواناً؛ وليس لتحقيق العدالة كما يقول أصحابنا، فلا أدري لماذا أحال شلبي على هذا المصدر، وأي حياة رغيدة كان يحياها اليهود في مصر ويصفها القرآن بأنها سوء العذاب!! ربما كان بدوي يصف المصريين الذين يعيشون في أوربا في القرن العشرين، لا اليهود الذين عاشوا في مصر قبل ألفي

سنة من المسيح. العجب –كل العجب- أن يصدر من عالم موسوعي ومن ذلك ما فعل شلبي عندما يبرر؛ دون الرجوع إلى مصادر مؤيدة، مقدسة أو غير مقدسة.

وهل مثل د صابر طعيمة يجهل هذا؟ إنه يعلق (طعيمة، التراث الإسرائيلي، ٢٠١٩) على هذا النص في سفر الخروج الإصحاح الثاني عشر فيقول: "والسؤال الذي يطرح نفسه من خلال هذا النص هو: شعب قادم على شعب مستقر في أرضه آمن في يومه وغده، أفسد الشعب القادم حياة الشعب المستقر المستوطن صاحب الأرض والمعمر لها، ولما قرر الشعب القادم الخروج والهرب سرق الحلى والماشية بناء على أوامر الرب الذي يعبدونه ثم استمطر الشعب الخارج ربه الغضب والنقمة والتدمير لحياة الشعب المضياف"

والسؤال الذي يشغلني هو: من الذي أفسد حياة من؟ من قتل أبناء من؟ من سام من سوء العذاب؟ الشعب المضياف أو الشعب المستعبد؟ وماذا يسمى كلام الأستاذ في ميزان القرآن؟

هتلر على خطى فرعون:

من مظاهر التحيز المنافي لأخلاق البحث العلمي هو الاعتماد على مصادر الخصوم واعتبار ما ورد فيها حقائق دون نقاش. هكذا اعتمد أحمد شلبي (شلبي، التوراة، ١٠١)على أحد أعداء اليهود التاريخيين وهو الحاكم الألماني أدولف هتلر الذي اضطهد اليهود في ألمانيا وحرقهم في أفران من دون محاكمة، فنقل عنه –من كتابه "كفاحي" اتهامه لليهود بالتجسس ومحاولة السيطرة على مقدرات ألمانيا والتدخل في سياسة الدولة في غير مصلحتها، وإذا كان هتلر هو الخصم والقاضي والشاهد في القضية التوراة فما هو التحيز والظلم والاضطهاد؟!!! لقد عرف العالم الظلم أكثر مما عرف العدل والإنصاف، وعرف التحيز أكثر من الموضوعية،

وعرف كيف يستطيع القوي أن يفعل بخصومه ويتهمهم بما يشاء "بالقانون" وحتى بدون القانون.

واعتمد المؤلف (شلبي، التوراة، ١٠١)، على كتاب "في موكب الشمس: لأحمد بدوي، واعتبره شاهداً تاريخياً محايداً والحقيقة أن أحمد بدوي ليس مصدراً رئيساً ولا شاهداً محايداً بل هو مثال آخر على تحيز الكتاب المصريين ضد التوراة حتى إنه يعتبر هتلر لم يكن "متجنياً ولا ظالماً" عندما حرق اليهود!! ولو بدون محاكمة ولا قانون!! وهذه إحدى الشهادات التي نقلها عنه شلبي! واصفاً له بالمؤرخ الثقة الذي يسجل خيانات اليهود.

ثانياً: التحيز بتشويه المصادر:

في الفصل الأول عرضت عرضا يليق بحجم الكتاب عن مصادر اليهودي وما تعتمده أهلها من كتب مقدية، لكن عند الكتاب المعاصرين مصادر أخرى، حاولا استعمالها لتبرير تحيزهم ضد التوراة:

بروتوكولات حكماء صهيون:

كلمة «بروتوكول» Prtcl كلمة إنجليزية تعني بحسب معجم أكسفورد «اتفاقية». وبروتوكولات حكماء صهيون وثيقة يُقال إنها كتبت عام ١٨٩٧ في بازل بسويسرا، أي في العام نفسه الذي عقد فيه المؤتمر الصهيوني الأول، وأن الهدف من المؤتمر السري الأساسي الأول الذي ضم حاخامات اليهود هو وضع خطة محكمة (بالتعاون مع الماسونيين الأحرار والليبراليين والعلمانيين والملحدين) لإقامة إمبراطورية عالمية تخضع لسلطان اليهود وتديرها حكومة عالمية يكون مقرها القدس. وتقع البروتوكولات البالغ عددها أربعة وعشرين بروتوكولاً في نحو مائة وعشر صفحات، ونشرت لأول مرة عام ١٩٠٥ ملحقاً لكتاب من تأليف سيرجي نيلوس. وقد لاقت البروتوكولات رواجاً كبيراً بعد نشوب الثورة البلشفية التي أسماها البعض آنذاك «الثورة التوراة»، إذ عزا الكثيرون الانتفاضات الاجتماعية التي اجتاحت كثيراً من البلدان الأوربية إلى اليهود.

محتوى المصدر:

هذا الكتاب غامض جداً، يتحدث عن مؤامرات تنسب لليهود للسيطرة وحكم العالم. ولا يعتبره اليهود مرجعاً، وهو مجهول المؤلف، فمن التحيز ضد اليهود اعتبار هذا مرجعاً رئيساً

يوضع بجوار المصادر المقدسة (التوراة والتلمود) بينما لا يعتبره اليهود مصدراً من مصادر دينهم فضلا عما يثيره محتوى هذا الكتاب من حقد وكراهية تنتج تحيزاً ضد اليهود.

من البروتو كولات أو القواعد المذكورة في هذا الكتاب:

البرتوكول الأول: الفوضى والتحرّريّة والثورات والحروب.

البرتوكول الثاني: السيطرة على الحكم والتعليم والصحافة.

البروتوكول الرابع: تدمير الدين والسيطرة على التجارة.

البرتوكول السابع: إشعال الحروب العالميّة.

البروتوكول التاسع: تدمير الأخلاق ونشر العملاء.

البروتوكول الثالث عشر: تغييب وعي الجماهير.

البرتوكول الرابع عشر: نشر الإلحاد والأدب المريض.[١]

هذا قليل من كثير البروتوكولات في هذا الكتاب. وبشكل عام لا توجد مصيبة، أو كارثة إنسانية أو أزمة أو مشكلة إلا وقد وضع لها مؤلف هذا الكتاب (بروتو) من هذه البروتكولات وطبعا نسب هذا لليهود باعتباره أحد مصادرهم.

سؤالي هنا: هل يمكن لبضعة ملايين أن يتحكموا في العالم (ستة أوسبعة مليارات) بهذه الصورة؟

(١) من طبعة دار الكتاب العربي —دمشق والقاهرة، تعليق منصور عبد الحكيم.

اعتماد البروتوكولات كمصدر لليهودية:

تقريباً كل من كتب عن التوراة -كمثال شلبي (١٩٩٧) والمسيري (١٩٩٩) والخلف (٢٠٠٤) -أوردوا "كتاب بروتوكولات حكماء صهيون باعتبارها من مصادر التوراة والدستور الذي تتبعه في أعمالها، وبناء على ما ورد في هذا الكتاب نسب كل شر حدث في أي مكان من العالم إلى التوراة. واعتبر باتفاق "برتوكولات حكماء صهيون" كمصدر من مصادر التوراة؛ طبعا بعد التوراة والتلمود. هكذا فعل (شلبي، التوراة، ١٠١) والأعظمي (الأعظمي، ٢٠٠٣) وسعود الخلف (الخلف س.، "دراسات في الأديان: التوراة والنصرانية"، ٢٠٠٤) وبشكل خاص أفرد لها فصلاً أو مبحثاً كاملاً كل من شلبي والأعظمي وأورد منها نماذج منقولة.

البروتوكولات عند د. شلبي:

وعد الدكتور أحمد شلبي (شلبي، التوراة، ١٠١) أنه سيرجع إلى المصادر والمراجع الأصلية عن التوراة وأنه اعتمد أساساً على المراجع الرئيسة وأنه درس عقائد الديانات من مراجعها وحدد مراجعه عن التوراة بالذات فهي أسفار العهد القيم والتلمود وبروتوكولات حكماء صهيون وما دونه مشاهير اليهود. لكنه تحيز التحيز المخالفة فمارس "التشويه ". بالرجوع لمصادر مزيفة أو ينقل عن مصادر الخصوم. لقد اعتبر أحمد شلبي بروتوكولات حكماء صهيون مرجعاً كمصدر من مصادر التوراة وهو كتاب غامض جداً، ولا يعتبره اليهود مرجعاً، وهو مجهول المؤلف. حتى د شلبي نفسه يشكك في مصدر هذا الكتاب فيقول (شلبي، التوراة، ١٠١): "لايزال واضعوا هذه البروتوكولات ووقت وضعها من الأسرار التي لم تكشف

حتى الآن بوجه الدقة." ومع ذلك يعتبرها مصدراً فيضعها ضمن فصل مصادر التوراة. ويصفها بأنها مؤامرة شريرة ضد البشرية".

وبما أنه كان بين يديه نسخة من الكتاب أراد أن يحللها تحليلاً (شلبي، التوراة، ١٠١)" تحليلا علمياً لا دعاية فيه ولا تعصب" ويصفها كالتالي: " عدد البروتوكولات أربعة وعشرين، ولكنها غير دقيقة التأليف كثير من التكرار، وقد حاولت أن أقترح عنواناً محدداً لكل منها فلم يتيسر ذلك إذ لم يخصص موضوع لكل منها، ولعل ذلك هو طبيعة النقاش الذي يستطرد أحياناً، حتى ليخيل لي أن الوثائق التي بين أيدينا خلاصة محاضر جلسات، وليست نص تقرير قدم لهذه الجلسات.."

ويكشف هذا النقل عن خبرة أستاذ كبير وباحث متمرس وموسوعي لا نظير له، في التحليل والكشف عن الزيف والحقيقة، لكن إذا كان الأمر يتعلق بالسياسة واليهود المغتصبين فلا بأس ببعض التنازلات العلمية. لاسيما أن هدف هذه البروتوكولات هو (شلبي، التوراة، ١٠١) " إقامة وحدة عالمية تخضع لسلطان اليهود وتديرها حكومة يهودية. ومن أجل ذلك يمكن أن نقسم البروتوكولات قسمين كبيرين. يبحث القسم الأول في موقف اليهود من العالم قبل تحقيق هدفهم. ويبحث القسم الثاني في مواقف اليهود من العالم بعد أن يصبحوا أصحاب السلطان عليه، والبروتوكولات العشر الأولى تتبع القسم الأول تقريباً، أما باقي البروتوكولات فتتبع القسم الثاني، وسنذكر فيما يلى أهم الملامح لكل من هذين القسمين، ثم نورد نصوصاً من البروتوكولات.."

في المرحلة الأولى؛ يقول شلبي، يهتم اليهود بنشر الإباحية والفوضى ويعملون على تقويض الأسر وصلات الود ويدفعون الناس للشهوات والانحلال، والبعد عن كل القيم الإنسانية.

وترسم البروتوكولات لليهود أن يستعملوا ما في النفس الإنسانية من ضعف. فالمال والنهم والنساء وسائل يمكن استعمالها مع الجوييم ليكونوا أداة في يد اليهود ينفذون بسببها ما يطلب منهم. كما توصى البروتوكولات أن يضع اليهود في المراكز الكبيرة شخصيات مرموقة لها أخطاء لا يعرفها إلا اليهود، وفى ظل الخوف من إشاعة هذه الأخطاء ينفذ هؤلاء الأشخاص لليهود ما يشيرون به. وتهتم البروتوكولات بأن يسيطر اليهود في هذه المرحلة على الصحافة ودور النشر وجميع وسائل الاعلام، حتى لا يتسرب للرأي العام العالمي إلا ما يريده اليهود.

أما في المرحلة الثانية؛ بعد قيام دولة اليهود، بعد تكوين الحكومة التوراة العالمية: "إذا تحقق انتصار اليهود فإن اليهود يقيمون مملكة استبدادية تحكم العالم كله ويكون مقرها أورشليم، وحكمها للعالم يكون بطريق مباشر لو تم سقوط كل حكومات العالم، كما يكون بطريق غير مباشر أى من وراء الحكومات التي لم تسقط بعد، فإذا اكتمل النحر وسقطت كل الحكومات انتقلت العاصمة إلى روما حيث تستقر إلى الأبد ويتعاتب على العرش حكام من ذرية داود، «فالسياسة صناعة سرية سامية لا يحسنها إلا نخبة من اليهود دربوا عليها تدريباً تقليدياً : وكشفت لهم أسرارها التي استنبطها حكماء صهيون من تجارب التاريخ وغيره خلال قرون طويلة، وهم يتناقلونها في الخفاء، وعليها يربون ملوكهم ومن يحيط بهم من المستشارين".

ويسوس اليهود الناس بالرشوة حيناً وبالعنف والإرهاب حيناً. فمن خضع للمال والنساء والمناصب وأسلس القياد بذلك، قدم له هذا..." ثم يورد من هذا الكتاب نماذج تدل على ما ذهب إليه في تحليله.

البروتكولات عند الأعظمي:

كذلك فعل الدكتور الأعظمي؛ أورد مبحثاً ضمن مصادر التوراة، ثم أور مقتطفات منها. لكن الأعظمي كان أكثر ثقة بهذا الكتاب من د. شلبي (رحمهما الله). فيقول بدون تردد (الأعظمي، ٢٠٠٣) " اجتمع أكثر من ثلاثمائة من زعماء صهيون ممثلين خمسين جمعية يهودية في العالم في مدينة «بال» السويسرية في عام ١٨٩٧ م. وقرروا في هذا المؤتمر مجموعة من القرارات السرية المستقاة من تعاليم التلمود. وكان الغرض منها الانتقام من البشرية جمعاء التي اشتركت بطريق أو بآخر في إذلالهم والنيل منهم، وخاصة ما عاناه اليهود من اضطهاد وتعسف في القرن التاسع عشر في أوربا، فوضعوا هذه القرارات السرية التي اشتملت على مخططات لتدمير الحكومات في جميع الأقطار بنشر بذور الخلاف والشغب وإحداث أزمات اقتصادية عالمية. وشكلوا لجنة من زعماء صهيون لتنفيذ هذه الكتابات بهدوء وحسب تخطيط محكم منظم، وأحاطوا هذه الوثائق بأشد أنواع الكتمان والتحفظ، وحجبوها حتى من كتاب زعمائهم، ولكن شاء الله العلي القدير أن تتسرب هذه الوثائق.." ثم يورد تقريباً نفس الأمثلة التي أوردها د. شلبي، فلا أدري هل كان بين يديه أيضاً نسخة من هذا الكتاب الأسود، أو نقل عن د. شلبي ولم يحل إلى مصدر. مهما يكن من شيء فقد ختم كلامه عن البروتوكولات بقوله: " هذه هي حقيقة البروتوكولات على ضوء كتبهم المقدسة.

البروتوكولات عند سعود الخلف:

كذلك يعتبر أ.د سعود الخلف (الخلف س.، "دراسات في الأديان: التوراة والنصرانية"، ٢٠٠٤) في كتابه المقرر في عدة جامعات تحت مصادر التوراة [المبحث الثالث: بروتوكولات حكماء صهيون] فاعتبر بروتوكولات حكماء صهيون مصدراً من مصادر التوراة. وأورد

تعريفها وتاريخ تدوينها والهدف منها هو إطلاع الصهاينة على الخطة التي يستعيدون بها العالم، ثم كم كيف يحكمونه إذا وقع تحت سيطرتهم.

لكنه لاحقاً أقر بأنها "البروتوكولات" لا تعتبر من المصادر الدينية لدى اليهود، وإنما هي نتاج التحريف الموجود في التوراة، والأكاذيب والضلالات الموجودة في التلمود، وهي تعتبر مخطط تطبيقي لأهداف صهاينة اليهود. ويكشف عن ظروف تدوينه؛ فالذي يظهر أن هذه الوثائق (البروتوكولات) عرضت على زعماء الصهاينة في المؤتمر الذي عقد في مدينة بال في سويسرا سنة (١٨٩٧م) وكان قد حضر هذا المؤتمر نحو ثلاثمائة من أعتى الصهاينة يمثلون خمسين جمعية يهودية، ولا يعرف لها كاتب معين. والغرض منها هو اطلاع الصهاينة على الخطة التي يستعبدون بها العالم، ثم كيف يحكمونه إذا وقع تحت سيطرتهم.

حقيقة البروتوكولات:

على كل حال تم دحض هذا المصدر بواسطة المسيري (المسيري، البرونوكولات، ٤/ ٥٠٠): صاحب الموسوعة التوراة الشهيرة، وقد خص البروتوكولات بكتاب فصل فيه القول فيها. يقول: "يتصور البعض أن كره اليهود والتشهير بهم وإظهار شرورهم الحقيقية أو المتخيلة هو انجمع طريقة لمحاربة الصهيونية. وانطلاقاً من هذا فإنهم يتصورون أن ترويج وثيقة مثل البروتوكولات هو جزء من التصدي للعدو الصهيوني، ولذا يخلعون عليها هالة من الأهمية ويحيطونها بكثير من الرهبة باعتبار أنها تشكل مفتاحاً لفهم الشخصية التوراة والمشروعات الصهيونية. ويصف هدف دراسته عنها (المسيري، البرونوكولات، ٤/ ٥٠٠) "وهذه الدراسة تنطلق من عكس هذه المقولات، فهي ترى أن البروتوكولات وثيقة مزيفة، وأن كره اليهود يصب في الخندق الصهيوني. والكتاب دراسة فيما أسميه الفكر البروتوكولي التأمري، مع التركيز

على البروتوكولات كحالة محددة، وهو مكون من ثمانية فصول، يتناول أولها (أصل البروتوكولات والموضوعات الأساسية فيها) النصوص المختلفة التي تحولت في نهاية الأمر إلى نص كتبه مؤلف روسي رجعي ثم نسبه إلى حكماء صهيون حتى يشكك في أفكار أساسية مثل الحرية والديمقراطية والمساواة والدستور بأن جعل اليهود هم المسئولون عن نشرها وإشاعتها، ويبين هذا الفصل من خلال تحليل النص أن نبرة الكتاب ساذجة للغاية، فهو يتحول من خطاب يلقيه حكيم حكماء صهيون إلى عريضة اتهام موجهة ضد اليهود، وقد لجأ المؤلف لذلك حتى يبدو الأمر وكأنه وَشَهِدَ شَاهِدٌ مِّنْ أَهْلِهَا.

والرأي السائد الآن (المسيري، الموسوعة التوراة، ٥/٣) في الأوساط العلمية التي قامت بدراسة البروتوكولات دراسة علمية متعمقة هو أن البروتوكولات وثيقة مزورة، استفاد كاتبها من كتيب فرنسي كتبه صحفي يدعى موريس جولي يسخر فيه من نابليون الثالث بعنوان حوار في الجحيم بين ماكيافللي ومونتسيكو، أو السياسة في القرن التاسع عشر، نُشر في بروكسل عام ١٨٦٤، فتحول الحوار والنقاش والبحث العلمي إلى مؤتمر وتحول الفيلسوف إلى حكماء صهيون. وقد اكتُشفت أوجه الشبه بين الكتيب والبروتوكولات حيث تضمنت هذه الأخيرة اقتباسات حرفية من الكتاب المذكور، وأحياناً تعبيرات مجازية وصوراً منه. والرأي السائد الآن أن نشر البروتوكولات وإشاعتها إنما تم بإيعاز من الشرطة السياسية الروسية للنيل

من الحركات الثورية والليبرالية ومن أجل زيادة التفاف الشعب حول القيصر والأرستقراطية والكنيسة وبتخويفهم من المؤامرة التوراة الخفية العالمية.[1]

موقف المسيري المتناقض:

هل البروتوكولات مصدر من مصادر التلقي عند اليهود؟ يبدو المسيري هنا متناقضا لأسباب تتعلق بالتحيز ضد اليهود، فهو يثبت البروتوكولات تارة، كمصدر من مصادر التوراة (المسيري، البرونوكولات، ٤/ ٥٠٠) تعبر عن سوء طوية أصحاب هذه الديانة، بينما ينفيها حيناً آخر إذا أراد اليهود أو بعضهم أن يستعملها لصالحهم. فيتحدث المسيري عن معاداة اليهود في الغرب وأثر ظهور وثيقة المسماة بروتوكولات حكماء صهيون، وبينما أيضاً ظهرت في العالم العربي ترجمة للوثيقة وكتب عن تهمة الدم، وهي أفكار تضرب بجذورها في التشكيل الحضاري الغربي، ومع هذا يتردد صداها الآن في صفوف بعض العناصر المحبة للإثارة والتي لا تتوانى عن استخدام أنصاف الحقائق لإحراز سبق صحفي أو ذيوع إعلامي. أما مراكز البحوث العربية، فلا تعير مثل هذه الوثائق، المشكوك في أمرها، أي اهتمام."

بينما هو اعتبرها قبل قليل مصدرا بجوار الكتب المقدسة التوراة الأخرى؛ التوراة، من مصادرهم. وسيأتي تفنيد المسيري لهذه الوثيقة وإثباته أنها مزيفة واليهود أبرياء منها.

لكنه في موضع آخر يقول (المسيري، موسوعة اليهود و التوراة و الصهيونية، ٥/٥٣): "والصهيونية ليست ظاهرة مرتبطة بحركيات التاريخ والفكر الغربي، وليست مرتبطة بظهور

[1] عبد الوهاب المسيري، موسوعة اليهود واليهودية والصهيونية، القاهرة، ١٩٩٩، دار الشروق، ٥٦\٥. وقد وقع المسيري في التناقض بسبب التحيز في موسوعة اليهود فرغم نقله الحقيقة العلمية السابقة عن البروتوكولات إلا أنه في مواضع أخرى يعتبرها من مصادرهم وكتبهم المقدسة تعبر عن طبيعتهم وجوهرهم! انظر: الموسوعة، ٥٣\٥.

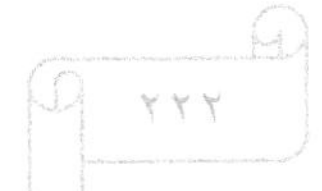

الإمبريالية الغربية وهيمنتها على العالم، وإنما هي مجرد تعبير عن هذا الشر الأزلي الكامن في النفس التوراة الذي يتبدَّى في الغزو الصهيوني لفلسطين، وضرب المفاعل الذري العراقي وغزو لبنان وقمع الانتفاضة والهجرة التوراة السوفيتية إلى فلسطين والسوق الشرق أوسطية... إلخ. ومن أهم إفرازات هذا التصور الاختزالي الوثيقة المسماة بروتوكولات حكماء صهيون."

يبدو أن الدكتور يستخدم البروتوكولات استخداما مزدوجاً، فهو من ناحية علمية بحت لا يمكنه إنكار تزييفها، كما أنه هنا يجد في نفيها فائدة، كما يصرح، ومن ناحية أخرى يريد أن يثبت تأييد الصهيونية لها باعتبارها تشير إلى: "فكرة المؤامرة التوراة العالمية. وهذه الفكرة تفترض وحدة اليهود عبر التاريخ وأنهم يمتلكون قوة سحرية (تماماً مثل الشيطان)، ولذا فهم لا يُقهرون أو لا يمكن قهرهم إلا باللجوء للحلول السحرية، إذ لا يهزم السحر إلا السحر. كما لا يمكن هزيمة الشياطين بالجهد البشري العادي، جهاداً كان أو اجتهاداً، ولذا في مجابهة الشيطان لا يملك المرء إلا أن يستعيذ بالله أو يفر من الشيطان أو يستسلم له، ويوقِّع معاهدة سلام واستسلام" وبناء عليه ينكرها لينفي عن اليهود أو حتى الصهيونية هذا التصوير السينمائي. لكنه في أحيان أخرى يثبتها لفائدة اخرى، يشترك فيها مع المتحيزين الآخرين، مثلا كمصدر لهذه الأخلاقيات التوراة الأزلية، حسب هذه الرؤية، وهو "كتب اليهود المقدَّسة كالعهد القديم والتلمود، ويُضاف إليها الآن بروتوكولات حكماء صهيون، وهي كتب تعبِّر عن طبيعتهم وجوهرهم..". فإذا به يتناقض.

وقد أقر المسيري (١٩٩٩ ص ٥\٥٣) بذلك ومع لك وقع في التناقض بسبب التحيز فرغم نقله الحقيقة العلمية السابقة عن البروتوكولات إلا أنه في مواضع أخرى يعتبرها من مصادرهم وكتبهم المقدسة تعبر عن طبيعتهم وجوهرهم! [١]

التحيز في العناوين:

وقد ظهر التحيز في جميع المؤلفات عن التوراة من خلال عناوينها الأصلية والفرعية، ليس فقط التحيز ضد الديانة بل كراهية من ينتمي إليها على سبيل التعميم. يبدو للقارئ بوضوح أن هذه الديانة وكتابها وأهلها لا يوجد فيهم شيء واحد إيجابي.هذا ليس ظني بل هذا ما يعبر عنه بوضوح المرجع الأساسي لكل من كتب عن التوراة العلامة المرحوم عبد الوهاب المسيري. يعرف الدكتور هذا المصطلح "الأخلاقيات التوراة" (المسيري، الموسوعة التوراة، ٥/٣) قائلاً: «الأخلاقيات التوراة» عبارة تفترض أن ثمة أنماطاً سلوكية يهودية متكررة تُعبِّر عن جوهر يهودي وطبيعة يهودية وشخصية يهودية تنعكس في رؤية أخلاقية محددة. وهي أنماط متكررة باعتبار أن هذه الأخلاقيات ثابتة لا تتغيَّر، وأينما وُجد يهود في أي زمان ومكان فإن المتوقع أن يسلكوا السلوك اللاأخلاقي نفسه الذي ينم عن الرغبة في تحطيم الآخرين والتآمر ضدهم. وبسبب هذه الأخلاقيات التوراة المزعومة، يتسم سلوك اليهود بحب العزلة عن الآخرين وعدم الولاء للدولة والانحلال الجنسي، كما أنهم لهذا السبب ينخرطون بأعداد كبيرة في المحافل الماسونية وينضمون إلى صفوف دعاة العلمانية الشاملة، كما أنهم عادةً ما يعملون بالتجارة والربا والأعمال المالية. ومصدر هذه الأخلاقيات، حسب هذه الرؤية، هو كتب اليهود

---

[١] لمزيد من التفاصيل وصور أخرى للتحيز، انظر: متولي: تامر محمد، التحيز ضد اليهودية في كتابات المعاصرين" (كتبنا للنشر ، القاهرة مصر، ط الأولى، بدون تاريخ).

المقدَّسة كالعهد القديم والتلمود، ويُضاف إليها الآن بروتوكولات حكماء صهيون، وهي كتب تعبِّر عن طبيعتهم وجوهرهم..". 2.54

لكنه يرفض هذا النموذج التفسيري المتهافت تماماً، فسلوك اليهود يختلف باختلاف الزمان والمكان. ومن هنا يجري حديثنا عنهم، لا باعتبارهم أعضاء شعب يهودي، وإنما باعتبارهم أعضاء جماعات يهودية.

عناوين د. شلبي:

يظهر تحيز أحمد شلبي (شلبي، مقارنة الأديان- التوراة، ١٩٩٠، ٣٥) من خلال عناوينه السلبية بشكل كلي كالتالي:

ناوين فرعية:

هتلر يعدد خيانات اليهود بألمانيا.

مؤرخ ثقة يسجل خيانات اليهود.

بيانات اليهود في روسيا.

اليهودي يعمل لتحطيم بدن المسيحي.

الاستعمار واليهود يلتقيان.

ختيار المستعمر الذي يناسب أهدافهم.

لمحافظة على تخلف الدول العربية.

عبودات بني إسرائيل غير يهوه.

نوا إسرائيل يشوهون صور أنبيائهم

ديانة عنصرية.

لإثارة وبث الفتن.

التستر خلف أديان أخرى.

خلف وسائل الإعلام.

اليهود في الظلام:

كل ما سبق من كلام شلبي كان عن اليهود في "النور" لأنه في الباب السادس تحدث عن "اليهود في الظلام" وشرح العنوان قائلاً (١٩٩١ ص٣٠٦-٣٢٢) "دراسة عن الوسائل والمؤسسات التي ابتكرها اليهود ضد شعوب العالم" حيث نسب أحمد شلبي جميع الجمعيات السرية والمنظمات غير معروفة المصدر إلى التوراة بمجرد الظن والتخمين ومارس "تحيز التشويه ضدهم" دون دليل. يقول أحمد شلبي: "وإذا تركنا الماضي وعنينا بالحاضر وجدناهم خلف كثير من الجمعيات السرية الخطرة الموجودة الآن والتي تبذل غاية الجهد للنيل من الأديان والأوطان." وأشار إلى جمعيات الماسونية والروتاري والليونز واليوجا وشهود يهوه.

الحقيقة أنا لم أستطع أن أقرأ هذه الفصل لنهايتها لقد خشيت على نفسي. ربما قراءة هذا الفصل يجعلني أصدق الأسطورة، أو الأساطير عن اليهود الأشباح. وربما هذه الأوصاف يسعد ويفرح بها أعداء أمتنا الذين يريدون ويسعدون بتصوير أنفسهم كوحوش كاسرة لا قبل لأحد بهم، وأنهم يحركون العالم في أي اتجاه شاءوا، وأنهم الشعب والجيش الذي لا يقهر.

التحيز في العناوين عند السلفيين:

في كتاب (الموجز في الأديان والمذاهب المعاصرة:، ١٩٩٢) جاءت العناوين هكذا:

نبذة مختصرة من اعتقاداتهم المحرفة:

أ- فساد اعتقادهم في الله تعالى.

ب - فساد اعتقادهم في الوحي والكتب السماوية.

ج - فساد اعتقادهم في النبوة والأنبياء.

د- فساد اعتقادهم في نبوة محمد

هـ - فاد اعتقادهم في الملائكة.

و- فساد اعتقادهم في اليوم الآخر.

ز - نماذج من ضلالهم كم جاء في القرآن الكريم.

الذي أريد أن أؤكد عليه هنا أن هذه التهم كلها اعتمدت على فهم المؤلف لآيات القرآن دون حتى الرجوع لتفسيرها.

التحيز في العناوين عند د سعود الخلف:

أيضاً نفس الشيء نجده عند أستاذي سعود الخلف:

-المطلب الرابع: صفات الله عز وجل في التوراة المحرفة

-المطلب الخامس: وصف اليهود للأنبياء عليهم السلام في التوراة المحرفة

-المطلب السادس: اليوم الآخر لدى اليهود

-المبحث الثاني: التلمود

-المبحث الثالث: بروتوكولات حكماء صهيون

-الفصل الثالث: بعض عبادات وشعائر اليهود

-الفصل الرابع: فرق اليهود

-الفصل الخامس: أخلاق اليهود من خلال القرآن الكريم. فيما يتعلق بمباحث الدين كالتوحيد والتنزيه فقد تم دحضه فيما مضى. أما الكلام عن اليهود فليس هو محور اهتمامي، لأن اليهود شعب كبير لا يمكن الحكم عليه من خلال يهود الجزيرة العربية.

التحيز في العناوين عند د. الأعظمي:

تحت عنوان "حالة اليهود عند نزول القرآن كما يصوره القرآن" قال د. الأعظمي:

١- كفرهم بالله واليوم الآخر

٢-إنكارهم الإيمان بالتوراة.

٣-استهزاؤهم بالله

٤- كفرهم بالنبي المنتظر

٥- ليسهم الحق بالباطل وكلماتهم الحق

٦-نفاقهم

٧-تركهم النهي عن المنكر

٨-موالاتهم الكفار والمشركين

٩-تحريفهم الكتاب الله

١٠- نبذهم للعهود.

١١- ادعاؤهم بأنهم أبناء الله.

١٢- أكلهم أموال الناس بالباطل.

١٣- جبنهم في الحروب

١٤- حبهم للدنيا

كما أشرت سابقاً أن الدكتور ممن أورد بروتوكولات حكماء صهيون مثل الخلف وناصر وغيرهم كدليل على أن اليهود بشكل عام يؤمنون بكل شر ويكفرون بكل خير ولا خير فيهم أو في دينهم. وسؤالي هنا: ما هو أثر ذلك على طلابنا المتلقين لهذه الكتابات؟

التحيز في الوصف والتحليل:

من صور التحيز ضد الآخر التحيز بالإهمال؛ أي إهمال ما عند الآخر من حق وإبراز ما يراه باطلاً. أو تشويه هذه الحقيقة عند من أثبتها. هكذا جميع من كتب عن التوراة أهمل أهم قضية في الإسلام وكيف أن التوراة والتوراة مصدقة لما عند من المسلمين من توحيد الله.

التحيز بالإنكار:

هل المصريون اليوم يقفون مع موسى أو فرعون؟ هل المصريون هم شعب الله المختار؟

ومثله ما قاله حسنين (٢٠١٤) أن الديانة التوراة ليس فيها ابتكار ولا إبداع، وإنها منقولة عن مصر الفرعونية، عقائد وقصص حتى ولغة، ولم يحدث في التاريخ أن استطاعت حضارة أن تلم بكل شيء بين الإنسان وربه في الحياة وفي الموت وفي الطريق إلى ذلك. إلى الجنة أو إلى النار، كما فعلت الحضارة الفرعونية. قد تحيز د. شلبي (١٩٩٧ ص ٢٤-٢٥) مثلاً للمصريين متخطياً قانون البحث العلمي والمنطقي للأحداث، حتى وصل تحيزه إلى أن يقول إن موسى أخذ التوحيد من أخناتون[1] وهذا الأخير في نظره هو أول من عرف التوحيد، يعني حتى قبل إبراهيم وأبنائه، وقبل نوح، وصولاً لآدم. ومتغنياً بانتصارات المصريين على

---

[1] هو: فرعون مصر من الأسرة الثامنة عشرة، حكم مصر لمدة ١٧ عاماً وتوفي ربمًا في ١٣٣٦ ق. م أو ١٣٣٤ ق.م. يُشتهر بتخليه عن تعدد الآلهة المصرية التقليدية وإدخال عبادة جديدة تركزت على آتون، التي توصف أحيانًا بأنها ديانة توحيدية أو هينوثية.

أعدائهم قديماً وحديثاً بدءا من القرون الأولى للألف الثانية قبل الميلاد في حرب المصريين مع الهكسوس مروراً بالحروب الصليبية، وختاماً بحرب أكتوبر ١٩٧٣ ميلادية.

ومثله الدكتور صابر طعيمة الي امتدح اخناتون "الملك المصري الشاب" (١٩٧٩ ص ١٤٣) وأورد نصوصاً طويلة (١٩٧٩ص ١٤٣-١٤٧) مفضلا مناجاته أو مساويا على أقل تقدير بينها وبين ما ورد من صلوات في سفر المزامير. وشرح ما فيها من صدق الإنسان المصري في المناجاة...إلخ.

تشويه العقيدة:

وفقاً لأخلاقيات منهج البحث العلمي يجب الحياد في الوصف والتحليل. هكذا عندما نصف الآخرين يجب أن نكون أمناء محايدين احتراماً للبحث العلمي والمعرفة بشكل عام وأخلاق الإسلام، واحترام المتلقين. عند وصف العقيدة لم ترجع الكتابات لمصادر الآخرين ولا حتى مصادرنا الإسلامية وعالجت الموضوعات والمناقشة بسطحية بالغة.

تشويه التوحيد في التوراة:

بعد الوصايا العشر التي كتبها الله بيده تعتبر صلاة التوحيد أهم شريعة في الكتاب المقدس. ويعتبر أهم نص معبر عن هذه العقيدة هو صلاة "شمع". والمقصود بصلاة أو دعاء "شمع" "صلاة شيما" أو "نداء التوحيد"(تثنية ٦: ٤): "اسمع يا إسرائيل، الرب، إلهنا، الرب واحد".. (بالعبرية: שְׁמַע יִשְׂרָאֵל ה' אֱלֹהֵינוּ ה' אֶחָד). (تنطق: شيماع يسرائيل، آدوناي إليهينو، آدوناي إحاد). ويعتبر اليهود أن دعاء شيما هي أهم جزء في الصلاة في التوراة، وعليهم تلاوتها مرتين يوميًا باعتبارها أعظم وصية من الله تعالى. من التقاليد التوراة أن تكون

"شيما" آخر كلماتهم قبل النوم، وعلى الآباء أن يعلموا أطفالهم أن يقولوها قبل أن يناموا في الليل.

مقارنة لأهم نصوص التوحيد:

قُلْ هُوَ اللَّهُ أَحَدٌ اللَّهُ Say: He is Allah, the ne and nly;	اسمع يا لسرائيل الله ربنا الله أحد שְׁמַע יִשְׂרָאֵל ה' אֱלֹהֵינוּ ה' אֶחָד Listen, Israel, Gd, ur Lrd, is ne Lrd

وهذا التوافق بين التوراة والإسلام في أعظم القضايا لهو من أعظم الحجج على صدق عقيدة التوحيد وصدق الرسولين العظيمين وصدق الكتابين الكريمين اللذين لم يأت من عند الله كتاب أهدى منهما، كما سبق النقل عن ابن تيمية. وتكرر التوراة وما ألحق بها من كتب هذه الحقيقة في كل مناسبة، والتوحيد أول وأعظم الوصايا في الكتاب المقدس:

((أَنَا هُوَ الرَّبُّ إِلَهُكَ الَّذِي أَخْرَجَكَ مِنْ أَرْضِ مِصْرَ دِيَارِ عُبُودِيَّتِكَ. ٣لاَ يَكُنْ لَكَ آلِهَةٌ
أُخْرَى سِوَايَ. ٤لاَ تَنْحَتْ لَكَ تِمْثَالاً، وَلاَ تَصْنَعْ صُورَةً مَّا مِمَّا فِي السَّمَاءِ مِنْ فَوْقُ، وَمَا فِي
الأَرْضِ مِنْ تَحْتُ، وَمَا فِي الْمَاءِ مِنْ أَسْفَلِ الأَرْضِ. ٥لاَ تَسْجُدْ لَهُنَّ وَلاَ تَعْبُدْهُنَّ، لأَنِّي أَنَا
الرَّبَّ إِلَهَكَ، إِلَهٌ غَيُورٌ، أَفْتَقِدُ آثَامَ الآبَاءِ فِي الْبَنِينَ حَتَّى الْجِيلِ الثَّالِثِ وَالرَّابِعِ مِنْ مُبْغِضِيَّ،
٦وَأُبْدِي إِحْسَاناً نَحْوَ أُلُوفٍ مِنْ مُحِبِّيَّ الَّذِينَ يُطِيعُونَ وَصَايَايَ. ٧لاَ تَنْطِقْ بِاسْمِ الرَّبِّ إِلَهِكَ
بَاطِلاً، لأَنَّ الرَّبَّ يُعَاقِبُ مَنْ نَطَقَ بِاسْمِهِ بَاطِلاً....)) [الخروج ٢٠\١-٨]

وتصرح التوراة بوضوح بأن الله واحد في السماء وفي الأرض، فالإصحاح الرابع من سفر التثنية –العدد ٣٥ يقول: (لتعلم أن الرب هو الله وليس غيره) وفي العدد ٣٩ (فاعلم اليوم واقبل بقلبك أن الرب هو الإله في السماء من فوق وعلى الأرض من تحت وليس غيره). وهذا يصدقه القرآن الكريم، في مواطن كثيرة. منها سورة [محمد: ١٩] و[الزخرف: ٨٤] وفي

الإصحاح الخامس والأربعين من سفر إشعيا العدد ٥: ((أنا هو الرب وليس غيري وليس دوني إله (٦) ليعلم الذين هم من مشرق الشمس والذين هم من المغرب أنه ليس غيري أنا الرب وليس آخر). وهذا يصدقه قوله تعالى:في سورة[الرحمن : ١٧].

وفي ما يسميه شلبي (نداء التوحيد) (إشعيا ٤٥: ٢١-٢٤)

أَنَا الرَّبُّ وَلَا إِلَهَ آخَرَ غَيْرِي؟

إِلَهٌ بَارٌّ وَمُخَلِّصٌ.

لَيْسَ سِوَايَ.

التحيز بالإهمال:

بدلاً من إبراز هذه القضية الهامة والمركزية بالنسبة للعقيدة الإسلامية غلب التحيز على كتابنا المعاصرين بين مهمل للقضية بالكلية ومضوه لها. ها هو الدكتور شلبي يحاول طمس هذه الميزة في التوراة! وبدلا من طرحها بصورة علمية راح يطعن في العقيدة التوراة المؤيدة لعقيدة القرآن في التوحيد والصفات دون أن يشعر أنه يطعن نفسه أولاً.

فمرة يدعي د. شلبي أن اليهود على سبيل المثال يقول (شلبي، ١٩٩٢): " ومع ذلك ترسم أسفار التوراة الخمسة صورة بشرية محضة للإله.." وبشكل عام يرى (شلبي، اليهودية، ١٠١) أن بني إسرائيل كانوا يتجهون إلى التجسيم والتعدد والنفعية، أي تعدد الألهة. ومرة أخرى يادعى شلبي أن موسى أخذ التوحيد عن المصريين!! ولا أدري متى عرف المصريون التوحيد قبل موسى؟ وهل إبراهيم كذلك أخذا التوحيد من المصريين الوثنيين؟!!!

إهمال التوحيد:

هكذا أهملت هذا القضية التي هي أعظم وصية في التوراة والتوراة ولم يذكره أو يشير إليها ولو من بعيد ومن ذكرها منهم وهنها وأهملها. على سبيل المثال أهملتها الكتابات (الموجز في الأديان والمذاهب المعاصرة:، ١٩٩٢) و (الخلف س.، "دراسات في الأديان: التوراة والنصرانية"، ٢٠٠٤) و (الأعظمي، ٢٠٠٣). هذه المصادر لم تذكر أي إشارة لهذه العقيدة التوراتية والتي هي أعظم الوصايا عندهم.

وآخرون قللوا منها جداً. لماذا؟

هل لم يجدوا هذه النصوص في نسخهم من التوراة؟

أو وجودها ورأوا أمها لا تستحق الذكر كما قال بعضهم؟

أو أهملوها لسبب آخر لا نعرفه؟

ومع كل هذه النصوص التوحيدية في التوراة ورغم إدراك د. شلبي وإشارته إلى بعض هذه النصوص، ومنها نص إشعيا الذي سماه الدكتور شلبي "نداء الوحدانية" (شلبي، التوراة، ١٩٠) ومع ذلك عقد الدكتور أحمد شلبي مقارنات بين العقيدة في القرآن وفي التوراة، كما عقد مقارنة بين الأنبياء كما صورهم القرآن وكما صورتهم التوراة، وقد ظهر تحيز الدكتور شلبي في هذه المقارنات واضحاً وسأعطي أمثلة تدليلاً على ذلك: بابين الأول: التوحيد في التوراة والقرآن: من صور المقارنة التي عقدها الدكتور أحمد شلبي (شلبي، التوراة، ١٠١) مقارنة عقيدة اليهود من القرآن وعقيدتهم من مصادرهم (من غير القرآن) ومن المؤكد أن أول عقيدة في القرآن وأهمها وأكبرها هي عقيدة التوحيد وبنفس القدر هي أعظم الوصايا في التوراة. لكن للأسف (شلبي، التوراة، ١٠١) مارس التحيز بالإنكار فقال: " لم يستطع بنو إسرائيل في أي

فترة من فتراتهم أن يستقروا على عبادة الله الواحد الذي دعا ل الأنبياء وكان اتجاههم إلى التجسيم والتعدد والنفعية واضحا في جميع مراحل تاريخهم وعلى الرغم من ارتباط وجودهم بإبراهيم إلا أن البدائية الدينية كنت طابعهم.." وممن ذكر التوحيد في التوراة ولكنه أراد توهينه أستاذ الأساتذة الدكتور صابر طعيمة:

التحيز بالتقليل:

مارس الدكتور صابر طعيمة (أستاذ الأساتذة) التحيز بالتقليل في التوحيد؛ وقد رأى نصوص التوحيد في التوراة لكنه رأى أنه شيء لا يستحق الوقوف عنده كثيراً!! ثم أنكر أفضلية وأولوية التوحيد في التوراة التوراة مقدماً عليها نصوص فرعونية قديمة. بشكل عام لا يرى الدكتور صابر طعيمة في العقيدة التوراة أي أثر لدين صحيح لأنها لا تتكلم عن اليوم الآخر وما يتعلق به من صور النعيم والعذاب والجنة والنار، ولا حتى يوجد بها عقيدة توحيد وعبادة للإله الواحد، ولا يودد في التوراة شيء يستحق الوقوف عنده في هذا الشأن. مشكلتي هي كيف نجمع بين ما يقوله الأستاذ وبين وصف القرآن للتوراة بأنه تعالى أنزلها وفيها هدى ونور ويطلب من أهلها، بل ويطلب منا، أن نحتكم إليها ونسأل أهلها عما جهلناه؟

في الواقع إن كتاب التاريخ اليهودي العام الذي طبع في مجلدين، وبه أربعة عشرة باباً، كلها بلا استثناء هي مطاعن في بني إسرائيل، حتى هذه التسمية وهذا النسب لا يراه صحيحا (طعيمة، التاريخ اليهودي العام، ١٩٩١) بينما يناديهم القرآن عشرات المرات في القرآن الكريم بهذا الاسم.

الوصايا العشر عند صابر طعيمة:

أورد د طعيمة (التراث الإسرائيلي، ص ٣٥١) نص الوصايا العشر المتطابق مع نصوص القرآن الكريم في الباب الثالث "الله بين التنزيه والتجسيم في العهد القديم" من كتابه "التراث الإسرائيلي وموقف القرآن منه" فصل العقيدة الدينية والوصايا العشر وفيها:

" ١-لا يكن لك آلهة أخرى أمامي. ٢-لا تصنع لك تمثالا منحوتا ولا صورة ما مما في السماء من فوق وما في الأرض من تحت وما في الماء من تحت الأرض. لا تسجد لهن ولا تعبدهن، لأنني أنا الرب إلهك إله غيور أفتقد ذنوب الآباء في الابناء في الجيل الثالث والرابع من مبغضي، وأصنع إحسانا إلى ألوف من محبي وحافظي وصاياي. ٣-لا تنطق باسم الرب إلهك باطلا لأن الرب لا يبرئ من نطق باسمه باطلا."

يعلق الدكتور على هذه الفقرات الثلاث بالضبط فيرى أنه ليس فيه شيئاً يستحق الوقوف أمامه بالنقد أو التعليق! ثم بعد هذا بصفحات (التراث الإسرائيلي، ص ٣٦٣) يعنون الفصل الثالث من كتابه بقوله: " افتقاد عقيدة التوحيد في العهد القديم".

أولية التوحيد: موسى أو فرعون؟

يرى الدكتور صابر طعيمة (طعيمة، التاريخ اليهودي العام، ١٩٩١) أن عقيدة التوحيد التوراة ليس لها أولية دون غيرها من العقائد الدينية التي شاعت في العالم القديم وتعبد بها الإنسان؛ وما يثار حولها في دعوى الأصالة والأسبقية في فكرة التوحيد، بل هي دعوة طرحتها جميع العقائد، من أنها أول عقيدة دينية عالجت موضوع التوحيد والإيمان بالله الواحد، وهو _بحسب الدكتور يجب أن يعاد فيه النظر. وإنما الحقيقة في رأي الدكتور هي: " وفي التاريخ القديم لم نعرف أن أمة من الأمم تطهرت عندها فكرة المعتقد الديني وتوشك أن تكون توحيدا

خالصا وإيمانا بعالم آخر هو عالم الخلود والحياة الباقية وفيه يتلق كل إنسان الحساب والجزاء ليفرق الرب الإله بين الأبرار والأشرار مثل مصر القديمة...."

"وقد وصلت العقيدة المصرية إلى قمة من الصفاء والنقاء في عبادة "اتون" التي دعا إليها أخناتون منذ ثلاث وثلاثين قرناً، ويكفي مثلا في قضية الأصالة الدينية والسبق بفكرة التوحيد عند المصريين دونما تقدير لمعنى الزيف التي يجترها البعض من تعلق الشعب العبري والمصادر الأولى للجماعات التوراة بفكرة التوحيد والدعوة إليها؛ ما جاء على لسان إخناتون في الأنشودة التي ترنم فيها بالشمس رمزا لمصدر الوجود كله في مصر وغيرها والتي يقول فيها عن دين "آتون" الإله الواحد:

إنّك تشرقُ جميلاً في أفقِ السماء
يا آتون الحيّ يا بدءَ الحياة
إنّكَ إذا أشرقتَ من جبل النورِ الشرقي
ملأتَ كلّ بلدٍ بجمالكَ ومحبّتك
إنّكَ جميل، إنك عظيم
إنكَ تتلألأُ عالياً فوقَ كلِّ بلد
إنّ أشعّتكَ تحيطُ بالأراضي كلها
وبكلّ شيءٍ خلقتَه لأنّك رع،
وتستطيعُ الوصولَ إلى نهايتها
وتستطيعُ أن تجعلَ كلّ بلدٍ أسيراً لك
إنك الإله الذي دانَ الجميعُ بحبّك

إنكَ ناءٍ ولكنّ أشعَّتكَ على الأرض

إنّك تشرقُ على وجوه الناس

ولا يستطيعُ أحدٌ منهم أن يتكهّنَ بسرِّ قدومِك

حينما تغيبُ في أفقِ السماء الغربي أظلمت الأرضُ

وأصبحت تبدو كأنها ميّتة

فيستقرُّ الناسُ في حجراتهم

وقد غطّوا رؤوسَهم وانخفضَ صوتُ زفيرهِم

ولا ترى عيني عيناً أخرى

ويتسللُ اللصوصُ إلى المنازل

ويولون الفرارَ دونَ أن ينتبهَ إليهم أحد..."

....وإذا أصبحَ الصباحُ تشرق متألقاً في الأفق

وعندما تضيء كأتون أثناءَ النهار وتبدّد الظلامَ

ويستيقظُ كلٌّ من القطرينِ مهلِّلاً

ويصحو الناسُ ويقفونَ على أقدامهم لأنك أنت الذي توقظهم

فيغتسلونَ ويلبسونَ ملابسَهم

وترتفع أذرعهم معبدين لشروقك

ثم ينتشرون في الأرض يباشرُ كلٌّ منهم عمله

أما الماشية فهي فرحة في مروجها

والأشجارُ والنباتات فهي تزدهر

والطيورُ فهي ترفرفُ تاركةً أوكارها وتسبّحُ أجنحتُها بحمدِك

وتقفزُ الحِملانُ على أقدامها

وكلُّ ما يطيرُ أو يحطُّ تهتزُّ أعطافه لأنّكَ تشرقُ من أجله

وتبحرُ السفنُ شمالاً وجنوباً وتعجُّ الطرقُ بالناس

أمّا الأسماكُ في النهرِ فهي تقفزُ أمامك

إنّ أشعّتكَ تنفذُ إلى أعماق البحر

إنكَ تعطي الحياة للجنينِ في أحشاءِ النساء

وإنّكَ تضعُ من النطفةِ الرجال

وإنّك أنت الذي يعني بالطفلِ في بطنِ أمّه ويكنُّ روعُهُ فلا يبكي......"

هل يمكنني أن أستنتج من هذا أن المصريين هم شعب الله المختار، وأن الله تعالى اصطفاهم على العالمين، وليس بني إسرائيل، وأن أشعار أخناتون يجب أن تكون هي الكتاب المقدس عند المصريين، وأن القرآن - مثله مثل التوراة - تعطي لبني إسرائيل؛ أبناء إبراهيم أبي الأنبياء، أسبقية غير مستحقة على إخناتون عليه السلام!!

وهل يجب أن تكون عاصمة أخناتون "تل العمارنة" هي عاصمة التوحيد بدلا من مكة المكرمة؟ أو أورشليم الجديدة!!

أو هو التحيز في أبشع صوره؟

ومن أجل أن يبرهن الدكتور صابر على مسألة السبق وأصالة التوحيد عند المصريين وأخناتون مقابل نظرية السبق عند اليهود والتوراة، يقارن الدكتور صابر بين نشيد أخناتون

لتشابهات بينه وبين المزمور ١٠٤ من مزامير النبي ﷺ داوود في التوراة— ومن المعروف ان المزامير كتبها النبي ﷺ داود الذي عاش من ١٠٤٠-٩٧٠ ق.م.

وبعد ما يورد كلام إخناتون يصل إلى النتيجة التالية: (طعيمة، التاريخ اليهودي العام، ١٩٩١) "إن ما دون في مزامير داوود مما نسبه الإسرائيليون إليه؛ ليس عن الوحي أو حتى عن موسى، بل هو مما نقله الحكماء الإسرائيليون الذين كانوا يطلعون على أسرار المحاريب في مصر" ويقول: "منذ دعوة إبراهيم وظهور الأنبياء من بعده حتى عصر النبي ﷺ موسى لم ترتق العقيدة الدينية عند الجماعات الدينية الإسرائيلية التوراة الذين حملوا الميراث الأخلاقي المرتبط بخلق السطو والإغارة من العبرانيين ومعتقد الإله عند القوم لم تخل عليه الصفات الراقية المتطهرة المنزهة التي نلمحها في معتقدات أمم كثيرة كالتي أشرنا إليها في مصر.." (طعيمة، التاريخ اليهودي العام، ١٩٩١)

هل هذا هو ما يفرض الله تعالى علينا اعتقاده والإيمان به. كم في [النساء: ١٣٦]

ربما يقبل هذا من عالم مصريات مفتون بالحضارة المصرية، أو ملحد لا يؤمن بدين ولا كتاب، لكن كيف نقبله من عالمنا الجليل، متأثراً بالسياسة والمذهبية أيضا، عندما يقول:

"فالإله في التوراة يقوم بأعمال الإنسان.." وتصف التوراة الإله بصفا البشر، وسيأتي دحض هذه الفرية مكانه آخر.

التوحيد الحلولي:

أصاب داء التحيز حتى المحامي الأول ضد التحيز في الوطن العربي. يتحيز المسيري (المسيري، موسوعة اليهود و التوراة و الصهيونية،، ٥٣/٥) ضد هذه العقيدة بعد ألا يجد بداً من إثباتها لكن يصفها بالحلولية! وكان المسيري (المسيري، موسوعة اليهود و التوراة و الصهيونية،، ٥٣/٥) قد شرح لفظ الحلولية لغة واصطلاحاً ودلالتها عند في الديانة الطوطمية وعند الصوفية وفي المسيحية وبعض الشيعة، بل وأورد نصوصاً من القرآن يستدل بها الصوفية على صحة هذا الاعتقاد، ولم يشر ابداً إلى التوراة ضمن هؤلاء الذين اعتنقوا الحلولية في عقيدتهم، وعلى كل حال لم أسمع ولم أقرأ لأحد قبله –ولا بعده – أحداً اتهم التوحيد في التوراة بذلك، لكن الأعجب من ذلك أن الدكتور أسرف في استعمال هذا الوصف "الحلولية" في جميع أجزاء الموسوعة، في الواقع لقد استعملها أكثر من ستمائة مرة، هكذا استعمله في وصف التوراة وفرقها وتاريخها ومجتمعاتها، الحلولية الكمونية، وأحياناً الحلولية الكمونية الواحدية، والجماعات الحلولية، مما يجعلني أقترح عليه، لو كان حيا، أن يجعل اسم الموسوعة "الموسوعة الحلولية".

هذا الإسراف والتوسع في استخدام هذا المصطلح ما دفع يوسف زيدان إلى مناقشة مصطلح المسيري ومفهوم الحلولية في موسوعته.

بشكل عام أيضاً في كامل الموسوعة لم نجد شيئاً أبدا يشير إلى أن هذه الرسالة النبوية السماوية فيها شيء واحد إيجابي، رغم ثناء القرآن على التوراة وعلى الرسالة وصاحبها ومن نزلت عليهم، وأشار على موافقة القرآن لها، لكن أشك أن الدكتور المسيري انطلق من القرآن، لكنه ربما انطبق من منطلقات سياسية وفلسفات القومية "الناصرية". في الواقع أدرك

الدكتور المسيري واعترف باستخدام "كلاسيكيات معاداة اليهود مثل بروتوكولات حكماء صهيون حينما تصف "اليهودي" إلا أنه لم يسلم منه، أو لم يرد أن ذلك.

تحيز السلفيين:

كما ذكرت في مناسبة سابقة، وسأعيده لاحقاً، وسأكرره ما حييت، التحيز المنهجي داء طال الكثيرين أو بالأحرى الجميع! لم يكن الموقف من الصفات في التوراة خاصاً بالمتكلمين الذين كانوا يرون إثبات الصفات خطأً فادحاً. لقد تسرب هذا إلى السلفيين؛ الذين يثبتون النصوص وما دلت عليه، ولكن يرفضون فقط بما يتعلق بالتوراة، ويتحيزون بالتشويه والإهمال:

نتيجة عدم اعتماد المصادر الأصلية؛ بما فيها المصادر الإسلامية، وقع مؤلفو الكتابات في أخطاء فادحة تتعلق بالعقيدة:

هكذا في بيان العقيدة التوراة يقول: (ناصر ن.، ١٩٩٢، ص ١٩-٢٠) "كانت عقيدة اليهود قبل أن يحرفوها، عقيدة التوحيد والإيمان الصحيح المنزلة من الله تعالى على موسى ، لكنهم حرفوها وبدلوها وابتدعوا فيها ما لم ينزله الله، حتى صاروا فيها بعد وحتى الآن على الشرك والعداء الله ورسوله. وقبل ذلك قال في تعريفها (ناصر، ١٩٩٢، ص ١٨): هي الملة التي يدين بها اليهود وهم أمة موسى، وأصلها، قبل أن يحرفها اليهود هي الديانة المنزلة من الله تعالى على موسى، وكتابها: التوراة. وهي الآن ديانة باطلة لأن اليهود حرفوها ولأنها نسخت بالإسلام. وفي نبذة مختصرة عن عقيدة اليهود المحرفة أورد المقرر نماذج للانحراف منها:

١-"نسبتهم الابن إلى الله تعالى: قال الله تعالى عنهم: فزعموا أن (عزيراً) وهو أحد أنبيائهم ابن الله تعالى الله عما يقولون علواً كبيراً" وعبدوه من دون الله تعالى"

٢-ومن ذلك - قولهم إن الله فقير ونحن أغنياء: وتلك مقولة شنيعة لا يجرؤ عليها إلا كافر فاجر ضال مبين، وذكر الله تعالى ذلك عنهم [آل عمران: ١٨١].

٣-وكذلك مقولتهم النكراء بأن يد الله مغلولة: كناية عن الشح والبخل - تعالى الله وتقدس عما يقولون - وقد قالوا ذلك لأنهم بخلاء، وقد ذكر الله تعالى ذلك عنهم وكتب عليهم اللعنة. [المائدة: ٦٤] (ناصر، ١٩٩٢، ص ٢٢-٢٤)

٤-وهكذا أيضا قال أستاذي: (الخلف س.، دراسات في الأديان، ١٩٩٧، ص ٩٠-٩١) تحت عنوان "المطلب الرابع: (الذات الإلهية في التوراة المحرفة)": " لقد جاء موسى لبني إسرائيل بها صافية نقية، إلا أنهم حرفوا ديانتهم وبدلوها، وقد طالت يد التحريف جميع النواحي فيها حتى ما يتعلق بالذات الإلهية العالية، حيث وصل تحريفهم إلى الطعن في الله جل وعلا، وقد ذكر الله لنا في كتابه شيئا من جرأتهم عليه سبحانه.

أيضاً أستاذي الدكتور سعود الخلف عندما أورد " قوله عز وجل [آل عمران: ١٨١] ثم علق: "فهذا الكفر والوقاحة من اليهود أثر من آثار تحريفهم لكتابهم حيث تضمن كتابهم المسمى " التوراة " وكذلك الكتب الملحقة به كثيراً من الصفات التي لا يصح ولا يليق وصف الله عز وجل بها.". وسؤالي هنا هو هل التوراة قبل التحريف كان فيها التنزيه والتوحيد؟

أو التوراة بعد التحريف كان فيها التنزيه والتوحيد؟

بعبارة أخرى: أين التنزيه والتوحيد؟ هل كان في التوراة الضائعة التي ليست بين أيدينا اليوم؟ أو التنزيه والتوحيد هو في التوراة اليوم، والتشبيه والشرك كان في التوراة الصحيحة؟

ربما يبدو هذا السؤال غريباً! ولكن هذا الإشكال سببه ماقاله مؤلفونا الكبار؛ وغيرهم، الذيت يقولون الشيء وضده ربما في صفحة نفسها!

في هذه المسألة دون الرجوع ليس للتوراة تفيها وتفاسيرها بل حتى دون الرجوع لتفسير الآيات القرآنية التي اوردوها.

حتى يتضح الأمر بصورة جلية أقول:

التوراة الحالية فيه تنزيه الله عن مماثلة المخلوقين.

التوراة الحالية ليس فيها ما أورده المؤلفون عن وصف الله بالجهل والبخل والولد، بل هذا منفي عنه تعالى في التوراة!

إذن أين الخلل؟

هل هو في آيات القرآن؟ مستحيل؛ لأن القرآن كتاب لا يأيه الباطل من بين يديه ولا من خلفه!

هل الخلل في التنزيه في التوراة بعد التحريف؟

وهل قبل التحريف كان فيها التمثيل والشرك؟

أو الخلل بصراحة في المؤلفين الذين لم يرجعوا ليس إلى التوراة وتفاسيرها بل ولا حتى إلى تفاسير آيات القرآن التي أوردوها.

ويحق لي ولكل أحد أن يسأل: أين هذه النصوص في التوراة؟ ولماذا لم يعز إليها مؤلف المقرر حسب أخلاقيات منهج البحث العلمي؟

هل قال القرآن أن هذه النصوص في التوراة؟

نلاحظ أن النص القرآني نسب القول لليهود "وقالت اليهود" وليس للتوراة التي وصفها في مكان آخر بأن فيها هدى ونور. وأما معنى الآيات المشار إليها؛ فهو توبيخ اليهود المعاصرين

للنبي ﷺ، وفيهم من قال عن الله هذه المقولات الفاجرة، المخالفة لما يؤمن به بنو إسرائيل من تنزيه الله تعالى، كما في التوراة، وكما يأتي بيانه من المصادر الإسلامية.

مشكلة المصادر:

أنا لا أتحدث هنا عن المصادر الكتابية؛ بمعنى الكتاب المقدس عند اليهود، لأن هذا ربما لا يروق لكتاب الكتابات غير المتخصصين، وإن كان هذا هو الواجب على من يكتب في مقارنة الأديان وتاريخها. أنا أتحدث عن المصادر الإسلامية وبشكل خاص تفاسير القرآن؛ حتى لا ينسب لكتاب الله ما لم يقله، وقد يكون فتنة وسبباً للطعن في القرآن.

هكذا المسائل التي نسبتها الكتابات لليهودية والتوراة خلافاً لتنزيه الله الواجب ودليلاً على فساد اعتقادهم في الله تعالى وتحريف لكتبهم التي اشتملت على هذه الأخطاء؛ لكن للأسف كما سوف نرى وقع مؤلفو المقرر في خطأ فادح بسبب عدم الرجوع للمصادر؛ حتى الإسلامية منها القريبة من يد أي باحث.

بالرجوع للمصادر الإسلامية القريبة من يد كل وأي باحث يتضح أن الديانة التوراة والتوراة ليس فيها ما ادعته الكتابات الدراسية بناءً على ما فهموه من الآيات حتى دون الرجوع للمفسرين:

وهذه أقوال المفسرين:

قال (الطبري م.، ٢٠٠٠، جامع البيان، ص ١٤/٢٠١-٢٠٢): " واختلف أهل التأويل في القائل: (عزير ابن الله). فقال بعضهم: كان ذلك رجلا واحدًا، هو فِنْحاص. ذكر من قال ذلك: حدثنا القاسم قال، حدثنا الحسين قال، حدثني حجاج، عن ابن جريج قال: سمعت

عبد الله بن عبيد بن عمير قوله: (وقالت اليهود عزير ابن الله)، قال: قالها رجل واحد، قالوا: إن اسمه فنحاص. وقالوا: هو الذي قال: [سورة آل عمران: ١٨١].

«وقال آخرون: بل كان ذلك قول جماعة منهم. ذكر من قال ذلك: حدثنا أبو كريب قال، حدثنا يونس بن بكير قال، حدثنا محمد بن إسحاق قال، حدثني محمد بن أبي محمد مولى زيد بن ثابت قال، حدثني سعيد بن جبير، أو عكرمة، عن ابن عباس قال: أتى رسولَ الله ﷺ سَلامُ بن مشكم، ونعمانُ بن أوفى، وشأسُ بن قيس، ومالك بن الصِّيف، فقالوا: كيف نتّبعك وقد تركت قِبْلتنا، وأنت لا تزعم أنّ عزيرًا ابن الله؟ فأنزل في ذلك من قولهم.

وقال (الرازى، ١٤٢٠ ص ١٦/ ٢٨): المسألة الثانية: في قوله: وقالت اليهود عزير ابن الله أقوال:

الأول: قال عبيد بن عمير: إنما قال هذا القول رجل واحد من اليهود اسمه فنحاص بن عازوراء.

الثاني: قال ابن عباس في رواية سعيد بن جبير وعكرمة: أتى جماعة من اليهود إلى رسول الله صلى الله عليه وسلم، وهم: سلام بن مشكم، والنعمان بن أوفى، ومالك بن الصيف، وقالوا: كيف نتبعك وقد تركت قبلتنا، ولا تزعم أن عزيزا ابن الله، فنزلت هذه الآية.

وعلى هذين القولين فالقائلون بهذا المذهب بعض اليهود إلا أن الله نسب ذلك القول إلى اليهود بناء على عادة العرب في إيقاع اسم الجماعة على الواحد، يقال فلان يركب الخيول ولعله لم يركب إلا واحدا منها، وفلان يجالس السلاطين ولعله لا يجالس إلا واحدا.

والقول الثالث: لعل هذا المذهب كان فاشيا فيهم ثم انقطع، فحكى الله ذلك عنهم، ولا عبرة بإنكار اليهود ذلك، فإن حكاية الله عنهم أصدق. والسبب الذي لأجله قالوا هذا القول

ما رواه ابن عباس أن اليهود أضاعوا التوراة وعملوا بغير الحق، فأنساهم الله تعالى التوراة ونسخها من صدورهم فتضرع عزيز إلى الله وابتهل إليه فعاد حفظ التوراة إلى قلبه، فأنذر قومه به، فلما جربوه وجدوه صادقا فيه، فقالوا ما تيسر هذا لعزير إلا أنه ابن الله، وقال الكلبي: قتل بختنصر علماءهم فلم يبق/ فيهم أحد يعرف التوراة. وقال السدي: العمالقة قتلوهم فلم يبق فيهم أحد يعرف التوراة، فهذا ما قيل في هذا الباب.»

وقال (الواحدي، ١٤١٥، ص ٤٦٠): ليس فيه برهانٌ ولا بيانٌ إنّما هو قولٌ بالفم فقط يتشبَّهون بقول المشركين حين قالوا: الملائكة بنات الله وقد أخبر الله عنهم ... كيف يُصرفون عن الحقِ بعد وضوح الدَّليل حتى يجعلوا لله الولد وهذا تعجيب للنبي ﷺ والمؤمنين»

وقال (البغوي ا.، ١٤٢٠، ص ٣٣٨/٢): "رَوَى سَعِيدُ بْنُ جُبَيْرٍ وَعِكْرِمَةُ عَنْ ابْنِ عَبَّاسٍ قَالَ: أَتَى رَسُولَ اللهِ صَلَّى اللَّهُ عَلَيْهِ وَسَلَّمَ جَمَاعَةٌ مِنَ الْيَهُودِ: سَلَامُ بْنُ مِشْكَمٍ، وَالنُّعْمَانُ بْنُ أَوْفَى، وَشَاسُ بْنُ قَيْسٍ، وَمَالِكُ بْنُ الصَّيْفِ، فَقَالُوا: كَيْفَ نَتْبَعُكَ وَقَدْ تَرَكْتَ قِبْلَتَنَا وَأَنْتَ لَا تَزْعُمُ أَنَّ عُزَيْرًا ابْنُ اللهِ؟ فَأَنْزَلَ اللَّهُ عَزَّ وَجَلَّ: .... وَقَالَ عُبَيْدُ بْنُ عُمَيْرٍ: إِنَّمَا قَالَ هَذِهِ الْمَقَالَةَ رَجُلٌ وَاحِدٌ مِنَ الْيَهُودِ اسْمُهُ فِنْحَاصُ بْنُ عَازُورَاءَ.

وقال (القرطبي م.، ١٩٦٤، ص ١١٦/٨) : "...ا هَذَا لَفْظٌ خَرَجَ عَلَى الْعُمُومِ وَمَعْنَاهُ الْخُصُوصُ، لِأَنَّ لَيْسَ كُلُّ الْيَهُودِ قَالُوا ذَلِكَ. وَهَذَا مِثْلُ قَوْلِهِ تعالى: .... وقال: وَلَمْ يَقُلْ ذَلِكَ كُلُّ النَّاسِ. وَقِيلَ: إِنَّ قَائِلَ مَا حُكِيَ عَنِ الْيَهُودِ سَلَّامُ بْنُ مِشْكَمٍ وَنُعْمَانُ بْنُ أَبِي أَوْفَى وَشَاسُ بْنُ قَيْسٍ وَمَالِكُ بْنُ الصَّيْفِ، قَالُوهُ لِلنَّبِيِّ صَلَّى اللَّهُ عَلَيْهِ وَسَلَّمَ. قَالَ النَّقَّاشُ: لَمْ يَبْقَ يَهُودِيٌّ يَقُولُهَا بَلِ انْقَرَضُوا فَإِذَا قَالَهَا وَاحِدٌ فَيَتَوَجَّهُ أَنْ تَلْزَمَ الْجَمَاعَةَ شُنْعَةُ الْمَقَالَةِ، لِأَجْلِ نَبَاهَةِ الْقَائِلِ

فِيهِمْ. وَأَقْوَالُ النُّبَهَاءِ أَبَدًا مَشْهُورَةٌ في الناس يحتج بها. فمن ها هنا صح أن تقول الجماعة قول نبيها. وَاللَّهُ أَعْلَمُ.

مما سبق من النقل عن المصادر الأصلية يتبين خطأ ما ذهب إليه مؤلفو الكتابات سواء في استنادهم على هذه الآيات في بيان فساد عقيدة التوراة أو استعمالها كدليل على تحريفهم لكلام الله تعالى. وثبت براءة التوراة والتوراة من هذه الشناعات.

هل تصف التوراة الله بالجهل!!!

خرقاً للعادة عند مؤلفي كتب عن التوراة؛ يرجع أستاذي سعود الخلف إلى نصوص التوراة (الخلف س.، دراسات في الأديان، ١٩٩٧) واستنتج منها أموراً غريبة. الاستنتاج هو أن التوراة والتوراة تصف الله عز وجل بصفات البشر التي لا تليق بالله تعالى.

قال: (الخلف س.، ٢٠٠٤، ص ١٠٣-١٠٤) "لأن الله عز وجل موصوف بصفات الكمال المطلق وكل ما يشعر بالنقص فالله عز وجل منزه عنه فتضمين اليهود كتابهم صفات تشعر بوصف الله بصفات لا تليق بمقام الألوهية والربوبية والكمال المطلق، دليل واضح على التحريف والتبديل إذ لا يمكن أن يتضمن الكتاب الذي نزل من عند الله ما يطعن فيه جل وعلا. أما التحريف فقد سبق بيانه وسبب التحيز فيه. والآن نرى التحيز في الصفات الإلهية".

على سبيل المثال استنتج أستاذي أن التوراة تصف الله تعالى بالجهل مستدلا بالحوار والنقاش الذي دار بين الله تعالى وبين آدم عندما اختبأ منه لأنه عريان وقد سأله (سفر التكوين: الاصحاح الثالث الفقرة ١٠): أين أنت يا آدم؟ "وسمعا (آدم وزوجه) صوت الرب الإله ماشياً في الجنة عند هبوب ريح النهار، فاختبأ آدم وامرأته من وجه الرب الإله في وسط

شجر الجنة، فنادى الرب الإله آدم وقال له: أين أنت؟ فقال: سمعت صوتك في الجنة فخشيت لأني عريان فاختبأت. فقال: من أعلمك أنك عريان، هل أكلت من الشجرة التي أوصيتك ألا تأكل منها؟ لكن هل هذا يعني أن التوراة تصف الله تعالى بالجهل؟ وما جواب الدكتور لو عارضنا يهودي بما جاء في الكتاب والسنة. وماذا نقول في سؤال الله تعالى للمسيح عيسى بن مريم: [المائدة: ١١٦]نحو قوله تعالى: ﴿وَإِذْ قَالَ اللَّهُ يَا عِيسَى ابْنَ مَرْيَمَ أَأَنتَ قُلْتَ لِلنَّاسِ اتَّخِذُونِي وَأُمِّيَ إِلَٰهَيْنِ مِن دُونِ اللَّهِ ۖ قَالَ سُبْحَانَكَ مَا يَكُونُ لِي أَنْ أَقُولَ مَا لَيْسَ لِي بِحَقٍّ ۚ إِن كُنتُ قُلْتُهُ فَقَدْ عَلِمْتَهُ ۚ تَعْلَمُ مَا فِي نَفْسِي وَلَا أَعْلَمُ مَا فِي نَفْسِكَ ۚ إِنَّكَ أَنتَ عَلَّامُ الْغُيُوبِ﴾ [المائدة:١١٦] وقوله تعالى: ﴿وَلَقَدْ فَتَنَّا الَّذِينَ مِن قَبْلِهِمْ ۖ فَلَيَعْلَمَنَّ اللَّهُ الَّذِينَ صَدَقُوا وَلَيَعْلَمَنَّ الْكَاذِبِينَ﴾[العنكبوت: ٣]وقوله تعالى: ﴿وَأَنزَلْنَا الْحَدِيدَ فِيهِ بَأْسٌ شَدِيدٌ وَمَنَافِعُ لِلنَّاسِ وَلِيَعْلَمَ اللَّهُ مَن يَنصُرُهُ وَرُسُلَهُ بِالْغَيْبِ ۚ﴾ [الحديد: ٢٥] وفي السنة أن الله تعالى يسأل الملائكة: : "كيف تركتم عبادي؟" (البخاري برقم (٧٤٢٩) واللفظ له، ومسلم برقم (٦٣٢))

هل القرآن أيضاً يصف الله تعالى بالجهل، أو نعترف بالخطأ!

وقال الأستاذ أيضاً: "وصف اليهود الله بالجهل حيث زعموا أنه يجب أن توضع له علامة ليستدل عليهم حيث قالوا: إن الله أمرهم قبل خروجهم من مصر أن يلطخوا بها أبوابهم العتبة العليا والقائمتين بالدم. ويعللون ذلك بقولهم في (سفر الخروج، (١٢ / ٢٣): فإن الرب يجتاز ليضرب المصريين فحين يرى الدم على العتبة العليا والقائمتين يعبر الرب عن الباب ولا يدع المهلك يدخل بيوتكم ليضرب. وهذا باطل فإن الله جل وعلا عالم الغيب والشهادة. يقول سبحانه عن نفسه:﴿ عَالِمُ الْغَيْبِ لَا يَعْزُبُ عَنْهُ مِثْقَالُ ذَرَّةٍ﴾ [سبأ : ٣].

وفي الواقع نحن نواجه نفس المشكلة وهي عدم الرجوع للمصادر الأصلية، والاعتماد على الفهم الظاهري أو بالأحرى فهمنا الظاهري، وفيما لو فعلنا ذلك في القرآن لكان ذلك محل رفض واستهجان. لكن إذا كنت تتكلم عن التوراة فاعل وقل ما شئت ولا حرج!!

يُفهم نص خروج ١٢: ٢٣ في إطار التقاليد التفسيرية التوراة بوصفه بيانا عن التمايز الطقسي والطاعة لا عن حاجةٍ إلهيةٍ إلى علامةٍ تدلُّه على البيوت؛ فـ«الدم على العتبة والقائمتين» يعمل كسِمَةً أو علامة ظاهرة تُظهِر امتثال بني إسرائيل، وتمنع المهْلِكَ (الملاك الموكّل بالتدمير) من الدخول، إذ إن الله «لا يُعطيه قدرةً على الإيذاء» لِمَن امتثل للأمر الإلهي؛ وهذا هو تقرير راشي لمعنى العبارة «وَلَا يُعْطِي المهْلِكَ الدُّخُول» وأن لفظ פֶּסַח يفيد "العفو/التجاوز" أو "التخطّي" لا الجهل أو الاحتياج، وهو ما يقطع بأن العلامة موجَّهة إلى الملَك التنفيذي لا إلى علم الله الذي هو مطلق لا يعتريه نقصٌ أو اشتباه. كما يبيّن المِدراش (Shemt Rabbah) أنّ "المهْلِكَ" ملاكٌ مكلّفٌ بالضربة، وأن الدم علامةُ حمايةٍ تمنعه من الدخول، بينما يفسّر موسى بن ميمون (في دليل الحائرين) الملائكة بوصفهم قوىً طبيعية مسخّرة لإنفاذ القضاء الإلهي، مع تأكيد أن التدخّل والحماية فعلٌ إلهي مباشر؛ وبذلك يصبح الدم علامةَ امتثال وتمييز أمام الموكّل بالتنفيذ، لا «دليلًا يُعرّف الله» على البيوت، وهو تفسير يتّسق مع الإطار العقدي القائل بعلم الله المحيط وفعله الحكيم الذي لا يحتاج إلى أمارةٍ بشريةٍ كي يعرف، بل يطلب من البشر أفعالًا شعائريةً تُعلن إيمانهم وتُظهِر تميّزهم عن الظالمين.

التحيز بالسكوت:

لم يقتصر المتحيزون في تحيزهم على ما تكلموا به بل أيضا فيما سكتوا عنه: كما رأينا أوردت الكتابات -لاسيما السلفية- ما يدل من القرآن على سوء عقيدة اليهود ومنها عبادة العجل. وأن الانحراف بدأ في حياة موسى وليس بعد وفاته. لقد اتخذوا العجل إلهاً. يقول (ناصر، الموجز، ١٩٩٢، ص ٢٠): " بدأ انحراف بني إسرائيل (اليهود) في عهد موسى ، وهو حي بين أظهرهم، حيث طلبوا منه أن يريهم الله تعالى، فقالوا له «أرنا الله جهرة) واتخذوا للعجل تمثالا وعبدوه من دون الله، وقالوا لموسى: قَالُوا يَا مُوسَىٰ إِنَّا لَن نَّدْخُلَهَا أَبَدًا مَّا دَامُوا فِيهَا ۖ فَاذْهَبْ أَنتَ وَرَبُّكَ فَقَاتِلَا إِنَّا هَاهُنَا قَاعِدُونَ [المائدة: ٢٤] كل هذا بعد أن رأوا بأعينهم آيات الله ومعجزاته تتالى عليهم فما زادهم إلا طغياناً وكفراً".

ولكني تساءلت كيف أفلت من أيديهم قوله تعالى:﴿ وَجَاوَزْنَا بِبَنِي إِسْرَائِيلَ الْبَحْرَ فَأَتَوْا عَلَىٰ قَوْمٍ يَعْكُفُونَ عَلَىٰ أَصْنَامٍ لَّهُمْ ۚ قَالُوا يَا مُوسَى اجْعَل لَّنَا إِلَٰهًا كَمَا لَهُمْ آلِهَةٌ ۚ قَالَ إِنَّكُمْ قَوْمٌ تَجْهَلُونَ﴾ [الأعراف: ١٣٨].؟! مع أنها تدل على كل ما قالته مؤلفاتهم من شر وشرك وضلال هؤلاء! ربما وجدوا هذا محرجاً ويكشف التحيز لأنه نظير قول أصحاب النبي ﷺ في مسيرهم لغزوة حنين؛ وقد رأوا شجرة خضراء للكفار تسمى ذات أنواط يعظمونها في كل سنة يوما: يا رسول الله، اجعل لنا ذات أنواط كما لهم ذات أنواط. فقال عليه الصلاة والسلام: الله أكبر. قلتم والذي نفسي بيده كما قال قوم موسى اجعل لنا إلها كما لهم آلهة قال إنكم قوم تجهلون لتركبن سنن من قبلكم حذو القذة بالقذة حتى إنهم لو دخلوا جحر ضب لدخلتموه. رواه (الترمذي أ.، دت، ص ٤/٤٧٥) وقال: "حسن صحيح".

هل يجوز لي أن أضع هذا في حقل "التحيز الصامت" أو التحيز بالسكوت؟

التحيز في النبوات:

الإيمان بالرسل والأنبياء من العقائد المشتركة بين الأديان (الصواب: الرسالات) على خلاف ما ادعا المقرر الجامعي "الموجز" (ناصر، ١٩٩٢، ص ٢٣) عن فساد اعتقادهم في وحي الله وكتبه ومن ذلك: اعتقادهم أن الله تعالى لم ينزل وحياً ولا كتاباً على بشر وفساد اعتقادهم في النبوة والأنبياء. هذا يصنف تحيزاً بالإنكار، لأن اليهود يؤمنون بالأنبياء كما يؤمن بهم المسلمون. وكما في باب التوحيد والصفات، لا يوجد ما يقبل أو ما ينكر إلا ومثله في نصوصنا. سأورد فيما يلي ما يدل على عدم صحة انكار التوراة للنبوة من كتب متحيزين آخرين، لكنهم بدلاً من الانكار مارسوا التشويه فقط.

قصص الأنبياء

عقد د شلبي مقارنة بين صورة إبراهيم كما وردت في القرآن الكريم وكما وردت في التوراة وعقب بما يوحي باختلاف الصورتين عقب إيرادها من القرآن ولكنه لم يذكر الصورة التوراتية إلا بعد خمس وعشرين صفحة من الموضع الأول. في الواقع ووفقا لأخلاقيات البحث العلمي، كان ينبغي أن يعرضها فورا بعد إيراد الصورة القرآنية ليتمكن القارئ فعلا من المقارنة ولا يطول المقرر فينس القارئ الصورة الأولى!

لكن ليست هذه هي المفاجأة، المفاجأة أن الصورة التوراتية التي رواه عن سفر التكوين الإصحاح١٢ العدد ١-١٩ جاءت مطابقة تماماً لما ورد في القرآن الكريم عن الحيلة التي ارتكبها إبراهيم بشأن سارة لينجو من القتل. إلا فيما يتعلق بالهدايا التي أعطيت لإبراهيم، ولا ريب أن للقرآن الكريم طريقته الخاصة في سرد القصص حيث يقتصر على جوانب معينة من

الصورة دون ذكر تفاصيلها. فلا يبعد أن هذه الهدايا قد أعطيت فعلا لإبراهيم ولم يتعرض القرآن لذكرها.

إن تعقيب الدكتور شلبي على الصورة القرآنية جاء كما يلي: "ذلك هو الفكر الإسلامي تجاه هذه القصة، فماذا يقول عنها اليهود؟ إن الإجابة عن هذا السؤال سترد في الباب الثالث من هذا الكتاب" وقد قال (شلبي، ١٩٩٢، ص ١٥٩) قبل إيراده للصورة القرآنية: " ومن المشاكل الشائكة التي تتصل بإبراهيم وتختلف فيها وجهة النظر الإسلامية مع وجهة النظر الإسرائيلية مسألة موقف إبراهيم من سارة زوجته عندما وفد بها إلى مصر وأحس بأنها ستكون مطمعاً للحكام والسادة، ملوك مصر من الهكسوس وكانوا ملوك بعض مناطق الدلتا آنذاك.." بما يوحي باختلاف الصورتين رغم التطابق الذي أشرت إليه في الكتابين، القرآن والتوراة، وحسبما اقتبس منهما الدكتور شلبي. يمكنني أن أصنف هذا التحيز تحت عنوان " التحيز بالإهمال" أو "التشويه" وربما يصنفه غيري تحت " التحيز "بالتفضيل" ولكنه على كل حال من التحيز المذموم غير المبرر علمياً.

ابراهيم وسارة:

يصرح الدكتور صابر بأنه عندما يستشهد بالتوراة فإن ذلك لا يعني وثوقه بها، بل هو يستشهد بها باعتبارها حجة على خصومه، لعدم اطمئنانه إلى ماورد فيها ولو كمصدر للتاريخ. بناءً عليه يتخذ الدكتور صابر أيضا موقفا رافضا لقصة إبراهيم المتعلقة بعلاقته بسارة زوجته واعتبار النص التوراتي إساءة للنبي إبراهيم. رغم أنه يعترف بأن التوراة فعلا نسبت سارة كأخت لإبراهيم (تكوين: ٢٠: ١٢-١٣.) ومع ذلك يصر على أنم العلاقة الزوجية هي الأقرب وكان ينبغي أن يعترف بها هذا النبي ﷺ العظيم الحكيم ولو أدى ذلك إلى قتله.

(طعيمة، التاريخ اليهودي العام، ١٩٩١). لاريب أن إبراهيم كان يعرض ويشير وقوله "هذه أختي" بأن مراده أنها أخته في الإسلام (العسقلاني أ.، ١٣٩٠، ص ٢/٢٨٠).

رغم أن القصة التوراتية متطابقة مع الرواية الإسلامية، كما رواه البخاري ومسلم في صحيحيهما عن أبي هريرة ﭬ، أن رسول الله ﷺ قال: «لم يكذب إبراهيم النبي ﷺ قط إلا ثلاث كذبات، ثنتين في ذات الله، قوله: إني سقيم، وقوله: بل فعله كبيرهم هذا، وواحدة في شأن سارة؛ فإنه قدم أرض جبار ومعه سارة، وكانت أحسن الناس، فقال لها: إن هذا الجبار إن يعلم أنك امرأتي، يغلبني عليك؛ فإن سألك فأخبريه أنك أختي...».

وفي الواقع هناك أيضا من طعن في الرواية الإسلامية، (القصيمي، ٢٠٠٦م) لأنها تمس عصمة الأنبياء، ويستدلون على عدم صحتها بأن القول بكذب سيدنا إبراهيم كما جاء في الحديث يتعارض مع قوله تعالى: وَاذْكُرْ فِي الْكِتَابِ إِبْرَاهِيمَ ۚ إِنَّهُ كَانَ صِدِّيقًا نَّبِيًّا [مريم: ٤١]، إذ إن الصديق لا يكذب. هادفين من وراء ذلك إلى إنكار هذا الحديث الصحيح.

لكن كما بين (الحديدي، ١٩٧٩م) حديث الكذبات الثلاث حديث صحيح في أعلى درجات الصحة، وهذا الحديث لم يجوز نسبة الكذب إلى إبراهيم وإنما سماها النبي ﷺ كذبات لكونها أقوالا يعتقدها السامع كذبا، لكنه إذا حقق لم يكن كذبا؛ لأنها من باب المعاريض المباحة، ومن ثم فإن ذلك لا يتعارض مع وصف الله تعالى له بأنه صديق؛ إذ الصديق هنا أي: بلغ الغاية في تصديق كل ما يأتي إليه من الله تعالى، بالإضافة إلى أن التعريض لا يتنافى مع الصدق الذي فهموه من الفقرة، ففيه مندوحة عن الكذب؛ لذلك فلا تعارض ما نسب لإبراهيم.

إن مسألتي هنا ليست تأويل أو تبرير، بل بالأخرى، هل ينطبق حكم كتابنا على التوراة لإيرادها هذه القصة المطابقة للرواية الإسلامية بنفس الحكم، أما أننا أما تحيز علمي غير سديد.؟ ومضى الدكتور صابر يطعن في جميع قصص التوراة، صحت عندنا أو لم تصح، اشتهرت أو لم تشتهر، ومنه قصة غيرة السيدة سارة الفطري من هاجر المصرية (تكوين ٢ : ١-١٢) وطبعا هذا يجعل القصة أشد صعوبة على المصريين، فالسيدة هاجر ترفض حياة المذلة وتطالب بحريتها من العبودية، كناشطة مصرية، ومع أن القصة قد رواها الواقدي، والبيهقي، وابن عساكر في تاريخه، وذكرها كثير من أهل العلم كابن أبي زيد المالكي . في كتاب النوادر والزيادات حيث قال: ويقال: إن إبراهيم أمر سارة- أم إسحاق- أن تفعله بهاجر -أم إسماعيل- وكانت أمة لها، وهبتها لإبراهيم، ثم غارت بها، فحلفت ليغيرن منها ثلاثة أشراف، فأمرها إبراهيم أن تثقب أذنيها، وتخفضها. وقال ابن عبد البر في التمهيد: وقد روى أبو إسحاق عن حارثة بن مضرب، عن علي، أن سارة لما وهبت هاجر لإبراهيم، فأصابها، غارت سارة، فحلفت ليغيرن منها ثلاثة أشياء، فخشي إبراهيم أن تقطع أذنيها، أو تجذع أنفها، فأمرها أن تخفضها، وتثقب أذنيها.

وقال (السيوطي، دت ص ١/ ٢٨١) في الدر المنثور "أخرج الْبَيْهَقِيّ عَن عَليّ ۵ قَالَ: كَانَت هَاجر لسارة، فأعطت هَاجر إِبْرَاهِيم، فَاسْتَبق إِسْمَاعِيل، وَإِسْحَاق لنَفسِهِ، فسبقه إِسْمَاعِيل، فَقعدَ فِي حجر إِبْرَاهِيم، قَالَت: سارة: وَالله لأغيرن مِنْهَا ثَلَاثَة أَشْرَاف، فخشي إِبْرَاهِيم أَن تجدعها، أَو تخرم أذن يها، فَقَالَ لَهَا: هَل لَك أَن تفعلي شَيْئا، وتبري يَمِينك، تثقبين أذن يها، وتخفضينها، فَكَانَ أول الخفاض هَذَا.

وقال أيضًا: أخرج الْوَاقِدِيّ، وَابْن عَسَاكِر من طَرِيق عَامر بن سعد، عَن أَبِيه قَالَ: كَانَت سارة ث تَحت إِبْرَاهِيم فَمَكثت مَعَه دهرًا لَا ترزق مِنْهُ ولدًا، فَلَمَّا رَأَتْ ذَلِك وهبت لَهُ هَاجر -أمة قبطية-، فَولدت لَهُ إِسْمَاعِيل فغارت من ذَلِك سارة ڤ فَوجدت فِي نفسهَا، وعتبت على هَاجر، فَحَلَفت أَن تقطع مِنْهَا ثَلَاثَة أَشْرَاف، فَقَالَ لَهَا إِبْرَاهِيم : هَل لَك أَن تبري يَمِينك؟ فَقَالَت: كَيفَ أصنع؟ قَالَ: اثقبي أذن يها، واخفضيها، والخفض هُوَ الْخِتَان، فَفعلت ذَلِك بهَا، فَوضعت هَاجر . رَضِي الله عَنْهَا . فِي أذن يها قرطين، فازدادت بهما حسنًا.

وقد ذكر القصة أيضا (ابن الجوزي، ١٩٨٢، ص ٨٣) في أخبار النساء، و (السهيلي، ١٤١٢، ص ٩١/١) في الروض الأنف، و (ابن القيم م.، ١٩٩٢، ص ٢٩٨) في كتابه روضة المحبين، وكتاب تحفة المودود (ابن القيم م.، ١٩٧١، ص ١٩٠)، و (ابن كثير، ٢٠٠٣، ص ٣٥٦/١) في البداية والنهاية، و (الهندي ع.، ١٩٨١، ص ٦٩٥/٦) في كنز العمال. وأشار إلى هذه القصة بصيغة التمريض الحافظ ابن حجر (العسقلاني أ.، ١٣٧٩، ص ٤٠١/٦) في الفتح حيث قال: وَيُقَال: إِنَّ إِبْرَاهِيم شَفَعَ فِيهَا، وَقَالَ لِسَارَةَ: حَلِّلِي يَمِينك بِأَنْ تَثْقُبِي أُذُنَيْهَا، وَتَخْفِضِيهَا، وَكَانَتْ أَوَّل مَنْ فَعَلَ ذَلِكَ.

التحيز ضد الشريعة

التحيز بالرفض: الختان:

من مسائل التوافق بين الشريعة الإسلامية والشريعة التوراة كثيرة جداً وقد ذكر الدكتور شلبي العديد من الشرائع التوراة دون إشارة واحدة لتوافقها مع الشريعة الإسلامية، بل على العكس حاول أحيانا –لتحيزه ضد التوراة– أن يشوه شريعة مشتركة بين جميع الأديان ليبين فقط أن اليهود أخذوها من الوثنيين المصريين –مثل التوحيد– وهي الختان.

قال (شلبي، ١٩٩٧، ص ٢٩٧-٢٩٨) " قلنا – عند الحديث عن الكهنة والقرابين – إن الختان ارتبط عند اليهود بالقربان، فقد كان الإنسان نفسه يقدم قرباناً من قبل. ثم اكتفت الآلهة بجزء من الإنسان، وذلك الجزء هو ما يقتطع في عملية الختان. وقد كان الختان سنة شائعة عند المغربيين الأقدمين، ووجد عندهم الوقاية الصحية من الأقذار التي تتعرض لها الأعضاء التناسلية. وقد اقتبسه اليهود من المصريين وجعلوه مرتبطا بالقرابين والضحايا التي تقدم قربان وإرضاء الآلهة. وبمرور الزمن أصبح الختان لدى اليهودي فريضة يحتمها الولاء الجنس. فعلى اليهودي أن يقوم بعملية الختان ليبرهن على أنه يهودي وقبيل عهد المكابيين كان الختان يجرى للذكر والأنثى بحورة بسيطة تمكن الشخص من الادعاء بأنه غير مختون ليتقى عدوان غير اليهود عليه.." الحقيقة التي لا تخفى على أي مسلم أنّ الختان شريعة إسلامية من سنن الفطرة وقد اختتن أبو الأنبياء إبراهيم، وكذلك جميع الأنبياء بعده حتى المسيح و!! فهل كان هؤلاء جميعا –من قبل موسى ومن بعده– أخذوا الختان عن الأمم الوثنية كالمصريين؟!!أم أن التحيز هو الذي دفع إلى هذا الموقف المتناقض؟!

عصمة الأنبياء

من القضايا المثارة والمثيرة في دراسة التوراة والاختلاف بين المنظور اليهودي والمنظور الإسلامي هي مسألة عصمة الأنبياء. في التوراة: لا يوجد مفهوم العصمة بالمعنى الذي يناقش في المنظور الإسلامي. فالأنبياء في التوراة يُصوَّرون كبشر يخطئون ويصيبون، لكنهم مختارون من الله لأداء رسالته. النصوص التوراتية تذكر أخطاء الأنبياء بوضوح، مثل خطيئة داود مع امرأة أوريا الحثي، أو ضعف موسى في بعض المواقف في الفكر اليهودي، لا تُفهم العصمة بوصفها طهارة مطلقة، بل ثقة الله في نبيه رغم ضعفه البشري.

يقول موسى بن ميمون في دلالة الحائرين (٢:٤٥) إن "الأنبياء قد يخطئون في أفعالهم الخاصة، لكنهم لا يخطئون في الوحي" ويرى الرامبان أن لوط ليس نبيًا بالمعنى الدقيق، وإنما رجل صالح نجا بفضل صلة القربى بإبراهيم. ومن ثم فإن زلّته لا تمس مفهوم النبوة عند بني إسرائيل.

في المقابل، يرى اللاهوت المسيحي أن العصمة تخصّ كلمة الله الموحاة لا الأشخاص. فالأنبياء والبشر جميعًا خاضعون للخطيئة (رومية ٣:٢٣). في المسيحية: الأنبياء أيضًا بشر، والخطيئة جزء من الطبيعة الإنسانية منذ السقوط في سفر التكوين. حتى الشخصيات المقدسة مثل داود وسليمان ارتكبوا أخطاء، لكن التركيز المسيحي يكون على التوبة والنعمة الإلهية التي تغفر الخطايا. بينما العصمة في المسيحية ليست مطلقة، بل لا تُنسب فقط إلاللمسيح باعتباره الوحيد بلا خطيئة.

ويرى أغسطينوس أن "الله لا يختار القديسين لأنهم كاملون، بل يجعلهم كاملين باختياره لهم." لذلك لا تمسّ قصة لوط العصمة الإلهية بل تُظهر الحاجة إلى النعمة والفداء[1].

عصمة الأنبياء من منظور إسلامي:

يرفض جميع المسلمين فكرة الذنوي النبوية يناءً على قانون توقير الأنبياء والمرسلين ويثبتون لهم كمال الأخلاق، وقد عصمهم ربهم عز وجل من فعل الكبائر ، ولا خلاف بين علماء الإسلام في هذا . قال ابن عطية الأندلسي – رحمه الله – :

وأجمعت الأمة على عصمة الأنبياء في معنى التبليغ، ومن الكبائر، ومن الصغائر التي فيها رذيلة."[2] وقال ابن تيمية – رحمه الله –:

إن القول بأن الأنبياء معصومون عن الكبائر دون الصغائر: هو قول أكثر علماء الإسلام، وجميع الطوائف، حتى إنه قول أكثر أهل الكلام، كما ذكر أبو الحسن الآمدي أن هذا قول الأشعرية، وهو أيضاً قول أكثر أهل التفسير والحديث والفقهاء، بل لم يُنقل عن السلف والأئمة والصحابة والتابعين وتابعيهم إلا ما يوافق هذا القول..."[3]

فيما يرى المتكلمون هذه المسألة من عدةزاويا. على سبيل المثال يفصل الرازي المسأة ويطيل النفس فيها: [4]

---

[1] See: Augustine. *On the Predestination of the Saints*. In *Nicene and Post-Nicene Fathers*, Series 1, Vol. 5. Edited by Philip Schaff. Grand Rapids: Eerdmans, 1887. ص. ٤٩٩–٥٠٠.

[2] " المحرر الوجيز في تفسير الكتاب العزيز " (١ / ٢٢١).

[3] مجموع الفتاوى. (319 / 4) "

[4] انظر: التفسير الكبير، جزء : ٣ رقم الصفحة : ٤٢٧

قال: "اختلف الناس في عصمة الأنبياء عليهم السلام وضبط القول فيه أن يقال : الاختلاف في هذا الباب يرجع إلى أقسام أربعة:

أحدها : ما يقع في باب الاعتقاد،

وثانيها : ما يقع في باب التبليغ،

وثالثها : ما يقع في باب الأحكام والفتيا،

ورابعها : ما يقع في أفعالهم وسيرتهم.

أما اعتقادهم الكفر والضلال فإن ذلك غير جائز عند أكثر الأمة. وقالت الفضيلية من الخوارج : إنهم قد وقعت منهم الذنوب ، والذنب عندهم كفر وشرك ، فلا جرم. قالوا بوقوع الكفر منهم ، وأجازت الإمامية عليهم إظهار الكفر على سبيل التقية.

أما النوع الثاني : وهو ما يتعلق بالتبليغ ، فقد أجمعت الأمة على كونهم معصومين عن الكذب والتحريف، فيما يتعلق بالتبليغ ، وإلا لارتفع الوثوق بالأداء، واتفقوا على أن ذلك لا يجوز وقوعه منهم عمداً كما لا يجوز أيضاً سهواً، ومن الناس من جوز ذلك سهواً ، قالوا : لأن الاحتراز عنه غير ممكن.

وأما النوع الثالث : وهو ما يتعلق بالفتيا فأجمعوا على أنه لا يجوز خطؤهم فيه على سبيل التعمد ، وأما على سبيل السهو فجوزه بعضهم وأباه آخرون.

وأما النوع الرابع : وهو الذي يقع في أفعالهم ، فقد اختلفت الأمة فيه على خمسة أقوال. أحدها : قول من جوز عليهم الكبائر على جهة العمد وهو قول الحشوية.

والثاني : قول من لا يجوز عليهم الكبائر لكنه يجوز عليهم الصغائر على جهة العمد إلا ما ينفر كالكذب والتطفيف وهذا قول أكثر المعتزلة.

القول الثالث : أنه لا يجوز أن يأتوا بصغيرة ولا بكبيرة على جهة العمد البتة ، بل على جهة التأويل وهو قول الجبائي.

القول الرابع : أنه لا يقع منهم الذنب إلا على جهة السهو والخطأ ولكنهم مأخوذون بما يقع منهم على هذه الجهة وإن كان ذلك موضوعاً عن أمتهم وذلك لأن معرفتهم أقوى ودلائلهم أكثر ، وأنهم يقدرون من التحفظ على ما لا يقدر عليه غيرهم.

القول الخامس : أنه لا يقع منهم الذنب لا الكبيرة ولا الصغيرة لا على سبيل القصد ولا على سبيل السهو ولا على سبيل التأويل والخطأ، وهو مذهب الرافضة.."[١]

، لكن متى يعصمون؟ من زمن الولادة أو بعد الوحي؟

قال الرازي: "واختلف الناس في وقت العصمة على ثلاثة أقوال:

أحدها : قول من ذهب إلى أنهم معصومون من وقت مولدهم وهو قول الرافضة،

وثانيها : قول من ذهب إلى أن وقت عصمتهم وقت بلوغهم ولم يجوزوا منهم ارتكاب الكفر والكبيرة قبل النبوة، وهو قول كثير من المعتزلة،

وثالثها : قول من ذهب إلى أن ذلك لا يجوز وقت النبوة، أما قبل النبوة فجائز ، وهو قول أكثر أصحابنا وقول أبي الهذيل وأبي علي من المعتزلة.."

[١] الرازي التفسير الكبير، نفسه.

واختار الرازي أنه لا يصدر عنهم الذنب حال النبوة البتة لا الكبيرة ولا الصغيرة ، واستدل عليه وجوه..." [1] منها دلالة يت القرآن على اصطفاء الأنبياء ومنها دلالات عقلية تتعلق بالتبليغ والاقتداء. منها: [2] قوله تعالى:

{وَإِنَّهُمْ عِندَنَا لَمِنَ الْمُصْطَفَيْنَ الاخْيَارِ} (ص : ٤٧) ، وهذا يتناول جميع الأفعال والتروك بدليل جواز الاستثناء فيقال : فلاناً من المصطفين الأخيار إلا في الفعلة الفلانية والاستثناء يخرج من الكلام ما لولاه لدخل تحته ، فثبت أنهم كانوا أخياراً في كل الأمور ، وذلك ينافي صدور الذنب عنهم.

وبقوله تعالى: {اللَّهُ يَصْطَفِى مِنَ الملائكة رُسُلا وَمِنَ النَّاسِ } (الحج : ٧٥) ، {إِنَّ اللَّهَ اصْطَفَى ا ءَادَمَ وَنُوحًا وَءَالَ إِبْرَاهِيمَ وَءَالَ عِمْرَانَ عَلَى الْعَالَمِينَ} (آل عمران : ٣٣). وقال في إبراهيم : {وَلَقَدِ اصْطَفَيْنَاهُ فِي الدُّنْيَا } (البقرة : ١٣٠). وقال في موسى : {إِنِّي اصْطَفَيْتُكَ عَلَى النَّاسِ بِرِسَالَاتِي وَبِكَلَامِي} (الأعراف : ١٤٤). وقال : {وَاذْكُرْ عِبَادَنَآ إِبْرَاهِيمَ وَإِسْحَاقَ وَيَعْقُوبَ أُوْلِي الايْدِى وَالابْصَارِ * إِنَّآ أَخْلَصْنَاهُم بِخَالِصَةٍ ذِكْرَى الدَّارِ * وَإِنَّهُمْ عِندَنَا لَمِنَ الْمُصْطَفَيْنَ الاخْيَارِ} (ص : ٤٥ . ٤٧).

ووجه الدلالة عنده:

"فكل هذه الآيات دالة على كونهم موصوفين بالأصطفاء والخيرية ، وذلك ينافي صدور الذنب عنهم..."

ومنها:

---

[1] التفسير الكبير، جزء : ٣ رقم الصفحة : ٤٢٧.

[2]

"أنه تعالى حكى عن إبليس قوله : {قَالَ فَبِعِزَّتِكَ لَأُغْوِيَنَّهُمْ أَجْمَعِينَ * إِلا عِبَادَكَ مِنْهُمُ الْمُخْلَصِينَ} (ص : ٨٢ . ٨٣) ، فاستثنى من جملة من يغويهم المخلصين وهم الأنبياء عليهم السلام"[1] وأجاب [2] عن الآيات التي تمسكوا بها من قال بوقوع الذنوب النبوية:

في عصمة التبليغ قوله : {سَنُقْرِئُكَ فَلا تَنسَى * إِلا مَا شَآءَ اللَّهُ } (الأعلى : ٦ ، ٨) فهذا الاستثناء يدل على وقوع النسيان في الوحي ، الجواب : ليس النهي عن النسيان الذي هو ضد الذكر ، لأن ذاك غير داخل في الوسع بل عن النسيان بمعنى الترك فنحمله على ترك الأولى. أما الآيات التي تمسكوا بها في الفتيا فثلاثة ، أحدها : قوله : {وَدَاوُدَ وَسُلَيْمَانَ إِذْ يَحْكُمَانِ فِي الْحَرْثِ} (الأنبياء : ٧٨) ، وقد تكلمنا عليه في سورة الأنبياء. وثانيها : (قوله في أسارى بدر حين فاداهم النبي صلى الله عليه وسلّم {مَا كَانَ لِنَبِيٍّ أَن يَكُونَ لَه ا أَسْرَى حَتَّى يُثْخِنَ فِي الارْضِ } (الأنفال : ٦٧) ، فلولا أنه أخطأ في هذه الحكومة وإلا لما عوتب،

وثالثها : قوله تعالى : {عَفَا اللَّهُ عَنكَ لِمَ أَذِنتَ لَهُمْ} (التوبة : ٤٣) ، والجواب عن الكل : أنا نحمله على ترك الأولى."[3] ثم قال: "أما الآيات التي تمسكوا بها في الأفعال فكثيرة منها:أولها : قصة آدم عليه السلام. [4] ورد الرازي على كل ما احتج به الفريق الآخر بنفس الطريقة.[5]

---

[1]

[2] جزء : ٣ رقم الصفحة : ٤٢٧

[3] جزء : ٣ رقم الصفحة : ٤٢٧

[4] جزء : ٣ رقم الصفحة : ٤٢٧ وتفسير الفخر الرازى (ص: ٣٨٥)

[5] تفسير الفخر الرازى (ص: ٣٨٤)

ذنوب الأنبياء في التوراة:

ورد في التوراة، وفي التاخ بشكل عام، عدد من القصص التي تنسب ذنوباً بل وكبائر إلى الأنبياء، بما في ذلك الشرك والزنا:

قصة لوط مع ابنتيه (سفر التكوين ١٩)

تُعَدُّ قصة لوط وابنتيه في سفر التكوين (١٩: ٣٠–٣٨) من أكثر القصص الكتابية إثارة للجدل الأخلاقي والتفسيري، إذ تجمع بين نجاته من الهلاك الجماعي لسدوم وعمورة وسقوطه في مشهد سفاحٍ غريب مع ابنتيه. هذه المفارقة دفعت مفسري التناخ والعهد القديم إلى قراءاتٍ متباينة في محاولة لفهم أبعادها اللاهوتية والأخلاقية، بينما مثّلت عند اللاهوتيين المسيحيين مادة تأملية حول الخطيئة والنعمة والخلاص.

يروي سفر التكوين (١٩: ٣٠–٣٨) كيف سكن لوط وابنتاه في مغارة بعد خراب سدوم، إذ ظنتا أنه لا يوجد رجل في الأرض بعد، فسقتا أباهم خمرًا واضطجعت كل منهما معه لتُحييا نسلاً من أبيهما.

التفسير اليهودي التقليدي

يشير السرد إلى أن الحدث لم يكن فعل شهوة بل تصرفًا بدافع البقاء، وأن البكر كانت أكثر جرأة من أختها، إذ سمّت ابنها ''موآب'' أي ''من الأب''. يربط الختام الحدث بأصل موآب وبني عمون، ما يمنح القصة بعدًا أيديولوجيًا لتفسير العداوة التاريخية بين إسرائيل وجيرانه. يرى راشي أن لوط كان غافلاً تمامًا بسبب الخمر، ويبرّر فعل الابنتين بأنه بدافع

"إحياء العالم" بعد ظنهما أن الدمار كان شاملًا ويرى أن البكر كانت أقل حياء، لذا سمّت ابنها موآب صراحة.[1]

بينما ابن عزرا(Ibn Ezra) يركز على المعنى اللغوي للنص، معتبرًا أن ذكر الخمر مرتين يشير إلى ضعفٍ روحي، لا جسدي. ويرى أن القصة تكشف هشاشة الإيمان البشري في مواجهة الكارثة.

يفسّر الرامبان (**موسى بن نحمان** (Moshe ben Nahman)، أحد كبار علماء اليهود في العصور الوسطى) القصة رمزياً بوصفها انتقالاً من النعمة إلى الانعزال عن العهد الإلهي. فلوط نجا بالجسد لكنه انفصل روحياً عن إبراهيم، وأصبح أصل أمم معادية.

المدراش والتلمود

تقول نصوص المدراش (Bereshit Rabbah 51:8) أن الله لم يُعاقب الابنتين لأن نيّتهما كانت صادقة. كما جاء في التلمود (Nazir 23b) أن "من ارتكب الخطيئة بنيّة السماء تُحسب له فضيلة"، وهو ما استُدل به في فهم سلوكهما.

[1] تعليق راشي على سفر التكوين: .(Rashi on Gen 19:33)

الموقف المسيحي التقليدي

في الفكر المسيحي، لم تُعتبر القصة نموذجًا للنبوّة، بل شاهدًا على ضعف الإنسان بعد السقوط في الخطيئة الأولى:

يرى أغسطينوس أن الحادثة "دليل على فساد الطبيعة البشرية بعد آدم "[1]

أما يوحنا الذهبي الفم فيرى أن النص "يكشف كيف يستطيع الله إخراج خيرٍ من الشر.

ويؤكد جيروم أن القصة تشرح أصل الشعوب الوثنية التي قاومت شعب الله، وهي رمز للأمم غير المؤمنة. وفي اللاهوت الوسيط، استُخدمت القصة في الجدل حول الخمر والشهوة والعصمة، إذ شدد توما الأكويني على أن "الأنبياء بشر يجوز عليهم الخطأ في غير التبليغ الإلهي "[2] يشير السرد إلى أن الحدث لم يكن فعل شهوة بل تصرفًا بدافع البقاء، وأن البكر كانت أكثر جرأة من أختها، إذ سمّت ابنها "موآب" أي "من الأب". يربط الختام الحدث بأصل موآب وبني عمون، ما يمنح القصة بعدًا أيديولوجيًا لتفسير العداوة التاريخية بين إسرائيل وجيرانه.

[1] انظر: أوغسطين، مدينة الله. (Augustine, City of God, XVI.30).

[2] انظر: (Summa Theologiae, II–II, Q.174).

التبرير الأخلاقي واللاهوتي :

تُبرز التقاليد التفسيرية للتوراة والمسيحية على السواء اتجاهًا اعتذاريًا (Apologetic approach) في تناول قصة لوط وابنتيه، يهدف إلى حفظ مقام النبي وحسن الظن بأفعاله، وتأويل الحدث في ضوء الظروف الاستثنائية التي أحاطت به.

فقد ذهب بعض المفسرين إلى أن نية البنتين كانت خالصة لحفظ النسل الإنساني بعد أن ظنّتا أن الدمار قد عمّ الأرض كلها، وأن هذا الموقف يمكن فهمه ضمن منطق الضرورة الذي يرفع الإثم، كما في قول المدراش:(Bereshit Rabbah 51:8) "لأنهما قصدتا إقامة نسل للإنسانية، لم يُحسب عليهما الذنب كما يُحسب على من يفعل لشهوة".

ويرى الرامبان أن ما فعلتاه "ليس حبًا في الخطأ بل سعيًا في بقاء الخلق بعد الفناء"، مما يجعل الدافع أقرب إلى نية إحياء البشرية لا مخالفة الوصية.

كما قاس بعض المفسرين هذا الموقف على زواج أبناء آدم من أخواتهم في بداية الخليقة، إذ كان الغرض آنذاك استمرار النسل البشري، وهو ما أشار إليه عدد من اللاهوتيين المسيحيين مثل القديس بيدا المكرم [1] الذي قال:

"إن الله الذي أباح زواج الأخوة لأجل بقاء النوع، قد يتجاوز عن فعلٍ مماثل في زمن الاضطرار العظيم".

ويذهب أوريجانوسإلى أن الحادثة "ترمز إلى إصرار الإنسان على الحياة رغم الخراب"، وأن الإثم الأدبي لا يُقاس هنا على النية بل على الغرض، إذ قصدت البنتان الخير لا الشهوة.

---

[1] (Bede, Commentary on Genesis, 8:4)،

ويؤكد هذا المنحى أيضًا ما ورد في بعض الشروح المسيحية الشرقية، حيث اعتُبرت القصة درسًا في رحمة الله وصبره على ضعف الإنسان، وأن لوط — رغم سقطته — لم يُنفَ من دائرة الإيمان، بل استُبقيت ذريته لحكمةٍ إلهية في التاريخ المقدس.

وهكذا يتلاقى الفريقان اليهودي والمسيحي في اعتبار الحدث ضرورة وجودية ضمن سياق النجاة الكونية، مما يربطه من الناحية التشريعية والأنثروبولوجية بزواج الأخوة في الجيل الأول من البشرية، حين لم يكن بعدُ شِرعٌ محرَّم ينهى عن ذلك.

تكشف القصة عن توترٍ دائم بين النجاة الجسدية والسقوط الأخلاقي في التاريخ الكتابي.

المفسرون اليهود جنحوا إلى تبرير الفعل بالنية، بينما المسيحيون رأوه رمزًا للخلاص من الخطيئة. العصمة النبوية مفهوم نسبي في التقاليد الكتابية، يرتكز على صدق الوحي لا كمال الإنسان. يعكس النص البعد الإنساني العميق للأنبياء، ما يقرّبهم من واقع البشر في تجاربهم وضعفهم. يظل تحليل هذا النص مدخلًا لفهم طبيعة الأخلاق في الكتاب المقدس ومفهوم القداسة البشرية.

في التفسير اليهودي والمسيحي، القصة تُفهم غالبًا في إطار مأساوي وليس كفضيلة. حيث يُقال إن لوط لم يبادر بالفعل، بل كان في حالة سُكر شديد، وابنتاه تصرفتا بدافع الحفاظ على نسل العائلة بعد دمار سدوم وعمورة. الهدف اللاهوتي من ذكر القصة هو إبراز ضعف الإنسان، وليس تقديم نموذج يُقتدى به.

تطور التشريع من آدم إلى موسى:

تطرح نصوص القرآن الكريم إشارة رائعة لعملية تطور الشريعة من قبل أن تنزل التوراة بل من قبل أي شريعة أخرى كانت قبل التوراة كشريعة نوح. بينما هذه اللفتة التشريعية ليست موجودة في التوراة بل توجد إشارة لها في المشناه.

هذا النص يشير إلى أن التوراة جاءت بأحكام في الطعام :

﴿كُلُّ الطَّعَامِ كَانَ حِلًّا لِّبَنِي إِسْرَائِيلَ إِلَّا مَا حَرَّمَ إِسْرَائِيلُ عَلَى نَفْسِهِ مِن قَبْلِ أَن تُنَزَّلَ التَّوْرَاةُ﴾[آل عمران: ٩٣]. ليس فقط بل يشير أيضاً لمسلة تطور التشريع:

المرحلة الأولى: الأصل الإباحة:

كان الأصل الإباحة في كل الأطعمة قبل التوراة، مع استثناءٍ شخصيٍّ نُسب إلى يعقوب (إسرائيل)، ثم تفصيلات تشريعات الطعام لاحقًا في الشريعة الموسوية. هذا البناء يلتقي مع الشهادة التوراتية عن عهد نوح وتحريم الدم، ومع صِيَغٍ راسخة في الشرح الشفهي اليهودي (المِشناه/التلمود) حول شرائع نوح ذات الطابع الكوني. وتبيّن هذه الدراسة—نصًّا وتحليلاً—مواضع الاتّفاق والاختلاف، ووجه الاستدلال القرآني الذي يَستدعي التحقّق من نصّ التوراة المكتوب في مقابل التقليد الشفهي.

تُثبِت التوراة—في سياق تجديد العهد بعد الطوفان—إباحة عامّة للأطعمة مع قيدٍ صريح هو تحريم الدم: «كُلُّ دَابَّةٍ حَيَّةٍ تَكُونُ لَكُمْ طَعَامًا... إِلَّا أَنَّ لَحْمًا بِحَيَاتِهِ أَيْ بِدَمِهِ لاَ تَأْكُلُوهُ» (تكوين ٩: ٣–٤).

شرائع نوح السبع:

شريعة نوح أووصايا نوح السبعة هي كما كما عرضها التلمود البابلي (سنهدرين ٥٦–a
)(b) هي سبع وصايا عامة:

القضاء (الدين)،

١. والنهي عن التجديف،

٢. وعبادة الأوثان،

٣. والفواحش،

٤. وسفك الدماء،

٥. والسرقة،

٦. وأكل عضو من حيّ؛

وقد يتوسع بعض التقاليد الحاخامية، فيضيف لها حواشي كتحريم الدم من الحيّ والسحر والخصاء، توضع في ذات السياق.

هنا تتقاطع هذه الشواهد مع الآية القرآنية من جهتين:

(أ) الإباحة الأصلية قبل التوراة،

(ب) تحريم الدم/العضو من حيّ كقيدٍ عام.

(ج) الاستثناء الوحيد: «ما حَرَّمَ إِسْرَائِيلُ عَلَى نَفْسِهِ»

بذلك، يُفهم أن قوائم الطعام الطاهر والنجس (الحلال والحرام) لم تكن مطروحة قبل موسى في النصّ المكتوب، بل جاءت لاحقًا في اللاويين ١١ والتثنية ١٤ حيث فُصِّلَت خصائص الحيوانات البرّية والطيور والبحريّات.

لا تُسجِّل التوراة المكتوبة تحريمًا تشريعيًّا عامًا نُسِب إلى يعقوب قبل موسى، لكن الآية تُثبت تحريمًا شخصيًّا اتّبعه بنوه. وقد فسّر المفسّرون المسلمون—ابن جرير الطبري وابن كثير—هذا التحريم بأنه لحم الإبل وألبانها لنذرٍ أو عارضِ مرض، مع استدعاء تحدّي القرآن: »قُلْ فَأْتُوا بِالتَّوْرَاةِ فَاتْلُوهَا «لإثبات عدم وجود نصّ مكتوب قبل موسى يقرّر تحريمًا عامًا.وفقاً لروايات عند الطبري وابن كثير التي تذكر محاورة النبي ﷺ لليهود واشتراطه عليهم التلاوة من التوراة.

تناسل الجيل الأول من أبناء آدم

تبحث هذه الدراسة في مسألة كيفية تناسل الجيل الأول من البشر بعد آدم كما وردت في التقاليد الدينية الإبراهيمية الثلاث: اليهودية والمسيحية والإسلام. وتعتمد الدراسة على تحليل النصوص المقدسة والتفاسير الدينية في التوراة والمدراش والتلمود من جهة، وفي التفاسير الإسلامية الكلاسيكية من جهة أخرى، مع عرض آراء اللاهوتيين المسيحيين حول المسألة. وتظهر الدراسة أن التفسير الغالب في هذه التقاليد هو أن التزاوج في الجيل الأول من البشر كان داخل الأسرة الأولى لضرورة استمرار الجنس البشري.

تُعد مسألة أصل البشر وكيفية انتشارهم في بداية الخليقة من القضايا التي شغلت اللاهوتيين والمفسرين عبر التاريخ. فالنصوص المقدسة تشير إلى أن البشرية تعود إلى أصل واحد هو آدم وزوجه، لكن تفاصيل التكاثر في الجيل الأول لم تُذكر بشكل صريح. لذلك ظهرت تفسيرات متعددة في التراث الديني.

أولاً: النصوص اليهودية

يذكر سفر التكوين أن آدم أنجب بنين وبنات دون بيان كيفية الزواج بينهم:

»وعاش آدم مئة وثلاثين سنة وولد ابناً على شبهه كصورته ودعا اسمه شيث... وكانت أيام آدم بعد ما ولد شيث ثمان مئة سنة وولد بنين وبنات» (سفر التكوين ٥: ٣-٤).

وقد تناول المدراش هذا الموضوع بتفصيل أكبر. ففي مدراش برشيت ربا (Genesis Rabbah 22:7) ورد أن قابيل وهابيل وُلدا مع أخوات، وكان التزاوج يتم بين الإخوة والأخوات في الجيل الأول.

كما تذكر بعض نصوص المدراش أن الخلاف بين قابيل وهابيل كان مرتبطاً بالتنافس على الزواج من إحدى الأخوات.(Genesis Rabbah 22)

وتشير تقاليد يهودية أخرى إلى أن كل ولد من أبناء آدم كان يولد معه توأم أنثى، وكان الزواج يتم بين أبناء البطون المختلفة.

ثانياً: التفسير المسيحي

ورثت المسيحية النص التوراتي نفسه، ولذلك تناول اللاهوتيون المسألة من زاوية فلسفية ولاهوتية.

يرى أوغسطينوس في كتاب «مدينة الله» أن زواج الإخوة في بداية البشرية كان ضرورة تاريخية لعمارة الأرض، لكنه أصبح محرماً بعد تكاثر البشر.

كما ناقش توما الأكويني المسألة في «الخلاصة اللاهوتية»، حيث اعتبر أن الأحكام المتعلقة بزواج الأقارب يمكن أن تختلف بحسب الظروف التاريخية في بداية الخليقة.

ثالثاً: النصوص الإسلامية

يقرر القرآن الكريم أن البشرية كلها تعود إلى أصل واحد:

»يا أيها الناس اتقوا ربكم الذي خلقكم من نفس واحدة وخلق منها زوجها وبث منهما رجالاً كثيراً ونساء» (القرآن الكريم، سورة النساء: ١).

لكن القرآن لم يذكر كيفية الزواج بين أبناء آدم، ولذلك تناول المفسرون هذا الموضوع في كتب التفسير.

ذكر الطبري في تفسيره عند تفسير قوله تعالى: «واتل عليهم نبأ ابني آدم بالحق» (المائدة: ٢٧) أن حواء كانت تلد في كل بطن ذكراً وأنثى، وكان الذكر يتزوج أخت أخيه من بطن آخر.

كما ذكر ابن كثير الرواية نفسها في تفسيره وفي كتاب «البداية والنهاية»، مبيناً أن هذا القول هو المشهور في كتب التفسير، مع الإشارة إلى أن بعض العلماء اعتبره من الإسرائيليات.

مناقشة مقارنة

يتضح من المقارنة بين التقاليد الدينية الثلاث أن الفكرة الأساسية واحدة تقريباً، وهي أن التزاوج في بداية البشرية كان داخل الأسرة الأولى لعدم وجود بشر آخرين.

غير أن التفاصيل تختلف بين المصادر، إذ تميل النصوص اليهودية إلى القول بزواج الإخوة مباشرة، بينما تذكر بعض التفاسير الإسلامية أن الزواج كان بين أبناء البطون المختلفة.

تظهر الدراسة أن مسألة تناسل الجيل الأول من البشر ليست مفصلة في النصوص المقدسة نفسها، بل تم تطوير تفسيرها في الأدبيات التفسيرية واللاهوتية. ومع ذلك، فإن التفسير الأكثر شيوعاً في الديانات الإبراهيمية هو أن التزاوج بين أبناء آدم كان ضرورة مؤقتة لانتشار الجنس البشري.

قصة النبي داود:

هذه القصة تُعتبر في اللاهوتين اليهودي والمسيحي مثالًا على خطيئة كبيرة من ملك ونبي، لكن النص يوضح أن الله عاقبه، وأن داود تاب بصدق (مزمور ٥١ يُعتبر صلاة التوبة الشهيرة). التفسير المسيحي يركز على أن حتى أعظم الشخصيات تحتاج إلى رحمة الله، مما يمهد لفكرة الخلاص بالمسيح. في التوراة والمسيحية، الأنبياء ليسوا معصومين من الخطأ، بل يُبرز النص ضعفهم ليؤكد حاجتهم إلى الله. هذا يختلف عن التصور الإسلامي الذي يرى الأنبياء معصومين من الكبائر والخطايا التي تخل بالرسالة.

سفر ٢ صموئيل:

روت نصوص التوراة (سفري صموئيل الأول والثاني) أن النبي داوود عليه السلام قد ارتكب فاحشة الزنا بزوجةُ أحد قادة جيشه، أوريَّا الحِثِّيّ، ولم يكتف بذلك بل أرسل زوجها؛ متآمراً عليه، بل وأوعز لمن يقتله، وبالفعل؛ نجحت خطة النبي داوود، ومات أوريا الحثي، واتخذها داود امرأته زوجة له لاحقاً، وهي أم النبي سليمان عليه السلام. وهذه الأمور وردت في سفر صموئيل الثاني ١١: ١ـ ١٨.

وفقاً للقاعدة السابقة "عصمة الأنبياء" يرى الفكر الإسلامي أن هذه الحادثة باطلة لأنها تتعارض مع مبدأ عصمة الأنبياء، وقامت بسبب هذه القصة حرب شعواء على التوراة، واستدل بها على تحريف التوراة إذ لا يمكن – وفقا للنظرة الإسلامية – أن ينسب الله لنبي من

أنبيائه هذه الفعلة الشنعاء. حتى أفتى ابن العربي المالكي رحمه الله فقال: " من قال إنَّ نبيّاً زنى فإنه يُقتل " .[١] . لكن وفقا للاهوت الكتابي هناك نظرة أخرى.

دون أن أتدخل في نقاش تفسيري بين الفريقين، سأعرض القضية كما صورتها التوراة مع وجهة نظر أهل الكتاب، وهم تماماً يواجهون نفس المشكلة، لأنهم يؤمنون بالأنبياء، مع الصورة المثلية القريبة من القرآنية، ووجهة نظر علماء المسلمين.

موقف أهل الكتاب:

يثبت قطعاً أهل الكتاب القصة حيث وردت في النصوص التي يؤمنون بها. واختلفوا في تفسير الحادثة. والرسالة اللاهوتية لهذه الحادثة أن الله تعالى يبين لنا الضعف البشري فيكشف لنا طبعة الإنسان كل إنسان، حتى لا نيأس إن نحن أخطأنا بل نتمثل بداود ونقدم توبة، ومعرفة أن كل معصية يمكن التوبة منها، وتحتاج إلى تأديب وأن علينا أن نقبل التأديب كأبناء. فهي رسالة إنذار لكل مؤمن ليعرف أنه حتى وإن كان قائماً ليحذر ألا يسقط ونحيا جميعاً في حالة استعداد وجهاد. وإن سمعنا أن الأخرين سقطوا في خطايا شنيعة علينا أن نشكر الله لأنه حفظنا فلم نفتن ولم نقع في المعصية التي توجب غضب الرب.

يُظهر مزمور ٥١ في اللاهوت اليهودي والمسيحي نموذجًا مركزيًا لفهم التوبة والخطيئة. يفسر **راشي** النص من منظور يهودي يركز على البعد الداخلي المستمر للشعور بالذنب، حيث يرى أن عبارة "وخطيئتي قدامي دائمًا" (مز ٥١:٥) تعكس إدراك داود الدائم لخطئه، مما يجعله في حالة توبة مستمرة أمام الله، ويضيف أن وعد داود بتعليم المذنبين طرق الله (مز

[١] " أحكام القرآن " (٧ / ٧٣)

٥١:١٥) ينبع من خبرته الشخصية في الغفران الإلهي، ليكون مثالًا حيًا للتوبة (Rashi on Psalms 51:5, 15).

في المقابل، على الجانب المسيحي يقدم **ماثيو هنري** تفسيرًا مسيحيًا يعتبر المزمور "أعظم مزامير التوبة"، ويحلله في إطار منهجي يبدأ بالاعتراف بالخطيئة، ثم طلب المغفرة، وصولًا إلى تجديد القلب والروح، مع التركيز على أن التوبة ليست مجرد طقس خارجي بل تحول داخلي يقود إلى خدمة الآخرين وتبشيرهم بالخلاص (Matthew Henry's Commentary on Psalm 51). كلا التفسيرين يلتقيان في إبراز التوبة كتجربة إنسانية عميقة، لكن راشي يربطها بالهوية الجماعية والتعليم، بينما هنري يربطها بالخلاص الشخصي والنعمة الإلهية.[١]

ذنوب الإنسان

في سفر المزامير نفسه يعلن النبي داوود نفسه أن كل بني آدم خطاء، ووجوب التوبة وأن الله تعالى يغفرها، وأن الجميع مذنب ويحتاج إلى توبة، هكذا يقول النبي داوود نفسه في المزمور: (المزامير ١٤: ٣: ((الْكُلُّ قَدْ زَاغُوا مَعًا، فَسَدُوا. لَيْسَ مَنْ يَعْمَلُ صَلاَحًا، لَيْسَ وَلاَ وَاحِدٌ))

[١] انظر:

Matthew Henry, *Commentary on the Whole Bible*, Psalm 51, pp. 509–510.

قصة النبي داوود من منظور إسلامي:

ورد نص في سورة صاد يشابه نص سفر صموئيل. وسنرى الفرق بين رواية القرآن المختصرة والرموز الواردة فيها مع رواية سفر صموئيل. وقد وردت روابات مرفوعة للنبي صلى الله عليه وسلم، تؤيد تفاصيل الرواية الكتابية، وإن كان قد اختلف في صحته بسبب الخلاف حول أحد رواته، كما وردت روايات متعددة عن أصحاب النبي، صلى الله عليه وسلم تشير إلى نفس المعنى.

قصة الني داوود في سورة ص:

نلاحظ هنا التشابه العام دون التفاصيل بين نص صموئيل ونص سورة صاد، إلا أن الصورة القرآنية (سورة صاد) لم تعط تفسيراً للرموز والتفاصيل، فتبقى عدة أسئلة يمكن طرحها. أما قصة التوراة فهي كاملة وواضحة دون لبس، كما أن الأحداث التفصيلية ذكرت في الإصحاح السابق، الإصحاح ١١. كما في الجدول:

حدول (٤) مقارنة بين روايتي التوراة والقرآن

سفر صموئيل ١٢: ١-١٤	[سورة ص ٢١ – ٢٦]
فارسل الرب ناثان الى داود فجاء اليه و قال له: كان رجلان في مدينة واحدة، واحد منهما غني و الاخر فقير، 2 :12و كان للغني غنم و بقر كثيرة جدا، 3 :12و اما الفقير فلم يكن له شيء الا نعجة واحدة صغيرة قد اقتناها و رباها و كبرت معه و مع بنيه جميعا، تأكل من لقمته و تشرب من كاسه و تنام في حضنه و كانت له كابنة، 4 :12فجاء ضيف الى الرجل الغني فعفا أن يأخذ من غنمه و من بقره ليهيئ للضيف الذي جاء اليه فاخذ نعجة الرجل الفقير و هيأ للرجل الذي جاء اليه، 5 :12فحمي غضب داود على الرجل جدا و قال لناثان حي هو الرب إنه يقتل الرجل الفاعل ذلك، 6 :12و يرد النعجة اربعة أضعاف لأنه فعل هذا الامر و لأنه لم يشفق 7 :12فقال ناثان لداود انت هو الرجل. هكذا قال الرب اله اسرائيل انا مسحتك ملكا على إسرائيل، و انقذتك من يد شاول	﴿وَهَلْ أَتَاكَ نَبَأُ الْخَصْمِ إِذْ تَسَوَّرُوا الْمِحْرَابَ * إِذْ دَخَلُوا عَلَى دَاوُدَ فَفَزِعَ مِنْهُمْ قَالُوا لَا تَخَفْ خَصْمَانِ بَغَى بَعْضُنَا عَلَى بَعْضٍ فَاحْكُمْ بَيْنَنَا بِالْحَقِّ وَلَا تُشْطِطْ وَاهْدِنَا إِلَى سَوَاءِ الصِّرَاطِ * إِنَّ هَذَا أَخِي لَهُ تِسْعٌ وَتِسْعُونَ نَعْجَةً وَلِيَ نَعْجَةٌ وَاحِدَةٌ فَقَالَ أَكْفِلْنِيهَا وَعَزَّنِي فِي الْخِطَابِ * قَالَ لَقَدْ ظَلَمَكَ بِسُؤَالِ نَعْجَتِكَ إِلَى نِعَاجِهِ وَإِنَّ كَثِيرًا مِنَ الْخُلَطَاءِ لَيَبْغِي بَعْضُهُمْ عَلَى بَعْضٍ إِلَّا الَّذِينَ آمَنُوا وَعَمِلُوا الصَّالِحَاتِ وَقَلِيلٌ مَا هُمْ وَظَنَّ دَاوُدُ أَنَّمَا فَتَنَّاهُ فَاسْتَغْفَرَ رَبَّهُ وَخَرَّ رَاكِعًا وَأَنَابَ * فَغَفَرْنَا لَهُ ذَلِكَ وَإِنَّ لَهُ عِنْدَنَا لَزُلْفَى وَحُسْنَ مَآبٍ * يَا دَاوُدُ إِنَّا جَعَلْنَاكَ خَلِيفَةً فِي الْأَرْضِ فَاحْكُمْ بَيْنَ النَّاسِ بِالْحَقِّ وَلَا تَتَّبِعِ الْهَوَى فَيُضِلَّكَ عَنْ سَبِيلِ اللَّهِ إِنَّ الَّذِينَ يَضِلُّونَ عَنْ سَبِيلِ اللَّهِ لَهُمْ عَذَابٌ شَدِيدٌ بِمَا نَسُوا يَوْمَ الْحِسَابِ﴾

روايات السنة:

وقد وردت في قصة داود روايات منها المرفوع ومنها دون ذلك. من المرفوع حديث أنس؛ ومن الموقوف عن ابن عباس، ودونه عن مجاهد والحسن وأبي الجلد وأبي عمران الجوني والسدى، والكلبي ومقاتل، على أنها تغسير لآية سورة "ص" . فقد ذكر المفسرون في فتنة داود (عليه السلام) روايات مرفوعة (منسوبة للنبي) وأخرى موقوفة (عن الصحابة) أو مقطوعة (عمن بعد الصحابة) مما نسب للنبي:

١- حديث أنس:

رواية حديث أنس: روى الحكيم الترمذي في نوادر الأصول وابن جرير وابن أبي حاتم في تفسيرهما من طريق ابن لهيعة عن أبي صخر بن يزيد الرقاشي عن أنس قال : سمعت رسول الله صلى الله عليه وسلم يقول : أن داوود عليه السلام حين نظر إلى المرآة، قطع –بتشديد الطاء قصر مدة الغزو– على بني إسرائيل، وأوصى صاحب الجيش فقال : إذا حضر العدو، فقرب فلانا بين يدي التابوت، وكان التابوت في ذلك الزمان، يستنصر به، من قدم بين يديه لم يرجع حتى يقتل، أو ينهزم عنه الجيش، فقتل وتزوج المرأة ونزل الملكان على داود عليه السلام؛ فسجد فمكث أربعين ليلة ساجدا حتى نبت الزرع من دموعه على رأسه وأكلت الأرض جبينه.

وذكر حديثا طويلا، قال السيوطي : سنده ضعيف، وهذا لا يكفي. لأن يزيد الرقاشي مع ضعفه، قال عنه حبان: كان يقلب كلام الحسن، فيجعله عن أنس عن النبي صلى الله عليه وسلم.

وقد روى القصة ابن أبي حاتم في تفسيره[1] مع أنه ذكر في أول كتابه " التفسير " من شرطه في التأليف حيث قال: " سألني جماعة من اخواني اخراج تفسير القران مختصرا بأصح الأسانيد ، وحذف الطرق والشواهد والحروف والروايات ، وتنزيل السور ، وان نقصد لإخراج التفسير مجردا دون غيره، مقتصين تفسير الآي حتى لا نترك حرفا من القران يوجد له تفسير الا اخرج ذلك، فتحريت اخراج ذلك بأصح الاخبار اسنادا ، واشبهها متنا ، فاذا وجدت التفسير عن رسول الله (صلى الله عليه وسلم) - لم اذكر معه احدا من الصحابة ممن اتى بمثل ذلك ، واذا وجدته عن الصحابة فان كانوا متفقين ذكرته عن اعلاهم درجة بأصح الاسانيد ، وسميت موافقيهم بحذف الاسناد . وان كانوا مختلفين ذكرت اختلافهم وذكرت لكل واحد منهم اسنادا، وسميت موافقيهم بحذف الاسناد، فان لم أجد عن الصحابة ووجدته عن التابعين عملت فيما أجد عنهم ما ذكرته من المثال في الصحابة، وكذا اجعل المثال في اتباع التابعين واتباعهم. جعل الله ذلك لوجهه خالصا، ونفع به. "[2] ولهذه الرواية عن أنس شواهد:

---

[1] ص١/ ١٤.

[2] تفسير ابن أبى حاتم، الإمام الحافظ أبو محمد عبد الرحمن بن أبي حاتم الرازي، المكتبة العصرية – صيدا، تحقيق : أسعد محمد الطيب، ص ١٠/ ٣٢٣٩.

وقد نجد له شاهد لكن في صحيفة نادرة جدا، تعرف بصحيفة نبيط بن شريط الأشجعي. ونبيط وابنه من أصحاب النبي.[1] وبهذه النسخة ستة وستون حديثا تروى بإسناد واحد، بعضها لا يوجد إلا في هذه النسخة. وكلها من رواية الصحابي عنه ابنه عنخ حفيده. [2] قال: حدثنا أحمد بن إسحاق بن إبراهيم بن نبيط بن شريط أبو جعفر الأشجعي بمصر سنة ٢٧٢: عن أبي إسحاق بن إبراهيم بن نبيط، عن أَبِي إِبْرَاهِيمُ بْنُ نُبَيْطٍ، عَنْ جَدِّهِ نُبَيْطِ بْنِ شُرَيْطٍ عَنْ رَسُولِ اللَّهِ صَلَّى اللَّهُ عَلَيْهِ وَسَلَّمَ، أَنَّهُ وَرَدَ عَلَيْهِ وَفْدُ عَبْدِ الْقَيْسِ، وَفِيهِمْ غُلامٌ وَضِيءُ الْوَجْهِ، فَأَقْعَدَهُ وَرَاءَ ظَهْرِهِ، وَقَالَ: " إِنَّمَا أُتِيَ أَخِي دَاوُدُ عَلَيْهِ السَّلامُ مِنَ النَّظَرِ"

وقال الهيثمي: " أَحْمَدُ بْنُ إِسْحَاقَ بْنِ إِبْرَاهِيمَ بْنِ نُبَيْطٍ كَذَّبَهُ صَاحِبُ الْمِيزَانِ" وقال مرة أخرى عن هذا الإسناد، في مناسبة أخرى: "رواه الطبراني في الصغير وشيخه أحمد بن إسحاق بن إبراهيم بن نبيط كذبه صاحب الميزان، وبقية إسناده لم أر من ذكر أحدا منهم إلا الصحابي " وكما ذكرت؛ فصاحب الميزان في نقد الرجال هو الذهبي رحمه الله، حيث قال: " قال الذهبي عن أحمد بن إسحاق: "عن أبيه، عن جده بنسخة فيها بلايا، لا يحل الاحتجاج به فإنه كذاب".

---

[1] شريط بن مالك بن هلال الأشجعي جد سلمة بن بيط بن شريط ، شهد حجة الوداع مع النبي صلى الله عليه و سلم وسمع منه خطبته وكان ابنه نبيط ردفه ولهما صحبة سكن الكوفة . نبيط بن شريط بن أنس بن مالك بن هلال الأشجعي يروي عن النبي صلى الله عليه و سلم روى عنه ابنه سلمة.

[2] نسخة نبيط بن شريط الأشجعي (نبيط بن شريط: له صحبة)، المؤلف (رواية): أَحْمَدُ بنُ القَاسِمِ بنِ كَثِيْرِ بنِ صدقَةَ بنِ الرَّيَّانِ المِصْرِيُّ اللُّكِّيُّ، نَزِيْلُ البَصْرَةِ (المتوفى: ٣٥٦هـ)، تحقق: خلاف محمود عبد السميع، الناشر: دار الكتب العلمية [ضمن مجموع باسم الفوائد لابن منده]، الطبعة: الأولى، ٢٠٠٢ م، ولهذا الكتاب طبعة أخرى أصدرتها دار الصحابة بتحقيق مجدي فتحي السيد، وأرقام الأحاديث منها، والرقم بين القوسين لطبعة دار الكتب العلمية.

وقال ابن حجر في التلخيص: حَدِيثٌ أَنَّ وَفْدًا قَدِمُوا عَلَى رَسُولِ اللَّهِ صَلَّى اللَّهُ عَلَيْهِ وَسَلَّمَ وَمَعَهُمْ غُلَامٌ حَسَنُ الْوَجْهِ فَأَجْلَسَهُ مِنْ وَرَائِهِ وَقَالَ أَنَا أَخْشَى مَا أَصَابَ أَخِي دَاوُد قَالَ ابْنُ الصَّلَاحِ ضَعِيفٌ لَا أَصْلَ لَهُ." [1]

وَرَوَاهُ ابْنُ شَاهِينَ فِي الْأَفْرَادِ مِنْ طَرِيقِ مُجَالِدٍ عَنْ الشَّعْبِيِّ قَالَ قَدِمَ وَفْدُ عَبْدِ الْقَيْسِ عَلَى رَسُولِ اللَّهِ صَلَّى اللَّهُ عَلَيْهِ وَسَلَّمَ وَفِيهِمْ غُلَامٌ أَمْرَدُ ظَاهِرُ الْوَضَاءَةِ فَأَجْلَسَهُ النَّبِيُّ صَلَّى اللَّهُ عَلَيْهِ وَسَلَّمَ وَرَاءَ ظَهْرِهِ وَقَالَ كَانَ خَطِيَّةُ دَاوُد النَّظَرَ، ذَكَرَهُ ابْنُ الْقَطَّانِ فِي كِتَابِ أَحْكَامِ النَّظَرِ وَضَعَّفَهُ.

ومن الموقوف: ما روي عن ابن عباس: قال: "إن داود (عليه السلام) كان في محرابه فاطلع من كوته [2] ، فوجد امرأة تغتسل عريانة، فأعجب بها، وأرسل إليها فأخبرته أن زوجها غائب، فكتب إلى أمير الجيش أن يجعله في المقدمة ليهلك ويموت، فكان هذا الرجل ينجو، ويصاب أصحابه. وأن الله لما رأى ذلك من داود أراد أن يستنفذه فأرسل إليه ملكين تسورا عليه المحراب ففزع منهما حين رآهما فقال أحدهما: " إن هذا أخي له تسع وتسعون نعجة ... " فقال داود: كنت أحوج إلى نعجتك منه، فنظر الملكان أحدهما للآخر، فتبسم، فرآه داود فعند ذلك علم أنه المقصود، فخرَّ راكعاً وأناب. وفي رواية السدي: أن الرجل اسمه " أوريا " وأن داود أوصى إلى قائد الجيش أن ابعث أوريا إلى عدو كذا وكذا، فأرسله ،فنجا ، ثم بعثه

---

[1] التلخيص الحبير في تخريج أحاديث الرافعي الكبير، أبو الفضل أحمد بن علي بن محمد بن أحمد بن حجر العسقلاني (المتوفى : ٨٥٢هـ)، دار الكتب العلمية، الطبعة الأولى ١٤١٩هـ .١٩٨٩م.

[2] الكوة : خرق في الجدار يدخل منه الهواء أو الضوء ، والجمع كوي ، المعجم الوجيز ص ٥٤٦)

إلى عدو آخر فنجا ، ثم بعثه إلى عدو ثالث فقتل في المرة الثالثة ، فتزوج داود امرأة أوريا بعد مقتله ودخل عليها ، فلم تلبث معه إلا يسيراً حتى جاء إليه الملكان .... الخ [1]

وعلق عليه الشيخ محمد ناصر الدين الألباني فقال:

"وقصة افتتان داود عليه السلام بنظره إلى امرأة الجندي أو ريا مشهورة مبثوثة في كتب قصص الأنبياء وبعض كتب التفسير. لكن بحسب أصول وقواعد المسلمين؛ لا يشك مسلم عاقل في بطلانها لما فيها من نسبة ما لا يليق بمقام الأنبياء عليهم الصلاة والسلام مثل محاولته تعريض زوجها للقتل، ليتزوجها من بعده! وقد رويت هذه القصة مختصرة عن النبي صلى الله عليه وسلم فوجب ذكرها والتحذير منها:

ثم أورد هذه الرواية (رواية حديث أنس برقم ٣١٤)؛ وبين أوجه بطلانها: وقال: "باطل. ورواه الحكيم الترمذي في " نوادر الأصول " عن يزيد الرقاشي عن أنس مرفوعا، كما في " تفسير القرطبي " (١٥ / ١٦٧)، وقال ابن كثير في تفسيره (٤ / ٣١): رواه ابن أبي حاتم، ولا يصح سنده لأنه من رواية يزيد الرقاشي عن أنس، ويزيد وإن كان من الصالحين لكنه ضعيف الحديث عند الأئمة" وقال: "والظاهر أنه من الإسرائيليات التي نقلها أهل الكتاب الذين لا يعتقدون العصمة في الأنبياء، أخطأ يزيد الرقاشي فرفعه إلى النبي صلى الله عليه وسلم، وقد نقل القرطبي (١٥ / ١٧٦) عن ابن العربي المالكي أنه قال: وأما قولهم: إنها لما

---

[1] انظر:تفسير الطبري ٩٣/٢٣ ومعالم التنزيل للبغوي ٥٩١/٤ ، وزاد المسير ٣٢٦/٦ ، والكشاف ٣٦٨/٣ ، وتفسير عبدالرازق ١١٣/٣ وما بعدها ، والقرطبي ١١١/١٥ .)

أعجبته أمر بتقديم زوجها للقتل في سبيل الله، فهذا باطل قطعا، فإن داود صلى الله عليه وسلم لم يكن ليريق دمه في غرض نفسه.." [1]

بشكل عام ينظر إلى هذه الروايات سواء المسوبة للنبي أو التي نسبت إلى عبدالله بن عباس على أنها روايات واهية، مكذوبة نسبت إليه، لتلقى رواجاً وقبولاً عند الناس، خاصة وأنه حبر القرآن وهو من هذه الروايات برئ. [2]

[1] سلسلة الأحاديث الضعيفة والموضوعة وأثرها السيئ في الأمة، محمد ناصر الدين بن الحاج نوح الألباني، دار المعارف، الرياض - المملكة العربية السعودية، الأولى، ١٤١٢ هـ / ١٩٩٢ م، ص ١٥٣/١، حديث رقم ٦٣.

[2] انظر: ابن حزم - الفصل في الملل والأهواء والنحل ٣٠٥/٢ ط / دار الكتب العلمية بيروت)) وعياض: (الشفا بتعريف حقوق المصطفي للقاضي عياض ٨٢٧/٢ ، ط / عيسي البابي الحلبي بدون تاريخ)، وأبو شهبة، محمد بن محمد، (الإسرائيليات والموضوعات، ص ٢٦٧ .

الفصل الرابع

أثر التحيز ضد اليهودية

أثر التحيز:

كما سبق تقريره؛ الرسالات والكتب السابقة شهود لنا، شهود لعقيدتنا؛ شهود للتوحيد وشهود للنبوة وشهود للشريعة: كما يصرح القرآن الكريم بلا لبس؛ ويستشهد القرآن في عدد عديد من آياته بالتوراة باعتبارها الكتاب المنزل من عند الله وفيها هدى ونور للذين آمنوا وأن القرآن جاء مصدقا للذي بين يديه؛ أي التوراة، وحينما تحدث القرآن صراحة عن تحريف كان يتحدث عن جماعة من اليهود الذين يحرفون كلام النبي ﷺ في غير موضعه ليضلوا الذين آمنوا وأنهم كانوا يسترون الكتاب عن أسماع وأعين النبي ﷺ لكيلا يستشهد منه على صدق رسالته. فهل يجوز للعاقل أن يبطل شهوده؟

يرى (ابن تيمية أ.، ١٩٩١، ص ٣/ ٩) أن التوافق بين التوراة والإسلام من أعظم الحجج على صدق الرسولين العظيمين وصدق الكتابين الكريمين اللذين لم يأت من عند الله كتاب أهدى منهما، أي القرآن والتوراة.

كما سبق بيانه في غير موضع؛ تعتبر الكتب السابقة هي جزء من الأدلة الإسلامية التي تفسر النصوص الكتابية وفقًا لوجهة النظر الإسلامية.

في هذا الفصل أوردت مثالاً واحداً على الأثر السلبي للتحيز ضد الآخر في المقررات الجامعية. الأمثلة كثيرة في العقيدة والشريعة. ربما يفهم بعضها مما سبق. في هذا الفصل سأورد مثال على الفكرة الأساسية، إنها ليست شاملة لكل الآثار، ولكنها؛ أرجو، أنها معبرة وكافية.

دلائل النبوة:

كل نبي أرسله الله تعالى أرفق معه من الدلائل على صدقه ما يجعل الناس يؤمنون به ويلتفون حول دعوته. ومن هذه الدلائل البشارات السابقة. الأنبياء الصادقون يصدق بعضهم بعضاً؛ ويؤيد بعضهم بعضاً ويشهد بعضهم لبعض، فالمتأخر منهم يشهد للمتقدم؛ ويثني اللاحق على السابق ويبشر الأول بالآخر. والبشارات بالأنبياء هي الأخبار التي وردت في الكتب السماوية السابقة (مثل التوراة والإنجيل) التي تدل أو تشير إلى مجيء أنبياء قادمين أو قد تكون إشارات إلى صفات ومهام الأنبياء القادمين. هذه البشارات من الله لنناس عن قدوم أنبياء هي أخبار تسعد وتدخل البشر على الناس لذلك تسمى بشارات.

بالنسبة للمسلمين يشير مصطلح "البشارات بالأنبياء" إلى التنبؤات التي بشرت أو أخبرت بقدوم خاتم الأنبياء ﷺ. وقد ذكر القرآن الكريم وبعض الأحاديث النبوية أن الأنبياء السابقين جميعاً بشروا بمجيء النبي ﷺ.

فالبشارات السابقة بالنبي ﷺ تعتبر من دلائل صدق رسالته في العقيدة الإسلامية، وهي أهم جزء وموضوع في الحوار والنقاش والبحث العلمي بين الأديان؛ البشارات والتنبؤات بالأنبياء.

هناك العديد من الآيات في القرآن الكريم التي تحتج بالبشارات الواردة في الكتاب المقدس (التوراة والإنجيل) بشأن النبي ﷺ. بناءً على هذه الآيات، يعتقد المسلمون أن هناك دلالة قوية في القرآن تؤكد وجود البشارات بخاتم الأنبياء ﷺ في الكتاب المقدس. هذه الآيات تقدم دليلًا إلهيًا على أن البشارات التي تحدثت عن النبي ﷺ قد وردت في التوراة والإنجيل كما أكد القرآن الكريم.

فقد بين القرآن الكريم أن الأنبياء السابقين قد بشروا بقدوم النبي ﷺ، وقد وردت العديد من الآيات التي تؤكد هذه الحقيقة؛ لقد بشرت التوراة والإنجيل بخاتم الأنبياء والمرسلين؛ محمد صلى الله عليه وسلم. وتشير النصوص إلى ميثاق الله مع الأنبياء على الإيمان بالنبي ﷺ والتصديق به عندما يأتي. يعتقد المسلمون أن هذه الفقرة تشير إلى أن الأنبياء عيسى وموسى وغيرهم من الأنبياء قد بشروا بنبوة محمد ﷺ.

في الواقع؛ تصديقاً لهذه الآية، تشير التوراة إلى قدوم نبي بعد موسى عدة اشارات، منها ما ورد في سفر التثنية (١٨: ١٨) الذي يتحدث عن نبي يأتي من غير بني إسرائيل لكنه يشبه موسى ويكون كلام الله في فمه ويتكلم باسم الله. وكذلك عيسى بشر قومه بشارة صريحة ببعثة محمد ﷺ [الصف: ٦]. هذه الآية تذكر بشارة عيسى بالرسول الذي سيأتي من بعده ويُسمى أحمد، وهو من أسماء النبي ﷺ. يعتقد المسلمون أن هذه الفقرة تشير إلى النبي ﷺ الذي هو أحمد (وهو اسم من أسمائه).

من أشهر هذه البشارات ما ورد في إنجيل يوحنا، حيث أخبر المسيح عن نبي بعده هو "المعزي" سيأتي بعده، وتتطابق صفات هذا المعزي على النبي ﷺ.

هذه الآية تتحدث عن تبشير التوراة وأنّ النبي ﷺ كان موصوفًا في الكتب السابقة، في التوراة والإنجيل. باعتباره النبي ﷺ الأمي هو الذي لم يكن يقرأ ولا يكتب، وقد وردت بشارات عنه في الكتاب المقدس بهذه الصفات. ربما تشير هذه الفقرة إلى ما ورد في نبوءة سفر أشعيا: ٢٩: ١٢ وقد سبق تحليلها.

المؤلفات في البشارات:

هذه البشارات بنبي الإسلام في الكتاب المقدس تعد موضوعًا مثيرًا للبحث، وكانت مثار بحث ونقاش بين علماء الأديان.

قد يختلف العلماء حول تفسير هذه البشارات، بينما يتبنى العلماء المسلمون فهما معينا لهذه النصوص قد ينكر أو يتأول دلالتها آخرون.

بناءً على ذلك هناك العديد من الكتب التي تناولت موضوع البشارات بخاتم الأنبياء ﷺ في الكتاب المقدس بشكل تفصيلي، وهذه الكتب تتنوع في أسلوبها وتوجهاتها البحثية، وبعضها يركز على دراسة مقارنة بين الأديان، بينما يتناول البعض الآخر النصوص التوراتية والإنجيلية التي يُعتقد أنها تشير إلى النبي ﷺ.

جميع هذه الكتب تشتمل على:

١. البشارات الواردة بنبينا ﷺ في الكتاب المقدس: وفق منهج تحليل المحتوى؛ تحلل هذه الكتب عددًا من النصوص التوراتية والإنجيلية التي تشير إلى مجيء النبي الخاتم ﷺ.

٢. تتناول هذه الكتب التفسير الإسلامي لهذه النصوص، وتعرض وجهة النظر الإسلامية حول الآيات التي يراها المسلمون بشارات واضحة لنبوة خاتم الأنبياء ﷺ.

٣. تناقش الكتب كيف أن الأنبياء في التوراة والإنجيل بشروا بالنبي ﷺ، بلغاتها المختلفة، وتبحث في الترجمة اللغوية للنصوص والعبارات التي يمكن أن تدل على النبوة.

٤ . تقدم الكتب أيضًا تحليلًا نقديًا لمواقف الآخرين من هذه البشارات وكيفية تعاملهم معها.

٥ . أخيراً تشمل هذه الكتب تحليلًا للمصطلحات مثل "الفارقليط" و"الأمي" و"المعزي" التي يُعتقد أنها ترجمة لاسم أو صفات خاتم الأنبياء.

من الكتب والأعمال التي تناولت موضوع البشارات بنبي الإسلام في الكتاب، ما كتبه أ. د أحمد حجازي السقا "البشارات بنبي الإسلام في الكتاب المقدس" هذا الكتاب من أشهر الكتب التي تتناول موضوع البشارات بالنبي ﷺ في الكتاب المقدس. قام الدكتور أحمد حجازي السقا بتحليل الفقرات التي يعتقد أنها تشير إلى النبي ﷺ، ويقارنها بما ورد في الكتاب المقدس من نصوص. ومنهاكتاب إبراهيم خليل فيلبس "محمد في الكتاب المقدس" — إبراهيم خليل فيلبس (أحمد) هذا الكتاب هو دراسة مقارنة بين الكتاب المقدس (التوراة والإنجيل) والقرآن الكريم، حيث يسعى إبراهيم خليل فيلبس إلى إثبات أن النبي ﷺ بشر به في الكتاب المقدس، خاصة في النصوص التي تتعلق بمجيء نبي آخر بعد عيسى . المؤلف إبراهيم خليل فيلبس (أحمد) هو باحث في مقارنة الأديان، وقد قدم هذا الكتاب لإثبات أن النبي ﷺ ليس شخصًا غريبًا عن الكتاب المقدس، بل هو مذكور في الكتب السماوية السابقة، وهو النبي الذي بشَّر به عيسى ومن قبله موسى صلى الله تعالى عليهم.

وكتب أحمد ديدات؛ "محمد في الكتاب المقدس" وأحمد ديدات هو من أبرز علماء مقارنة الأديان، وقد تناول في هذا الكتاب البشارات التي يعتقد المسلمون أنها تشير إلى النبي ﷺ في الكتاب المقدس. الكتاب يعتمد على الأسلوب المنهجي في مقارنة النصوص بين الإنجيل

والقرآن ويعرض الأدلة التي يرى أنها تشير إلى نبوة خاتم الأنبياء.هذا الكتاب موجه بشكل خاص للجمهور الغربي.

وكتب د. منقذ السقار؛ "البشارات بنبينا محمد في الكتاب المقدس" ود. منقذ السقار هو باحث في مقارنة الأديان، وقد نشر هذا الكتاب الذي يتناول دراسة مقارنة بين النصوص التوراتية والإنجيلية التي يُعتقد أن بها بشارات عن النبي ﷺ. الكتاب يركز على الآيات التي يرى المسلمون أنها إشارات واضحة إلى نبوة ويعتمد على المنهج الإسلامي في تحليل هذه البشارات. الكتاب يشرح تفسير النصوص الكتابية من خلال الفهم الإسلامي ويعرض كيفية تطابق هذه النصوص مع القرآن الكريم. كما يعرض مناقشة للآراء الآخرين حول تلك البشارات. ويستعرض النصوص الموحية بمجيء نبي بعد عيسى ، ويحاول إثبات أن النبي ﷺ الذي ذكرته هذه النصوص هو النبي ﷺ.

التناقض ودحض الشهود:

دحض الشهادة تعني محاولة إثبات أن الشهادة المقدمة أمام المحكمة غير صحيحة أو أنها مشكوك فيها. دحض الشهادات في التقاضي له تأثير بالغ على سير القضايا ونتائجها، إذ قد يؤدي إلى تغيير الحكم أو إعادة تقييم الأدلة والوثائق الأخرى. إن الحفاظ على نزاهة الشهادات والتأكد من مصداقيتها يعتبر جزءًا أساسيًا من ضمان العدالة في النظام القضائي.

قد يتم دحض الشهادة عن طريق الطعن في الشهود والطعن في الوثائق؛ سواء بإظهار التناقضات أو الاختلافات بين أقوال الشاهد أو بين شهادته وأدلة أخرى في القضية. أو إثبات تزوير الوثائق؛ كالتأكيد من أن الشاهد قد زوّر أو غيّر الوثائق المتعلقة بالقضية. وعرض أدلة تدحض الشهادة التي قد يكون قدّمها الشاهد وتثبت عدم صحتها.

هذا تماماً ما فعله كتاب المعاصرين؛ كنتيجة للطعن في التوراة ووثائقها وعقائدها وتاريخها؛ وكل ما يتعلق بها.فنحن في خطر خسارة الدعوى.

هذا إحدى النقاط الرئيسة في هذا العمل. وهو القضية الأساسية في جميع هذه الكتابات. على سبيل المثال كل منها تقريباً أورد فصلاً في تحريف التوراة ويليه فصل آخر في البشارات الواردة فيها عن خاتم الأنبياء ﷺ. بمعنى البشارة بالنبي محمد ﷺ في الكتاب المقدس المحرف! وإذا ذهب رجلان للقاضي أحدهما يدعي ملكية شيء ما والآخر منكر. المدعي قدم للقاضي وثائقاً وشهوداً ولكنه أقر بأنها وثائق مزورة وشهود زور!!!

لمن يحكم القاضي؟ من المؤكد سيحكم ببطلان دعوى المدعي.

تماماً هذا ما فعله مؤلفو التحيز. الذين كتبوا مبحثاً أو أكث أوردوا فيه أدلة وأمثلة وآيات قرآنية تشير إلى تحريف التوراة. يليه مبحثاً عن البشارات الواردة في هذه الكتب المحرفة التي تثبت نبوة خاتم الأنبياء وصدق القرآن الكريم.

علاج التحيز:

بما أن التحيز داء يصيب البحث العلمي، فيجب وضع العلاج له بعد تشخيص السبب:

أول سبب لعلاج التحيز هو ما أمرنا الله تعالى به من الإيمان بالله وملائكته وكتبه ورسله، وليس الإيمان ببعض والكفر ببعض.قال لله تعالى: ﴿إِنَّ الَّذِينَ يَكْفُرُونَ بِاللَّهِ وَرُسُلِهِ وَيُرِيدُونَ أَنْ يُفَرِّقُوا بَيْنَ اللَّهِ وَرُسُلِهِ وَيَقُولُونَ نُؤْمِنُ بِبَعْضٍ وَنَكْفُرُ بِبَعْضٍ وَيُرِيدُونَ أَنْ يَتَّخِذُوا بَيْنَ ذَلِكَ سَبِيلًا ۝ أُولَئِكَ هُمُ الْكَافِرُونَ حَقًّا وَأَعْتَدْنَا لِلْكَافِرِينَ عَذَابًا مُهِينًا ۝ وَالَّذِينَ آمَنُوا بِاللَّهِ وَرُسُلِهِ وَلَمْ يُفَرِّقُوا بَيْنَ أَحَدٍ مِنْهُمْ أُولَئِكَ سَوْفَ يُؤْتِيهِمْ أُجُورَهُمْ وَكَانَ اللَّهُ غَفُورًا رَحِيمً[] النساء: ١٥٠- ١٥٢].

ولتجنب التحيز العلمي، يجب أن يتسم الباحث بالحياد والعدالة، سواء في جمع أو نشر جميع البيانات والمعطيات والمناهج وطرح النتائج بشكل موضوعي، مع الاعتراف بنسبية نتائج المقرر والنتائج المتوصل إليها. ضمن أمور أخرى؛ هذا قد يضمن الحفاظ على مصداقية البحث العلمي والتأكد من وصول المعرفة بصورة دقيقة وموثوقة للمتلقين.

والعلاج الصحيح للتحيز هو الحياد العلمي، فالموضوعية هي دواء لهذا الداء. وبناءً عليه تكون أول خطوة لتجنب أو علاج التحيز هي أن نكون مدركين لأسباب وصور التحيز والميول الذاتية التي قد تؤثر على طريقتنا في الكتابة والتفكير وموقفنا العادل من الآخرين. فإذا كنا على وعي بميولنا وتوجهاتنا، سنكون أكثر قدرة على ضبطها أثناء البحث أو الحوار والنقاش والبحث العلمي. كذلك التركيز على الأدلة والحقائق؛ فيجب أن نستند في كتابتنا عن الآخر إلى الأدلة والمصادر الموثوقة؛ بدلاً من الاعتماد على الظنون أو الشائعات والمصادر المزورة، بل نستند إلى المعطيات والحقائق المثبتة التي تدعم أقوالنا. ويتضمن ذلك الاستماع بعناية لوجهات نظر الآخرين وأدلتهم وعرضها بشكل عادل وشفاف حتى نفهم رأيهم بشكل أفضل، وأن نجيب عليه بناءً على ما قالوه بالفعل، بدلاً من تصوره أو تحليله وفقًا لميولنا الخاصة والخاطئة أحياناً. أيضاً في الحوار والنقاش والبحث العلمي الموضوعي، يجب أن يكون الهدف هو الحق ولا يتحول النقاش إلى عناد شخصي؛ بل تركز على تقييم الأفكار والآراء، وليس الميول الذاتية. وقمة التجرد والحياد والموضوعية في البحث العلمي الاستعداد لتغيير الرأي. يتجلى ذلك في مقولة الإمام الشافعي (الحنبلي، ١٩٨٦، ٢/ ٩) "ما ناظرت أحداً إلا وددت أن يظهر الله الحق على لسانه" فالشخص الموضوعي مستعد للاعتراف عندما تظهر أدلة جديدة قد تغير رأيه. ولا ينبغي أن يكون التمسك بالرأي الشخصي بمثابة رفض

لكل ما يعارضه. الأساس الأخلاقي في البحث العلمي لهذه المبدأ ما قاله الإمام الشافعي أيضاً: ما ناظرتُ أحدًا إلا قلت: اللهم أَجْرِ الحق على قلبه ولسانه، فإن كان الحق معي اتبعَني، وإن كان الحق معه اتبعتُه. وقال أيضًا: (الأصفهاني أ.، ١٩٧٤، ٩/١١٨) "ما ناظرت أحدًا قط إلا أحببتُ أن يوفَّق ويسدد ويعان، ويكون عليه رعاية من الله وحفظ، وما ناظرت أحدًا إلا ولم أبالِ بيَّن الله الحق على لساني أو لسانه".

ومن ذلك مقاومة الميول الذاتية؛ ولهذا كانت مقولة فقهائِنا الذهبية هي: "رأيي صواب يحتمل الخطأ، ورأي غيري خطأ يحتمل الصواب". تشير إلى مستوًى ثقافيّ رفيع ينبغي أن ينتجَ عقلانيةً ورُشدًا في التفكير، والسلوك، وهذا يعني (الشحود، ٢٠٠٧، ٤٨٦/١٤) إسقاط وسائل التفكير العاطفي والقبلي، وإعلاء وسائل التفكير العِلمِي العقلاني، الذي يُحَلِّلُ الموضوعَ، ويُحَدِّدُ أصولَه وثوابته وفروعه، ثم يُحَدّدُ عِلاجَه حسب ذلك. لاريب دائما، قد يكون لدى الشخص قناعات، ولكن التحدي يكمن في التعامل مع هذه القناعات بموضوعية. فيمكن للأشخاص أن يكونوا موضوعيين في مواقف معينة رغم وجود بعض الميول الشخصية، لكن الممارسة المستمرة للتفكير النقدي والعمل على مقاومة الميول الذاتية "قد" يساعد في الحفاظ على الحوار والنقاش والبحث العلمي البناء والتحليل العادل.

الملخص والتوصيات

ملخص البحث:

ظاهرة التحيز الأساسية في ما كتبه كتابنا المعاصرين واضحة ومعبرة عن التحيز بكل أشكاله وفي أسوأ صوره. وسبب التحيز في كتابات علم الأديان له أسباب سياسية ومذهبية ومنها حداثة علم الأديان كعلم أكاديمي نشأ متأخراً عنه في العالم الغربي.

ظاهرة التحيز ظاهرة عامة لم تلتصق بتخصص دون تخصص ولا بلد دون آخر، فقد وقع فيها الكتاب والأدباء والمؤرخون والعلماء على قدم المساواة.

التحيز العلمي قد ينشأ بسبب دوافع سياسية أو شخصية أو مذهبية أو عاطفية، بل يمكن أن يحدث نتيجة لعدة عوامل مثل التقاليد الأكاديمية السائدة، ضغط الأقران، أو التمويل الذي قد يؤثر على طرق المقرر والنتائج. وربما حتى الحفاظ على الوظيفة نفسها.

من أسباب التحيز ما يعرف بالصراع العربي الإسرائيلي طوال القرن الماضي الذي بدأت فيه الكتابات عن الأديان المقارنة تظهر من جديد بعد طول غياب. وكان التحيز أيضا لأسباب مذهبية تتعلق بالخلاف حول إثبات الصفات وتنزيه الله تعالى عن مماثلة المخلوقين.

وجدت في كتابات المعاصرين جميع أنواع التحيز، وأهم أنواع التحيز التي وقع فيها هي:

١) التحيز بالتقليل: وذلك بأن يقلل من قيمة وجهة النظر المخالفة، ومن التقليل ألا يفي وجهة النظر الأخرى في العرض فيساويها بما يعرضه من وجهات نظر

٢) التحيز بالتشويه: والتشويه منه ظاهر جلي ومنه دقيق خفي، ومن الظاهر أن يعزو إلى وجهة النظر المخالفة ما هي بريئة منه، أو يصفها بأوصاف سلبية من غير دليل.

ومن الخفي أن يفسر وجهة النظر الأخرى بما لا تقره، وبشرح قيمها ومبادئها من خلال ما يقوله عنها مخالفوها.

٣) التحيز بالإهمال: وذلك بأن يهمل وجهة النظر الأخرى فلا يذكرها في موطن يستدعي ذكرها.

٤) التحيز بالرفض وهذا التحيز يأتي في مقابل التبني والتفضيل، فإذا كان الشخص هناك يصرح بتبني وجهة نظر محددة فإنه هنا يصرح برفضها.

٥) التحيز في المصادر: حيث يختار الباحثون أو المؤلفون مصادر تتوافق مع آرائهم أو مواقفهم المبدئية، مما يحرم المقرر من التنوع والشمولية.

٦) يتناقض التحيز مع الشريعة الإسلامية وقواعد المقرر العلمي وفيه ترك الإنصاف مع الخصوم الذي تميز به المسلمون في كل تاريخهم.

٧) بما أن الإسلام والقرآن مصدقاً لما قبله من الرسالات والكتب المقدسة، وقد اتفقت هذه الكتب على حقائق مشتركة بينها لا خلاف بينها مثل التوحيد وإثبات صفات الله، بالطعن في هذه الحقائق طعن في القرآن نفسه. أن الطعن بغير حق والنقد المتحيز ليس في صالح الدعوة الإسلامية التي تعتبر التوراة ونبيها والمؤمنون بها شهوداً لها، وأن الطعن فيها يعد طعناً في شهودنا. لأن الأديان السابقة تمثل دينا صحيحا منزل من الله تعالى على أنبياء صادقين عظماء يؤمن بهم المسلمون إلا أن الكتاب

المتأخرين لم يفطنوا إلى دلالة اتفاق الكتب والرسل على عقيدة أو شريعة ما، فأعماهم التحيز عن هذه الحقيقة الهامة.

٨) كل ما اتهمت به التوراة والتوراة: ينقسم قسمين:

أ- إما إنها فهمت خطأ؛ فهماً سطحياً، بسبب عدم اعتماد مصادر موثقة، أو حتى عدم الرجوع للمصادر أبداً، فضلاً عن المصادر القريبة من يد أي باحث، كتفاسير القرآن.

ب- إما هو نفسه أو مثله موجود في النصوص الإسلامية وحينئذ يجب التعامل مع النصين بقانون واحد؛ إما الاعتبار أو الاعتذار عنها جميعاً.

التوصيات:

تعد التوصيات العلمية جزءًا أساسيًا من أي بحث علمي، وهي تمثل مجموعة من النصائح أو الإرشادات التي تساهم في تحسين جودة المقرر وتعزز من فائدته. في السياق الذي تتحدث عنه، والذي يتعلق بالمقرر العلمي الخالي من التعصب والتحيز، فإن التوصيات يجب أن تركز على تحقيق الحيادية، النزاهة، والدقة في إجراء المقرر. على سبيل الإجمال:

يجب على الباحث أن يتجنب تمامًا أي نوع من التحيز أو التوجه الشخصي في بحثه. الشفافية: بمعنى تقديم البيانات والنتائج بشكل واضح وصادق. الحياد: الالتزام بمبادئ الحياد الأخلاقي وعدم التأثر بمعتقدات أو فروض خارجية. المرونة الفكرية: أي القدرة على تقبل الآراء والنتائج المتناقضة مع الافتراضات الأولية. التنوع: ضمان تنوع مصادر البيانات والنظريات والأدوات المستخدمة في المقرر. وهذه بعض التوصيات التفصيلية التي يمكن اتباعها لتحقيق هذه التوصيات الإجمالية:

استخدام منهجية موضوعية ومبنية على الأدلة والقرائن العلمية. والاعتماد على منهجيات بحثية علمية وموضوعية مثل البحث التجريبي، التحليل الكمي، أو التحليل النوعي المعتمد على الأدلة، مع تجنب أي تأثيرات شخصية أو غير موضوعية. فيجب أن يقوم الباحث بجمع البيانات وتحليلها بطريقة تحترم الموضوعية، بحيث تكون جميع الاستنتاجات مبنية على الأدلة والحقائق وليس على آراء أو تحيز شخصي.

تنويع المصادر والمراجع باستخدام مجموعة متنوعة من المصادر العلمية من مؤلفين ومراجع متعددة، سواء كانت محلية أو دولية، لتجنب تقييد المقرر برؤية أو منظور واحد. فلا يجوز

الاعتماد على مصدر واحد أو مجموعة محددة من المؤلفين أو المدارس الفكرية. فتنويع المصادر يساعد في ضمان أن المقرر يأخذ في اعتباره كافة الرؤى والاتجاهات العلمية المتنوعة حول الموضوع.

الملاحق

(١)

غلاف كتاب مخرجات مؤتمر التحيز في القاهرة

(٢)

المحكم الأول

بسم الله الرحمن الرحيم

تقويم بحث (التحيز ضد التوراة في كتابات المعاصرين: مظاهره وأسبابه)

الحمد لله وحده، والصلاة والسلام على من لا نبي بعده. أما بعد:

فحيث لم يحدد قالب معين للتحكيم، فسأذكر الملاحظات تباعًا، حسب ترتيب صفحات البحث، ثم أتبعها برأي المحكم:

١-العنوان: لم يوفق الباحث في اختيار العنوان المناسب، وذلك من وجوه متعددة:

أحدها: اقتصار العنوان على (التوراة) كديانة، مع أن البحث تناول (اليهود) كقوم. وجرى الخلط بين المفهومين في ثنايا البحث.

الثاني: بدا من مصطلح (التحيز) الذي اختاره الباحث، أن المفترض عدم اتخاذ موقف مضاد لليهودية واليهود، [١] وذلك ما يخالف نصوص الكتاب والسنة. كما سنبين لاحقًا. [٢]

الثالث: الإطلاق في قوله (كتابات المعاصرين) يقتضي الاستيعاب، أو الاستكثار. والباحث لم يشر إلا لثلاثة كتاب أو أربعة فقط. [٣]

---

(١) جواب الباحث: المحكم نفسه هنا يفعل ما قال إن الباحث وقع فيه من دمج الكلام عن اليهودية بالكلام عن اليهود.

٢ جواب الباحث: بين الباحث أنواع التحيز وما هو مقبول منها وما هو مرفوض. انظر ص ١٩ وما بعدها.

(٣) جواب الباحث: درست كتابات عدد من المؤلفين المتأخرين على سبيل الأمثلة، وإلا فإن الحصر يصعب، ولا يمكن لشخص واحد إدراك حجم التحيز ضد اليهودية، لكن هذه الأمثلة – أرجو أنها-كافية ومعبرة عن هدف البحث." ومع ذلك فقد أضفت في عملي أمثلة أخرى ومنها تقارير المحكمين.

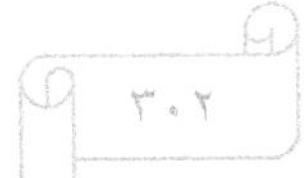

٢- ما سماه الباحث (مستخلصًا) أشبه بجزءٍ من مقدمة، منه بمستخلص يعبر عن فحوى البحث. وقد تضمن أخطاء علمية وكتابية[١]، ونحوية جلية، وتعبيرات خاصة؛ كقوله (مصريون وغير مصريين) دون بيان لوجه التخصيص! [٢] كما أن الترجمة الإنجليزية مغايرة نصًا وموضوعًا لنص المستخلص بالعربية، بل هي ترجمة لبعض ما جاء في المقدمة. كما تضمن النص بالإنجليزية أخطاء كتابية أيضًا.

٣- قول الباحث في المقدمة (هذه الرسالة وكتابها وأمتها شهود للإسلام والقرآن وعقائده وشرائعه) موهم ومضلل! فلا ريب أن ما جاء به موسى عليه السلام، موافق لما جاء به النبي صلى الله عليه وسلم ، وما جاء به النبي صلى الله عليه وسلم مصدق لما بين يديه من التوراة ، ولا ريب أن مؤمني أهل الكتاب شهود على صدق نبينا النبي صلى الله عليه وسلم،[٣] لكن أمة يهود ظلت على مدار التاريخ تناصب الإسلام والمسلمين العداء بنص كتاب الله، كما

---

(١) جواب الباحث: ربما يقصد فضيلته املائية أو نسخية لأن كتابية في بحث مثل هذا تنصرف إلى أخطاء في الكتاب المقدس.

(٢) جواب الباحث: العبارة فيها تعميم لا تخصيص فقال الباحث " لم يقتصر التحيز على علماء مقارنة الأديان وعلماء الدين، ولكنه شمل الصحفيين والأدباء والمفكرين والمثقفين؛ طبعاً والسياسيين. ولم يقتصر على بلد دون بلد، بل وقع فيه المصريون وغيرهم، ولا مذهب دون مذهب، بل شمل المتدينين والعلمانيين، واليساريين واليمينين، والقوميين والوطنيين." وغير المصريين هم الذين يحملون جواز سفر غير مصري، مثل الدول التي ذكرتها!

(٣) جواب الباحث: ما تحته خط هو موضوع بحثي وقد وافقني عليه فضيلة المحكم، وما أضافه "ولكن أمة يهود....." هو خارج حدود بحثي فكلامي هو عن اليهودية بينما يقع المحكم فيما قال إن الباحث وقع فيه من الخلط بين اليهودية واليهود. ثم ما ادعى أنه تاريخي ليس كذلك، فآخر مواجهة كانت بنو قريظة. ثم في العصر الحديث "ما عرف بالصراع العربي الإسرائيلي" وما بينهما فارغ. بدليل الأدلة التي استشهد بها فضيلة المحكم. ثم هو وصف قولي بأنهم شهود بأنه مضلل ثم هو نفسه وصفهم بنفس الوصف "شهود". ويرجو الباحث من القارئ أن يقارن بين ما قبل "لكن أمة يهود..." المحكم وما بعدها.

قال تعالى: (وَلَمَّا جَاءَهُمْ كِتَابٌ مِنْ عِنْدِ اللَّهِ مُصَدِّقٌ لِمَا مَعَهُمْ وَكَانُوا مِنْ قَبْلُ يَسْتَفْتِحُونَ عَلَى الَّذِينَ كَفَرُوا فَلَمَّا جَاءَهُمْ مَا عَرَفُوا كَفَرُوا بِهِ فَلَعْنَةُ اللَّهِ عَلَى الْكَافِرِينَ) [البقرة: ٨٩]، وقال: (لَتَجِدَنَّ أَشَدَّ النَّاسِ عَدَاوَةً لِلَّذِينَ آمَنُوا الْيَهُودَ وَالَّذِينَ أَشْرَكُوا) [المائدة: ٨٢]. كما أن الباحث لم يصب في معظم استدلالاته بالآيات على مقصوده! وكان الأوفق أن يستدل بقوله تعالى: (قُلْ أَرَأَيْتُمْ إِنْ كَانَ مِنْ عِنْدِ اللَّهِ وَكَفَرْتُمْ بِهِ وَشَهِدَ شَاهِدٌ مِنْ بَنِي إِسْرَائِيلَ عَلَى مِثْلِهِ فَآمَنَ وَاسْتَكْبَرْتُمْ) [الأحقاف: ١٠]

٤-ما سماه الباحث (المسح الأدبي)! إدانة للأمة الإسلامية؛ سلفها وخلفها، ووصفها بالتحيز ضد اليهود! وفي الكلام غموض، وربما خطأ، كما في قوله: (التحيز ضد أمتنا)![١]

٥-وقع الباحث في خطأ عقدي منهجي فاحش حين تعقب تعريف د. الخلف لليهودية بأنها (دين من يزعمون أنهم أتباع موسى) ووصفه بالتحيز! وارتضى تعريف من وصفها بأنها (دين سماوي)، ثم صاغ تعريفًا صدره بقوله (التوراة هي دين سماوي)![٢]

دين الله واحد هو الإسلام (إِنَّ الدِّينَ عِنْدَ اللَّهِ الْإِسْلَامُ)[٣] [آل عمران: ١٩]، به بعث الله جميع أنبيائه ورسله: (شَرَعَ لَكُمْ مِنَ الدِّينِ مَا وَصَّى بِهِ نُوحًا وَالَّذِي أَوْحَيْنَا إِلَيْكَ وَمَا وَصَّيْنَا بِهِ إِبْرَاهِيمَ وَمُوسَى وَعِيسَى أَنْ أَقِيمُوا الدِّينَ وَلَا تَتَفَرَّقُوا فِيهِ) [الشورى: ١٣]، ووصف أنبياء بني إسرائيل جميعًا بالإسلام، فقال: (إِنَّا أَنْزَلْنَا التَّوْرَاةَ فِيهَا هُدًى وَنُورٌ يَحْكُمُ بِهَا النبيون الَّذِينَ

---

[١] جواب الباحث: قال الباحث: " أن التحيز —رغم وجود أسبابه عند المتقدمين، كموقف اليهود من الدعوة الإسلامية في أولها سبباً لذلك -إلا أن التحيز كان في المعاصرين دون المتقدمين!! وقد بين مراراً أن التحيز لم يكن عند المتقدمين وهذا أكثر من نصف البحث. فهل قرأ فضيلته كامل البحث أو اقتصر على نماذج؟

[٢] جواب الباحث: هل رفض تعريف وانتقاده وقبول تعريف آخر لعالم آخر يمثل خطأً عقائدياً فاحشاً؟

[٣] جواب الباحث: ما ذكره فضيلة المحكم هو نفس ما ذكره الباحث .

أَسْلَمُوا لِلَّذِينَ هَادُوا) [المائدة: ٤٤]، وبرأهم من التوراة والنصرانية، فقال: (أَمْ تَقُولُونَ إِنَّ إِبْرَاهِيمَ وَإِسْمَاعِيلَ وَإِسْحَاقَ وَيَعْقُوبَ وَالْأَسْبَاطَ كَانُوا هُودًا أَوْ نَصَارَى قُلْ أَأَنْتُمْ أَعْلَمُ أَمِ اللَّهُ) [البقرة: ١٤٠]، وأنكر عليهم دعوى الاهتداء، فقال: (وَقَالُوا كُونُوا هُودًا أَوْ نَصَارَى تَهْتَدُوا قُلْ بَلْ مِلَّةَ إِبْرَاهِيمَ حَنِيفًا وَمَا كَانَ مِنَ الْمُشْرِكِينَ) [البقرة: ١٣٥] ، وأنكر عليهم دعوى دخول الجنة بوصف التوراة والنصرانية، وبين من أهلها حقًا، فقال: (وَقَالُوا لَنْ يَدْخُلَ الْجَنَّةَ إِلَّا مَنْ كَانَ هُودًا أَوْ نَصَارَى تِلْكَ أَمَانِيُّهُمْ قُلْ هَاتُوا بُرْهَانَكُمْ إِنْ كُنْتُمْ صَادِقِينَ. بَلَى مَنْ أَسْلَمَ وَجْهَهُ لِلَّهِ وَهُوَ مُحْسِنٌ فَلَهُ أَجْرُهُ عِنْدَ رَبِّهِ وَلَا خَوْفٌ عَلَيْهِمْ وَلَا هُمْ يَحْزَنُونَ) [البقرة: ١١١، ١١٢].

فالتوراة: هي ما آل إليه دين موسى عليه السلام، بعد تحريف الأحبار، كما أن النصرانية هي ما آل إليه دين عيسى، عليه السلام، بعد تحريف الرهبان. ولهذا برَّأ الله إبراهيم، عليه السلام، من هذين الوصفين كما برأه من الشرك، فقال: (مَا كَانَ إِبْرَاهِيمُ يَهُودِيًّا وَلَا نَصْرَانِيًّا وَلَكِنْ كَانَ حَنِيفًا مُسْلِمًا وَمَا كَانَ مِنَ الْمُشْرِكِينَ) [آل عمران: ٦٧]. وكلتاهما انحراف عن ملة إبراهيم، ودين موسى وعيسى، عليهما السلام، وقد قال تعالى: (وَمَنْ يَرْغَبُ عَنْ مِلَّةِ إِبْرَاهِيمَ إِلَّا مَنْ سَفِهَ نَفْسَهُ) [البقرة: ١٣٠]. قال ابن جرير، رحمه الله: (حدثنا بشر بن معاذ قال، حدثنا يزيد قال، حدثنا سعيد، عن قتادة قوله: "ومن يرغب عن ملة إبراهيم إلا من سفه نفسه"، رغب عن ملته اليهود والنصارى، واتخذوا التوراة والنصرانية، بدعة ليست من الله، وتركوا ملة إبراهيم -يعني الإسلام- حنيفا؛ كذلك بعث الله نبيه صلى الله عليه وسلم بملة إبراهيم. حدثت عن عمار قال، حدثنا ابن أبي جعفر، عن أبيه، عن الربيع في قوله: "ومن يرغب عن ملة إبراهيم إلا من سفه نفسه" قال رغبت اليهود والنصارى عن ملة إبراهيم،

وابتدعوا التوراة والنصرانية، وليست من الله، وتركوا ملة إبراهيم: الإسلام. وَخَالَفُوا مِلَّة إِبْرَاهِيمَ فِيمَا أَخَذُوهُ) جامع البيان ت: شاكر (٣/ ٨٩)

٦-أصاب الباحث في أن إثبات التوراة لبعض صفات الله لا يلزم منه التمثيل، واستشهد بمواضع من أسفار العهد القديم على نفي التمثيل. إلا أن ذلك لا ينفي عن الأسفار المحرفة الموجودة بأيديهم وقوع التنقص لله وعدم التنزيه، كما أوهم الباحث. ويكفي ما حكاه الله عنهم في القرآن العظيم: (لَقَدْ سَمِعَ اللَّهُ قَوْلَ الَّذِينَ قَالُوا إِنَّ اللَّهَ فَقِيرٌ وَنَحْنُ أَغْنِيَاءُ) [آل عمران: ١٨١]،[١] (وَقَالَتِ الْيَهُودُ يَدُ اللَّهِ مَغْلُولَةٌ غُلَّتْ أَيْدِيهِمْ) [المائدة: ٦٤]، فوصفوه بالفقر والبخل. كما وصفوه بالضعف والتعب، حين قالوا: (واستراح في اليوم السابع) سفر التكوين: ٢:٢، قال تعالى: (وَلَقَدْ خَلَقْنَا السَّمَاوَاتِ وَالْأَرْضَ وَمَا بَيْنَهُمَا فِي سِتَّةِ أَيَّامٍ وَمَا مَسَّنَا مِنْ لُغُوبٍ) [ق: ٣٨]،[٢] كما يصفون الله بالندم على الطوفان،[٣] كما في سفر التكوين: ٨:٢١، ويزعمون أنه، تعالى عما يقولون، صارع يعقوب، كما في سفر التكوين: ٣٢: ٢٣-٢٧![٤]

[١] جواب الباحث: سبب نزول الآية يوضح أنها في رجل أو رجلين قالا ذلك لأبي بكر الصديق رضي الله عنه وليس في كتاب اليهود بل في بعض الروايات أنه نتيجة صك أبي بكر للرجل. وأن فنحاص أنكر أنه قال ذلك وكذب الصديق فنزلت الآية تصديقاً للصديق وتكذيباً لليهودي الكاذب. انظر: الواحدي، أسباب النزول، ط دار الكتب العلمية ١٤٢١هـ / ٢٠٠٠م، ص ٧٠-٧١. أما التوراة ففيها: " يا من هو رب الجميع الغني عن كل شيء.." سفر المكابين الثاني ١٤: ٣٦

[٢] جواب الباحث: هذا النقد سببه التقليد الأعمى حتى لغير المتخصصين الذين يهمهم الفوز في المناظرات، أما البحث العلمي فقد برأ الباحث التوراة من هذا بالأدلة العلمية انظر ص .

[٣] الندم مثل الحياء والتردد في الصفات الإلهية فما كان جواباً عنهما يكون جواب عن التردد، والعبرة بالثبوت فما ثبت آمنا به وأمرنا كما هو. وهذا هو قول المسلمين.

[٤] أجاب الباحث عن هذه الشبهة وبين أن يعقوب صارع ملكاً وليس الله تعالى، انظر ص من هذا البحث.

فأين التنزيه المطلق الذي جزم به الباحث في ص ٩ بقوله: (والحق أن التوراة ليس فيها تشبيه ولا تجسيم، بل فيها ما في القرآن من تنزيه وإثبات للصفات) !

٧-لم يحرر الباحث مصطلح (التحيز) تحريرًا شرعيًا، ولم يلتزم بما قرره من ضوابط في ص ٧. ولازم طريقته أن يكون القرآن العظيم متحيزًا ضد اليهود! فقد ذم الله تعالى اليهود في مواضع عدة من كتابه، كقوله: (وَضُرِبَتْ عَلَيْهِمُ الذِّلَّةُ وَالْمَسْكَنَةُ وَبَاءُوا بِغَضَبٍ مِنَ اللَّهِ ذَٰلِكَ بِأَنَّهُمْ كَانُوا يَكْفُرُونَ بِآيَاتِ اللَّهِ وَيَقْتُلُونَ النَّبِيِّينَ بِغَيْرِ الْحَقِّ ذَٰلِكَ بِمَا عَصَوْا وَكَانُوا يَعْتَدُونَ) [البقرة: ٦١]، وقوله: (ضُرِبَتْ عَلَيْهِمُ الذِّلَّةُ أَيْنَ مَا ثُقِفُوا إِلَّا بِحَبْلٍ مِنَ اللَّهِ وَحَبْلٍ مِنَ النَّاسِ وَبَاءُوا بِغَضَبٍ مِنَ اللَّهِ وَضُرِبَتْ عَلَيْهِمُ الْمَسْكَنَةُ ذَٰلِكَ بِأَنَّهُمْ كَانُوا يَكْفُرُونَ بِآيَاتِ اللَّهِ وَيَقْتُلُونَ الْأَنْبِيَاءَ بِغَيْرِ حَقٍّ ذَٰلِكَ بِمَا عَصَوْا وَكَانُوا يَعْتَدُونَ) [آل عمران: ١١٢] ، وقوله: (فَبِمَا نَقْضِهِمْ مِيثَاقَهُمْ وَكُفْرِهِمْ بِآيَاتِ اللَّهِ وَقَتْلِهِمُ الْأَنْبِيَاءَ بِغَيْرِ حَقٍّ وَقَوْلِهِمْ قُلُوبُنَا غُلْفٌ بَلْ طَبَعَ اللَّهُ عَلَيْهَا بِكُفْرِهِمْ فَلَا يُؤْمِنُونَ إِلَّا قَلِيلًا. وَبِكُفْرِهِمْ وَقَوْلِهِمْ عَلَىٰ مَرْيَمَ بُهْتَانًا عَظِيمًا. وَقَوْلِهِمْ إِنَّا قَتَلْنَا الْمَسِيحَ عِيسَى ابْنَ مَرْيَمَ رَسُولَ اللَّهِ وَمَا قَتَلُوهُ وَمَا صَلَبُوهُ وَلَٰكِنْ شُبِّهَ لَهُمْ وَإِنَّ الَّذِينَ اخْتَلَفُوا فِيهِ لَفِي شَكٍّ مِنْهُ مَا لَهُمْ بِهِ مِنْ عِلْمٍ إِلَّا اتِّبَاعَ الظَّنِّ وَمَا قَتَلُوهُ يَقِينًا) [النساء: ١٥٥ -١٥٧]. [1]

٨-في ص ٨ عنون الباحث: المبحث الثالث! ولم يسبق أن عنون المبحث الأول، أو الثاني! واكتفي بالترقيم ١، ٢

٩-اعتبر الباحث موقف اليهود من النبي صلى الله عليه وسلم والدعوة الإسلامية من أسباب التحيز ضد اليهود! فهل يريد إلغاء الثوابت العقدية، والشواهد التاريخية بدعوى عدم

[1] جواب الباحث: هذا كله كلام في اليهود وليس في اليهودية وهو الخلط الذي اتهم فضيلة المحكم الباحث في الوقوع فيه، واليهود هم ناس لهم ما لهم وعليهم ما عليهم.

التحيز!؟ قال تعالى: (لَتَجِدَنَّ أَشَدَّ النَّاسِ عَدَاوَةً لِلَّذِينَ آمَنُوا الْيَهُودَ وَالَّذِينَ أَشْرَكُوا) [المائدة: ٨٢]، وقال: (وَيَسْعَوْنَ فِي الْأَرْضِ فَسَادًا) [المائدة: ٣٣][1]

١٠-اتهم الباحث د. سعود الخلف في ص ١٠ أنه لم يسلم من التحيز، وأنه (يستنتج من النصوص ما لا تدل عليه) ولم يسق دليلًا ولا مثالًا على دعواه!

١١-خلط الباحث بين التحيز ضد اليهود، وضد التوراة، في ص ١١

١٢-انتصب الباحث محاميًا عن اليهود، مبرئًا لهم من (بروتوكولات حكماء صهيون)، بدعوى أن اليهود لا يعتبرونه مرجعًا لهم! وجازف بالقول، دون توثيق أن الرأي السائد الآن في الأوساط العلمية أنه وثيقة مزورة! ولم يسق دليلًا واحدًا على هذه التبرئة. ومن الطبيعي أن يتنصل اليهود من كتاب يفضح مخططاتهم الموافقة لوصف الله تعالى لهم: (وَيَسْعَوْنَ فِي الْأَرْضِ فَسَادًا) [المائدة: ٣٣]. لكن أين يفر الباحث مما تضمنه (التلمود) اليهودي من تعصب مقيت، وعداوة وحقد ضد البشرية!؟[2]

١٣-لا ينقضي العجب من حمية الباحث لليهود في ص١٤ ومحاولة تبرئتهم من العلاقة بالمنظمات السرية، كالماسونية، التي يجمع العالم على سماتها وخصائصها التوراة![3]

---

[1] جواب الباحث: الباحث أراد تبرئة السلف من التحيز الظالم، رغم ما يمكن أن يكون مبررا له لو حدث منهم ولكن عصمهم دينهم أما المعاصرون فوقع بهم التحيز حتى الطعن بالأنبياء مثل موسى عليه السلام.

[2] جواب الباحث: انتصب الباحث محامياً عن اليهودية المظلومة كما انتصب القرآن الكريم محامياً عن اليهودي المجهول الذي رماه "الأنصار " بالسرقة. وهذا من مناقب البحث والباحث.

[3] جواب الباحث: لا ينقضي العجب من الصاق كل حادثة ولو مرورية إلى اليهود ثم يتخذ ذلك ذريعة للطعن في اليهودية نفسها.

١٤-يتحدث الباحث عن (مناقب التوراة)! وكتابها (العهد القديم) وهو مجموعة الأسفار التي بأيدي اليهود اليوم، وكأنه الكتاب الذي نزله الله على موسى، عليه السلام، لم يُشب! فأين ما أخبر الله عنهم من أنهم ﴿مِنَ الَّذِينَ هَادُوا يُحَرِّفُونَ الْكَلِمَ عَنْ مَوَاضِعِهِ﴾ [النساء: ٤٦]، ﴿وَمِنَ الَّذِينَ هَادُوا سَمَّاعُونَ لِلْكَذِبِ سَمَّاعُونَ لِقَوْمٍ آخَرِينَ لَمْ يَأْتُوكَ يُحَرِّفُونَ الْكَلِمَ مِنْ بَعْدِ مَوَاضِعِهِ يَقُولُونَ إِنْ أُوتِيتُمْ هَذَا فَخُذُوهُ وَإِنْ لَمْ تُؤْتَوْهُ فَاحْذَرُوا وَمَنْ يُرِدِ اللَّهُ فِتْنَتَهُ فَلَنْ تَمْلِكَ لَهُ مِنَ اللَّهِ شَيْئًا أُولَئِكَ الَّذِينَ لَمْ يُرِدِ اللَّهُ أَنْ يُطَهِّرَ قُلُوبَهُمْ لَهُمْ فِي الدُّنْيَا خِزْيٌ وَلَهُمْ فِي الْآخِرَةِ عَذَابٌ عَظِيمٌ﴾ [المائدة: ٤١][1]

١٥-لا ريب أن بعض الكتاب المعاصرين وقعوا في أخطاء علمية ومنهجية في تناولهم للتاريخ اليهودي، كما استشهد الباحث في ص ١٥، ١٦ بل وفاته أشياء من كلام د. شلبي، لكن ذلك لا يسوغ مقابلة الخطأ بخطأ، ولا التطرف بتطرف مضاد، بوصف المأثورات التوراة بالتنزيه، وأنها (متفقة مع القرآن الكريم تمامًا)! بل الواجب لزوم ما دل عليه ناطق الكتاب وصحيح السنة.[2]

١٦-نسب الباحث كلامًا لشيخ الإسلام ابن تيمية، رحمه الله، جعله بين قوسي تنصيص، لم أتمكن من العثور عليه في مؤلفاته: (ولهذا لم ينقل عن أحد من الصحابة والتابعين لهم بإحسان وأئمة المسلمين أنهم ذموا أهل الكتاب بما يذمهم به المعاصرون)! ويبعد أن يعبر شيخ الإسلام بهذا التعبير. فلعلها عبارة مقحمة.[3]

---

[1] أجاب الباحث عن كل هذه الآيات في مبحث خاص بها أرجو أن يكون ضمن ما قرأه فضيلة المحكم.

[2] جواب الباحث: أن بحثي هو عن هذا البعض أو بالأحرى الكل بمن فيهم المحكم.

[3] جواب الباحث: اتباعاً لمنهج البحث نقلت تضميناً عن شيخ الإسلام بلا علامات تنصيص وقلت في الحاشية:" انظر: درء تعارض العقل والنقل، مصدر سابق ص ٣٥٦"

١٧-احتوى البحث، على قلة صفحاته، العديد من الأخطاء النحوية والإملائية والتركيبية، بما يطول ذكره. فقد أحصيت نحو ثلاثين خطأً في أقل من عشرين صفحة.[1] كما أن طريقة الباحث في الإحالات ليست الطريقة المتبعة في البحوث العلمية، وكثيرًا ما يغفل اسم الكتاب، ويكتفي بأرقام يشق التعرف عليها. وقد سرد في قائمة المصادر والمراجع واحدًا وثلاثين مرجعًا، لا وجود لكثير منها في ثنايا البحث.[2]

خلاصة رأي المحكم: عدم قبول البحث للنشر لما تضمنه من أخطاء عقدية ومنهجية وفنية. وضرورة تنبيه الباحث، وفقه الله، على الأخطاء العقدية. والله من وراء القصد.

[1] جواب الباحث: لقد تكررت هذه الملاحظة مع وعد بالتمثيل ولم يورد فضيلة المحكم خطأ واحداً لأشكره عليه.

[2] جواب الباحث: انتقاد المحكم هو لطريقة النشر في المجلة وما يعرف بين "المحكمين" بطريقة التوثيق وفقاً لجمعية علم النفس الأمريكية (التوثيق في المتن وليس في الحاشية بذكر لقب المؤلف يعقبه تاريخ النشر ثم رقم الصفحة) وهو شرط المجلة التي حكم لها فضيلته.

(٣)

المحكم الثاني

بسم الله الرحمن الرحيم

تقرير موجز عن بحث (التحيز ضد التوراة في كتابات المعاصرين)

وقع الباحث في أخطاء منهجية ترتب عليها نتائج غير صحيحة، وهي كما يلي:

أولًا: لم يفرق الباحث بين الإسلام الذي جاء به موسى –عليه السلام–، والتوراة التي حدثت وابتدعت بعد وفاته، كما لم يفرق بين التوراة التي نزلت على موسى، وتوراة عزرا التي حرفها اليهود، كما لم يفرق بين المسلمين أتباع موسى، وبين اليهود الذين انتسبوا إليه وآذوه، وكذبوا بعيسى –عليه السلام–، كما أنه لم يفرق بين اليهود والصهاينة المعتدين المحاربين الغاصبين، وبين غيرهم من اليهود المسالمين الذين يعيشون في بلدان أخرى، ولم يقاتلونا في الدين، ولم يخرجونا من ديارنا.

ثانيًا: لم يحرر مصطلح التحيز على الوجه الشرعي، فلم يفرق بين التحيز الممنوع، وما سماه تحيزًا وهو المطلوب، فالتحيز بمعنى الظلم هو حرام مطلقا لأن العدل واجب مع كل أحد، كما قال تعالى: ﴿يَاأَيُّهَا الَّذِينَ آمَنُوا كُونُوا قَوَّامِينَ لِلَّهِ شُهَدَاءَ بِالْقِسْطِ وَلَا يَجْرِمَنَّكُمْ شَنَآنُ قَوْمٍ عَلَى أَلَّا تَعْدِلُوا اعْدِلُوا هُوَ أَقْرَبُ لِلتَّقْوَى﴾ [المائدة: ٨]، أما التحيز بمعنى بيان حقيقة اليهود وخطرهم ومكائدهم وصفاتهم وعدائهم للمسلمين، فهذا وإن سماه الباحث تحيزًا!!! فهو واجب شرعي أرشد إليه القرآن ونبه عليه في مواضع كثيرة، منها قوله تعالى: ﴿لَتَجِدَنَّ أَشَدَّ النَّاسِ عَدَاوَةً لِلَّذِينَ آمَنُوا الْيَهُودَ وَالَّذِينَ أَشْرَكُوا﴾ [المائدة: ٨٢]، وبين الله عز وجل مكرهم وخداعهم للمسلمين، كما في قوله سبحانه: ﴿وَقَالَتْ طَائِفَةٌ مِنْ أَهْلِ الْكِتَابِ آمِنُوا بِالَّذِي

أُنْزِلَ عَلَى الَّذِينَ آمَنُوا وَجْهَ النَّهَارِ وَاكْفُرُوا آخِرَهُ لَعَلَّهُمْ يَرْجِعُونَ} [آل عمران: ٧٢]، ومن صفاتهم قولهم {لَيْسَ عَلَيْنَا فِي الْأُمِّيِّينَ سَبِيلٌ} [آل عمران: ٧٥]، فالباحث يرى كل نقد لليهود تحيزًا، مع أن القرآن فيه آيات كثيرة في الرد على اليهود وبيان فسادهم وانحرافهم في العقائد والسلوك، كما قال تعالى: {لَقَدْ أَخَذْنَا مِيثَاقَ بَنِي إِسْرَائِيلَ وَأَرْسَلْنَا إِلَيْهِمْ رُسُلًا كُلَّمَا جَاءَهُمْ رَسُولٌ بِمَا لَا تَهْوَى أَنْفُسُهُمْ فَرِيقًا كَذَّبُوا وَفَرِيقًا يَقْتُلُونَ} [المائدة: ٧٠]، وقال تعالى: {لَقَدْ سَمِعَ اللَّهُ قَوْلَ الَّذِينَ قَالُوا إِنَّ اللَّهَ فَقِيرٌ وَنَحْنُ أَغْنِيَاءُ سَنَكْتُبُ مَا قَالُوا وَقَتْلَهُمُ الْأَنْبِيَاءَ بِغَيْرِ حَقٍّ وَنَقُولُ ذُوقُوا عَذَابَ الْحَرِيقِ} [آل عمران: ١٨١]، وقال جل وعلا: {فَبِظُلْمٍ مِنَ الَّذِينَ هَادُوا حَرَّمْنَا عَلَيْهِمْ طَيِّبَاتٍ أُحِلَّتْ لَهُمْ وَبِصَدِّهِمْ عَنْ سَبِيلِ اللَّهِ كَثِيرًا (١٦٠) وَأَخْذِهِمُ الرِّبَا وَقَدْ نُهُوا عَنْهُ وَأَكْلِهِمْ أَمْوَالَ النَّاسِ بِالْبَاطِلِ وَأَعْتَدْنَا لِلْكَافِرِينَ مِنْهُمْ عَذَابًا أَلِيمًا } [النساء: ١٦٠، ١٦١].وقد ترتب على هذا التأصيل الخاطئ نتائج فاسدة، منها:

١- جعله الطعن في التوراة طعنًا في الإسلام، حين قال في (المستخلص): «إن التوراة وكتابها ونبيها شهود للقرآن وعقيدته وشريعته، والطعن في الشهود طعن في المشهود له».

٢- ذكر أن كل البحوث التي وجدها باللغة العربية كانت بحسب رؤيته متحيزة ضد التوراة (ص: ٣).

٣- اعتبر تعريف علماء الإسلام لليهودية بأنها دين من يزعمون أنهم أتباع موسى، بأنه تعريف متحيز، وزعم أن اليهود هم أتباع موسى (ص: ٣)، مع أن القرآن ينص صراحة على أن دين موسى هو الإسلام، كما قال تعالى: {وَقَالَ مُوسَى يَاقَوْمِ إِنْ كُنْتُمْ آمَنْتُمْ بِاللَّهِ فَعَلَيْهِ تَوَكَّلُوا إِنْ كُنْتُمْ مُسْلِمِينَ} [يونس: ٨٤]، وقال سحرة فرعون بعد توبتهم: {رَبَّنَا أَفْرِغْ عَلَيْنَا صَبْرًا وَتَوَفَّنَا مُسْلِمِينَ} [الأعراف: ١٢٦]، وعد التوراة مع انحرافها وتحريفها دينًا سماويًا، تقوم

على توحيد الواحد القهار (ص: ٣)، مع أن كتابهم المقدس (التوراة المحرفة) تنص صراحة على شركهم وعبادتهم آلهة أخرى، ففي سفر إرميا: «ويكون حين تقولون: لماذا صنع الرب إلهنا بنا كل هذه؟! تقول لهم: كما أنكم تركتموني، وعبدتم آلهة غريبة في أرضكم، هكذا تعبدون الغرباء في أرض ليست لكم»([1])، والقرآن يذكر عبادتهم العجل من دون الله، {وَلَقَدْ جَاءَكُمْ مُوسَى بِالْبَيِّنَاتِ ثُمَّ اتَّخَذْتُمُ الْعِجْلَ مِنْ بَعْدِهِ وَأَنْتُمْ ظَالِمُونَ} [البقرة: ٩٢].[1]

٤- يستشهد الباحث ببعض نصوص التوراة في الدعوة إلى التوحيد (ص: ٤-٥)، لكنه يتجاهل ما فيه من تحريف بنسبة صفات النقص إلى ذات الله جل وعلا، وجاء في توراتهم المحرفة وصف الله بالتعب والإعياء بعد خلق السماوات والأرض، جاء في سفر التكوين: «وفرغ الله في اليوم السابع من عمله الذي عمل، فاستراح في اليوم السابع من جميع عمله الذي عمل، وبارك الله اليوم السابع وقدّسه، لأنه فيه استراح من جميع عمله الذي عمل الله خالقًا»([2])، كما نسبوا إلى الله - تعالى وتقدس - الندم، جاء في سفر الخروج: «فندم الرب على الشر الذي قال: إنه يفعله بشعبه»([3])، كما امتلأت توراتهم المحرفة بالطعن في الأنبياء والافتراء عليهم، ومن ذلك أنهم نسبوا إلى نبي الله لوط أنه زنا بابنتيه، ففي سفر التكوين: «وصعد لوط من صوغر وسكن في الجبل، وابنتاه معه، لأنه خاف أن يسكن في صوغر، فسكن في المغارة هو وابنتاه، وقالت البكر للصغيرة: أبونا قد شاخ، وليس في الأرض رجل ليدخل علينا كعادة كل الأرض، هلم نسقي أبانا خمرًا ونضطجع معه، فنحيي من أبينا نسلا، فسقتا أباهما خمرا في تلك الليلة، ودخلت البكر واضطجعت مع أبيها، ولم يعلم باضطجاعها

[1] جواب الباحث: هذا خلط بين اليهودية كديانة توحيدية وبين ما وقع من بعض اليهود من أعمال تنافي التوحيد، ومثله ما وقع ويقع من المسلمين، فهل أخرج ذلك الإسلام عن كونه ديانة توحيدية؟

ولا بقيامها، وحدث في الغد أن البِكر قالت للصغيرة: أني قد اضطجعت البارحة مع أبي، نسقيه خمرا الليلة أيضًا فادخلي اضطجعي معه، فنحيي من أبينا نسلًا، فسقتا أباهما خمرًا في تلك الليلة أيضًا، وقامت الصغيرة واضطجعت معه، ولم يعلم باضطجاعها ولا بقيامها، فحبلت ابنتا لوط من أبيهما، فولدت البكر ابنا ودعت اسمه مواب، وهو أبو الموابيين إلى اليوم، والصغيرة أيضًا ولدت ابنا ودعت اسمه بن عمي، وهو أبو بني عمون إلى اليوم»([4])، وهذه مجرد أمثلة.

٥- يقول في (ص: ٥): «وفي الشريعة التوراتية عقوبة من يشرك القتل رجلًا كان أو امرأة أو حتى قبيلة بأسرها». ولا يدري أنهم بعد التحريف خصوا لقب المشرك بمن خالفهم، وقالوا بأن كل من سواهم من الأمم حلال الدم والمال، جاء في توراتهم المحرفة (سفر التثنية): «وأما مدن هؤلاء الشعوب التي يعطيك الرب نصيبا فلا تستبق منها نسمة ما»، وفي (سفر العدد): «فعند ارتحال المسكن ينزله اللاويون، وعند نزول المسكن يقيمه اللاويون، والأجنبي الذي يقترب يقتل».

٦- ثم يقرر في (ص: ٦) أن التوراة تتفق مع القرآن في كثير من صفات الله تعالى، ويستشهد بكلام لابن تيمية لم أجده في الموضع الذي أحال عليه، ومع ذلك فلم يتنبه إلى أن التوراة التي تتفق مع القرآن في كثير من صفات الله تعالى هي التوراة التي نزلت على موسى –عليه السلام- لا التوراة المحرفة التي نسبت إلى الله تعالى صفات النقص من التعب والندم والإعياء والنسيان والبداء والعجز ... إلخ، تعالى الله عن ذلك علوًّا كبيرًا.

٧- لما تحدث عن أسباب التحيز حصر الأسباب في أمرين: سبب تاريخي، وسبب سياسي ، ويقول في (ص: ٨): «لا زالت آثار موقف اليهود من النبي صلى الله عليه وسلم

[هكذا دون ذكر الصلاة والسلام على رسول الله صلى الله عليه وسلم!!!] والدعوة الإسلامية يتردد في أذهان المؤلفين، ولكن كان القرآن عادلًا عندما عرض ما تعرض له اليهود من ظلم، كما لم يحل ذلك بين المتقدمين والموضوعية».

فتأمل كيف يتحدث عن عداء اليهود للنبي صلى الله عليه وسلم والدعوة الإسلامية وكأنه أثر تاريخي ينبغي أن ينسى، ثم يذكر بأن القرآن كان عادلا معهم حين عرض ما تعرض له اليهود من ظلم، ولم يذكر ما هو الظلم الذي ذكر القرآن أن اليهود تعرضوا له.

ألا يعلم أن عداء اليهود كما بينه القرآن عداء ديني نابع من انحراف في عقائدهم وأخلاقهم وطبائعهم، فقد ذكر القرآن عداءهم لله جل وعلا في قوله تعالى: {وَقَالَتِ الْيَهُودُ يَدُ اللَّهِ مَغْلُولَةٌ غُلَّتْ أَيْدِيهِمْ وَلُعِنُوا بِمَا قَالُوا بَلْ يَدَاهُ مَبْسُوطَتَانِ يُنْفِقُ كَيْفَ يَشَاءُ} [المائدة: ٦٤].

كما ذكر عداءهم للإسلام والمسلمين في قوله سبحانه: {لَتَجِدَنَّ أَشَدَّ النَّاسِ عَدَاوَةً لِلَّذِينَ آمَنُوا الْيَهُودَ وَالَّذِينَ أَشْرَكُوا} [المائدة: ٨٢]، وقوله جل وعلا: {وَلَا يَزَالُونَ يُقَاتِلُونَكُمْ حَتَّى يَرُدُّوكُمْ عَنْ دِينِكُمْ إِنِ اسْتَطَاعُوا} [البقرة: ٢١٧]، وقوله: {وَدَّتْ طَائِفَةٌ مِنْ أَهْلِ الْكِتَابِ لَوْ يُضِلُّونَكُمْ وَمَا يُضِلُّونَ إِلَّا أَنْفُسَهُمْ وَمَا يَشْعُرُونَ} [آل عمران: ٦٩].

وقد أضاف الباحث إلى ما سبق من الأخطاء المنهجية عدم الأمانة في النقل، يقول في (ص: ١٢): «تقريبًا كل من كتب عن التوراة كمثال شلبي والمسيري والخلف أوردوا كتاب بروتوكولات حكماء صهيون باعتبارها مصدرًا من مصادر التوراة»، ثم قال: «لقد اعتبر هؤلاء وغيرهم بروتوكولات حكماء صهيون مصدرًا من مصادر التوراة» ثم قال (ص: ١٣): «والرأي السائد الآن في الأوساط العلمية التي قامت بدراسة البروتوكولات دراسة علمية متعمقة، هو

أن البروتوكولات وثيقة مزورة، استفاد كاتبها من كتيب فرنسي كتبه صحفي يدعى موريس جولي يسخر فيه من نابليون الثالث بعنوان حوار في الجحيم بين ماكيافللي ومونتسيكو، أو السياسة في القرن التاسع عشر، نشر في بروكسل عام ١٨٦٤، فتحول الحوار إلى مؤتمر وتحول الفيلسوف إلى حكماء صهيون، وقد اكتشفت أوجه الشبه بين الكتيب والبروتوكولات حيث تضمنت هذه الأخيرة اقتباسات حرفية من الكتاب المذكور، وأحيانا تعبيرات مجازية وصورا منه، والرأي السائد الآن أن نشر البروتوكولات وإشاعتها إنما تم بإيعاز من الشرطة السياسية الروسية للنيل من الحركات الثورية والليبرالية ومن أجل زيادة التفاف الشعب حول القيصر والأرستقراطية والكنيسة وبتخويفهم من المؤامرة التوراة الخفية العالمية»[(١)]

هذه قرابة عشرة أسطر نقلها بالنص من كلام د. عبد الوهاب المسيري دون إحالة، بل ساقها على أنها من كلامه ورأيه، فجمع بين نسبة كلام الآخرين إلى نفسه، والخطأ في نسبة الآراء إلى غير أصحابها!![٢]

هذه أمثلة يسيرة ونماذج قليلة من الانحرافات المنهجية لدى الباحث التي يكفي واحد منها لرد بحثه وعدم نشره؛ لما يتضمنه من أفكار وآراء تتجاهل الحقائق التاريخية، وتهدم الأصول

[(١)] عبد الوهاب المسيري، موسوعة اليهود واليهودية والصهيونية، القاهرة، ١٩٩٩، دار الشروق، ٥\٥٦. وقد وقع المسيري في التناقض بسبب التحيز في موسوعة اليهود فرغم نقله الحقيقة العلمية السابقة عن البروتوكولات إلا أنه في مواضع أخرى يعتبرها من مصادرهم وكتبهم المقدسة تعبر عن طبيعتهم وجوهرهم! انظر: الموسوعة، ٥\٥٣.

[٢] جواب الباحث: نقلت عن المسيري وعزوت إليه النقل في حاية رقم (١) وها هي كاملة " عبد الوهاب المسيري (١٤٢٩=٢٠٠٨)، موسوعة اليهود و اليهودية و الصهيونية، القاهرة، ١٩٩٩، دار الشروق، ٥\٥٦. و قد وقع المسيري في التناقض بسبب التحيز في موسوعة اليهود فرغم نقله الحقيقة العلمية السابقة عن البروتوكولات إلا أنه في مواضع أخرى يعتبرها من مصادرهم وكتبهم المقدسة تعبر عن طبيعتهم وجوهرهم! انظر: الموسوعة، ٥\٥٣." انظر ص ٨٦.

العقدية في موقفنا من اليهود وانحرافاتهم في حق الله وحق أنبيائه، بل وفي حق البشرية جميعًا.

والله من وراء القصد، وهو حسبنا ونعم الوكيل.

المصادر والمراجع

١. ابن أبي حاتم الرازي. (١٤١٧هـ). التفسير. (أسعد الطيب،، المحرر) صيدا، لبنان: المكتبة العصرية.

٢. أبو علي بن حزم. (٢٠٠٧). الفصل في الملل والأهواء والنحل،. القاهرة: مكتبة الخانجي.

٣. أحمد ابن حجر العسقلاني. (١٣٩٠). فتح الباري. القاهرة: المطبعة االسلفية.

٤. أحمد بن عبد الحليم بن تيمية. (١٩٩١). درء تعارض العقل والنقل. (د رشاد سالم، المحرر) الرياض: جامعة الإمام بن سعود.

٥. أحمد بن عبد الحليم بن تيمية. (١٩٩١). درء تعارض العقل والنقل. (رشاد سالم، المحرر) الرياض: جامعة إمام بن سعود.

٦. أحمد بن عبد الحليم تيمية. (١٩٩٥). مجموع الفتاوى،. (جمع عبد الرحمن بن بن قاسم؛، المحرر) المدينة النبوية، المملكة العربية السعودية: ط مجمع الملك فهد لطباعة المصحف الشريف.

٧. أحمد بن عبد الحليم تيمية. (١٩٩٩م،). الجواب الصحيح لمن بدل دين المسيح (المجلد الثانية). (علي بن حسن -عبد العزيز بن إبراهيم -حمدان بن،، المحرر) ط: دار العاصمة، السعودية.

٨. أحمد حجازي السقا. (٢٠٠٥). نقد التوراة. القاهرة: مكتبة النافذة.

٩. أحمد شلبي. (١٩٩٠). التوراة. القاهرة: النهضة المصرية.

١٠. أحمد شلبي. (١٩٩٠). التوراة. القاهرة: مكتبة النهضة المصرية.

١١. أحمد شلبي. (١٩٩٢). التوراة. القاهرة: النهضة المصرية.

١٢. الحسين بن مسعود بن القراء البغوي. (١٤٢٠). معالم التنزيل (تفسير البغوي). بيروت: دار احياء التراث العربي.

١٣. الخالدي، صلاح عبد الفتاح. (١٩٤٧). حديث القرآن عن التوراة. عمان الأردن: دار العلوم للنشر والتوزيع.

١٤. الطبري. (٢٠٠٠). جامع البيان في تأويل القرآن، (المجلد الأولى). (أحمد شاكر، المحرر) تحقيق: أحمد شاكر، ط: ،، ١٤٢٠ هـ - م، ص: مؤسسة الرسالة.

١٥. الفخر الرازي. (١٩٨٦). أساس التقديس. القاهرة: الكليات الأزهرية.

١٦. أنيس منصور. (٢٠٠٨،). التوراة نصوص فرعونية. جريدة الشرق الأوسط،.

١٧. تقي الدين أبو العباس أحمد بن تيمية. (بلا تاريخ). اقتضاء الصراط المستقيم لمخالفة أصحاب الجحيم. (ناصر عبد الكريم العقل، المحرر)

١٨. تيمية أحمد بن عبد الحليم. (١٩٩٨). درء تعارض النقل والعقل. (رشاد سالم، المحرر) الرياض: جامعة الإمام.

١٩. حنفي قدري. (١٩٩٨). قضية التحيز في علم النفس: ملامح من سيرة ذاتية (ضمن اشكالية التحيز رؤية معرفية ودعوة للاجتهاد. (عبد الوهاب المسيري، المحرر) القاهرة: المعهد العالمي للفكر الإسلامي.

٢٠. خطاب معوض خطاب. (٢٠٢٠). أحمد شلبي المؤرخ والعالم الموسوعي. لقاهرة، مصر: مجلة الكليات.

٢١. د. أبو النور الحديدي. (١٩٧٩م).، عصمة الأنبياء والرد على الشبه الموجهة إليهم، مصر: مطبعة الأمانة.

٢٢. رحمت الله الهندي، و خليل ملكاوي. (١٤١٠). اظهار الحق. الرياض: اللافتاء.

٢٣. صابر طعيمة. (١٩٩١). التاريخ اليهودي العام. بيروت: دار الجيل.

٢٤. صابر طعيمة. (٢٠١٩). التراث الإسرائيلي. بيروت: دار الجيل.

٢٥. عباس محمود العقاد. (ديسمبر , ١٩٥٩). كتاب الهلال.

٢٦. عبد الله القصيمي. (٢٠٠٦م). دفاعا عن رسول الله. بيروت: مؤسسة الانتشار العربي.

٢٧. عبد الله ناصر الصبيح. (١٤٢٠). التحيز في الكتابات الدراسية. الرياض: جامعة الرياض.

٢٨. عبد الوهاب المسيري. (١٩٨١). إشكالية التحيز. القاهرة: المعهد العالمي للفكر الإسلامي.

٢٩. عبد الوهاب المسيري. (٢٠٠٨). الموسوعة التوراة. القاهرة: دار الشروق.

٣٠. علي جمعة. (١٩٩٨). كلمة في التحيز (ضمن "إشكالية التحيّز: رؤية معرفية ودعوة للاجتهاد"). (عبد الوهاب المسيري، المحرر) فرجينيا.

٣١. علي جمعة والمسيري. (١٩٨١). كلمة في التحيز. واشنطن: المعهد العالمي للفكر الإسلامي.

٣٢. علي حيدر خواجه أمين أفندي. (١٤١١هـ). درر الحكام في شرح مجلة الأحكام. بيروت: دار الجيل.

٣٣. فخر الدين الرازي. (بلا تاريخ). الرازي: أساس التقديس. (أحمد حجازي السقا، المحرر) القاهرة- مصر: (ص: ٢) مطبعة كردستان بمصر.

٣٤. فؤاد حسنين. (٢٠٠٥). التوارة. القاهرة: بابيليون.

٣٥. ماهو مبدأ عدم التناقض. (٢٢ فبراير, ٢٠٢٠). تم الاسترداد من المرسال: https: //www.almrsal.cm/pst/895977

٣٦. محمود شلتوت. (١٩٤٥). الرسالة.

٣٧. أمان الجامي. (١٤٠٨). الصفات الإلهية. المدينة المنورة: الجامعة الإسلامية.

٣٨. بن أبي بكر الرازي. (١٣٩٠). مختار الصحاح. القاهرة: مكتبة المؤيد.

٣٩. بن جرير الطبري. (٢٠٠٠). جامع البيان عن تأويل آي القرأن (الإصدار الأولى). (أحمد و شاكر، المحرر) بيروت: مؤسسة الرسالة.

٤٠. رشيد بن علي رضا. (١٩٩٠). تفسير المنار. القاهرة: الهيئة المصرية العامة للكتاب.

٤١. رضا المظفر. (١٣٨٣). المنطق. (غلام رضا الفياضي، المحرر) مؤسسة النشر الإسلامي.

٤٢. علي البار. (٢٠١٨). ١٥٩٧ الله جل جلاله والأنبياء في التوراة والعهد القديم. دمشق: دار القلم.

٤٣. علي الخولي. (١٤٢٢). التحريف في التوراة. دار الفلاح للنشر.

٤٤. محمود شلتوت. (بلا تاريخ). علم الأديان. مجلة الرسالة، (٦٦٧/ ٢).

٤٥. مصطفى محمود. (١٩٧٢). التوراة. القاهرة: دار المعارف.

٤٦. ميثاق المنظمة الإسلامية للتربية والعلوم والثقافة. إيسيسكو. (٢٠٠٩). المؤتمر العام. باكو.

٤٧. هدى عبد السميع حجازي. (١٩٩٧). التحيو في الكتابات الدراسية. اشكالية التحيز: رؤية معرفية ودعوة للاجتهاد. فرجينيا: المعهد العالمي للفكر الإسلامي.

www.ingramcontent.com/pod-product-compliance
Lightning Source LLC
LaVergne TN
LVHW021946220826
846091LV00015B/4104